INVENTAIRE DES PAPIERS CONCILIAIRES DU CARDINAL L.-J. SUENENS

CAHIERS DE LA REVUE THÉOLOGIQUE
DE LOUVAIN
31

Inventaire des Papiers conciliaires du cardinal L.-J. Suenens

par L. Declerck et E. Louchez

KATHOLIEKE UNIVERSITEIT TE LEUVEN
FACULTEIT GODSGELEERDHEID
CENTRUM VOOR CONCILIESTUDIE VATICANUM II

UNIVERSITÉ CATHOLIQUE DE LOUVAIN
FACULTÉ DE THÉOLOGIE
CENTRE LUMEN GENTIUM

Publications de la Faculté de Théologie
Louvain-la-Neuve
1998

LIBRAIRIE PEETERS
GRAND-RUE 56
B-1348 LOUVAIN-LA-NEUVE

Dépôt en France:
«LA PROCURE»
3, RUE DE MÉZIÈRES
F-75006 PARIS

FACULTÉ DE THÉOLOGIE
45 GRAND-PLACE
B-1348 LOUVAIN-LA-NEUVE

ISSN 0771-601
ISBN 90-429-0704-5 (Peeters Leuven)
ISBN 2-87723-411-8 (Peeters France)
D. 1998/0602/322

Avant-propos

Tout chercheur qui se consacre à l'étude du Concile Vatican II doit constater le rôle très important joué par le cardinal Suenens dans cette assemblée, dont l'archevêque de Malines-Bruxelles apparaît comme un des leaders[1]. On sait que, dans les rouages institutionnels du Concile, il fut membre de la Commission centrale préparatoire (à partir de mars 1962), puis du Secrétariat pour les affaires "extra ordinem" pendant la première Session; devenu membre de la Commission de coordination lors de la création de celle-ci (déc. 1962), il fut en outre choisi par Paul VI comme un des quatre Modérateurs (sept. 1963). Dans les débats conciliaires, son influence s'exerça surtout, d'une part à propos de la constitution sur l'Église et, d'autre part, de la constitution pastorale sur l'Église dans le monde, en particulier dans les questions relatives à la famille et à la natalité. À un troisième niveau – celui de la procédure –, le rôle du cardinal belge ne fut pas moindre : on le constate d'abord quand, dès mars 1962, il proposa à Jean XXIII un plan pour le Concile, puis quand il eut à suivre, au nom de la Commission de coordination, les

1. Léon-Joseph Suenens, né et mort à Bruxelles (16.7.1904-6.5.1996), fit ses études ecclésiastiques à Rome, y obtenant les doctorats en philosophie et théologie. Ordonné prêtre le 4.9.1927, il devint professeur au séminaire de Malines (1930-1940) avant d'être nommé vice-recteur de l'Université catholique de Louvain, charge qu'il exerça pendant toute la durée de la Seconde Guerre mondiale. Appelé ensuite à Malines comme vicaire général et évêque auxiliaire du card. Van Roey, il fut ordonné évêque le 16.12.1945. À la mort du cardinal, il fut désigné comme administrateur apostolique de l'archidiocèse (7.8.1961), puis nommé archevêque (24.11.1961) et élevé à la pourpre cardinalice le 19 mars 1962. Démissionnaire en juillet 1979, il quitta ses fonctions lors de la prise de possession des sièges de Bruxelles et Malines par son successeur, G. Danneels, en janvier 1980. Sur L.-J. Suenens, on peut consulter notamment l'article de J. GROOTAERS, "Le cardinal L.-J. Suenens. Un apostolat qui a traversé le siècle", dans *Revue théologique de Louvain*, t. 27, 1996, p. 425-431.

schémas-clés sur l'Église et sur l'Église dans le monde, le premier de ces textes lui devant notamment la place prioritaire accordée au peuple de Dieu et le vote largement majoritaire sur la collégialité épiscopale (les 5 Propositions d'octobre 1963).

Il se peut pourtant qu'il faille aller au-delà de ces domaines d'action, aujourd'hui connus, pour saisir toute la portée du rôle du Cardinal dans l'événement Vatican II. Ouvert aux vastes horizons à l'école du cardinal Mercier, éveillé très tôt aux grands problèmes de l'œcuménisme et de la mission, multipliant, après la Seconde Guerre, les contacts internationaux, doté d'un grand sens de la stratégie, L.-J. Suenens semble avoir surtout, à travers cette action extérieure mais plus encore dans les coulisses, et par une multitude de contacts et de démarches, joué un rôle déterminant dans les orientations générales du Concile[2].

Si bien des choses à ce propos restent à découvrir, on ne s'étonnera pas que les papiers du cardinal Suenens concernant le Concile constituent une source de premier ordre pour favoriser l'avancement de la recherche.

Le cardinal G. Danneels, successeur de Mgr Suenens comme archevêque de Malines-Bruxelles, a décidé de mettre ces papiers à la disposition des chercheurs, sous des conditions précises. Et leur inventaire a été confié au chanoine Leo Declerck, du diocèse de Bruges, qui était tout désigné pour réaliser cette tâche complexe. Alors qu'il achevait ses études à Rome en 1963, L. Declerck fut nommé vice-recteur du Collège belge. On était en plein Concile. Placé à ce carrefour conciliaire particulièrement vivant qu'était le Collège, le jeune abbé put apporter son aide aux experts et théo-

---

2. Sur le card. Suenens au Concile, voir la présentation générale de J. GROOTAERS, "Léon-Joseph Suenens", dans *I protagonisti del Vaticano II*, Cinisello-Balsamo (Milan), 1994, p. 229-243.

logiens qui fréquentaient la maison et y travaillaient "dans les soutes" à rechercher les sources pour fonder les affirmations des schémas, à sélectionner et à mettre en forme les amendements demandés par les Pères conciliaires. C'est encore l'abbé Declerck qui, vers la fin du Concile, classa les papiers du recteur A. Prignon, qui, outre sa charge du Collège, avait été expert conciliaire et le "procureur théologique" du card. Suenens[3].

On appréciera la qualité du travail considérable réalisé. L'inventaire exigeait d'abord un effort particulier de mise en ordre des papiers, l'ordre de ceux-ci ayant été plusieurs fois bouleversé. À la méthode de l'archiviste, L. Declerck a joint sa mémoire fidèle des hommes et des événements, ce qui lui permet d'apporter à nombre de documents des précisions d'auteur, de date, de contexte, qui sont minutieuses et précieuses pour le chercheur. Un simple exemple : pour faciliter la compréhension du dossier relatif au motu proprio pontifical de janvier 1964 concernant l'application de la constitution liturgique, le chanoine Declerck a pris soin d'insérer des photocopies de documents provenant du Secrétariat de la conférence épiscopale belge (n° 1793-1795, 1797-1799).

La documentation conservée dans les papiers Suenens offre des données de première main sur un grand nombre de sujets touchant Vatican II. Limitons-nous ici à relever quelques aspects saillants. Pour la période préparatoire, on trouve naturellement de nombreuses pièces relatives au plan conciliaire proposé par l'archevêque, mais aussi l'écho de ses préoccupations concrètes de pastorale et d'apostolat, sur lesquelles il reviendra dans ses interventions devant

3. Par la suite, L. Declerck devint secrétaire de la Conférence épiscopale belge (de 1967 à 1972), fonction qui lui permit de collaborer étroitement avec le card. Suenens. Il a été ensuite vicaire général du diocèse de Bruges de 1972 à 1996.

les pères : les problèmes conjugaux, la définition de l'Action catholique, l'apostolat des religieuses, la limite d'âge des évêques, les rapports entre évêques et religieux. De la première Session et de la première Intersession, on signalera surtout : la suggestion faite oralement le 13 oct. 1962 au card. Suenens par le cardinal-secrétaire d'État Cicognani de faire lui-même un nouveau schéma sur l'Église; les documents concernant l'insertion, dans le *De Ecclesia*, d'un chapitre sur le Peuple de Dieu avant celui sur la hiérarchie (juillet 1963); ceux relatifs au "schéma de Malines" (réunions de sept. 1963 pour la préparation du chapitre doctrinal du schéma sur l'Église dans le monde). Si le dossier sur les 5 Propositions d'oct. 1963 n'apporte pas autant de neuf qu'on pouvait l'espérer, les documents de la seconde Session relatifs à la réforme du règlement conciliaire (sur le rôle directeur à enlever aux commissions, spécialement à la Doctrinale, et sur la procédure des votes) sont particulièrement abondants, ce qui correspond bien à la situation de crise qu'a connu alors le Concile. Des deux sessions ultérieures, on retiendra, d'abord la double intervention du Cardinal sur la régulation des naissances, ensuite les deux dossiers sur les *modi* pontificaux concernant le mariage (nov. 1965). La différence de genre entre les documents des deux premières années et ceux des années 1964-1965 est-elle un indice de la baisse d'influence du card. Suenens, qu'on peut percevoir par ailleurs[4]? Enfin, il y a les réseaux de relations qu'éclaire la correspondance. Les lettres envoyées de Rome par A. Prignon sont très utiles pour saisir l'évolution des schémas en préparation et l'atmos-

4. Voir CL. SOETENS, "La «squadra belga» all'interno della maggioranza conciliare", dans *L'evento e le decisioni. Studi sulle dinamiche del concilio Vaticano II*, a cura di M. T. FATTORI e A. MELLONI, Bologne, 1997, spécialement aux pages 154, 160, 164-165.

phère régnant à Rome quand le Cardinal est à Malines. D'autre part, l'abondance des documents à ce sujet témoigne des relations privilégiées entretenues par le Cardinal (et le groupe belge) avec les épiscopats et des experts français et allemands. On notera enfin les échanges fréquents et amicaux avec l'évêque brésilien, don Helder Câmara, et la façon dont L.-J. Suenens informait sur le Concile V. O'Brien, collaboratrice de la Légion de Marie et du Cardinal.

Pour terminer, il nous est agréable de remercier tout d'abord Monsieur le cardinal Danneels et Monsieur le chanoine Declerck, grâce à qui cet inventaire voit le jour, mais aussi Eddy Louchez, assistant à la Faculté de théologie de Louvain-la-Neuve, qui a assuré avec beaucoup de soin la présentation technique des documents et la réalisation typographique de l'ouvrage.

Centrum voor Conciliestudie Vaticanum II
Leuven

Centre Lumen gentium
Louvain-la-Neuve

NOTE SUR LES ARCHIVES CONCILIAIRES DU CARDINAL SUENENS

I. État des archives (août 1996)

Les archives conciliaires et personnelles du cardinal Suenens se trouvaient à trois endroits : à la résidence bruxelloise du Cardinal (Boulevard de Smet de Naeyer 570, Bruxelles), à Wemmel (où il a vécu les dernières années de sa vie), et une petite partie à l'archevêché de Malines. Il faut signaler en outre que le Fonds Prignon contient plusieurs papiers du Cardinal.

Toutes les archives concernant ses activités comme archevêque de Malines-Bruxelles se trouvent à l'archevêché de Malines.

Après la mort du Cardinal, les archives conciliaires se trouvant à la résidence, à Wemmel et à Malines ont été rassemblées pour être classées et inventoriées. Nous donnons d'abord un aperçu de l'état dans lequel les archives se trouvaient au moment où a débuté notre classement, c'est-à-dire en août 1996.

1. La partie qui se trouvait à la résidence

Les documents qui concernent le Concile avaient été classés dans des fardes selon les sujets (par ex. De Ecclesia, Gaudium et Spes, Libertas religiosa, etc.).

° Les classeurs contenaient uniquement des documents sur le Concile et parfois – par erreur – quelques documents sur la Commission pontificale pour l'étude des problèmes de la population, de la famille et de la natalité.

° Dans ce classement thématique, on n'avait pas assez tenu compte du fait que certains thèmes avaient varié pendant la durée du Concile (par ex. la liberté religieuse était tantôt un sujet distinct, tantôt un chapitre dans le De Œcumenismo).

Dans un souci (exagéré) de classement thématique, on avait scindé et distribué selon les sujets des séries de Remarques (par ex. les Remarques de Maximos IV en août 1963, qui étaient réunies en un fascicule et qu'on avait détachées et distribuées selon les sujets; de même pour les remarques des évêques néerlandais rédigées en 1963) ou on avait détaché les documents de la correspondance qui les accompagnait.

Dans le classement thématique, nombre d'erreurs avaient été commises : par ex., on n'avait pas toujours distingué ce qui appartenait au De Ecclesia et au De Ecclesia ad extra (Schéma XVII-XIII).

Dans plusieurs cas, on trouvait inscrites au stylo sur les documents des indications de titres, des auteurs, des dates, des noms parfois erronées. De plus, on avait parfois agrafé des documents distincts.

2. LA PARTIE QUI SE TROUVAIT À WEMMEL

On pourrait distinguer ici des fonds de deux provenances distinctes :

1° Les documents que le Cardinal a gardés auprès de lui après son départ de l'archevêché (en 1979) et de la résidence (à Bruxelles) : lettres importantes et confidentielles, documentation sur les sujets qui l'intéressaient personnellement (par ex. relations avec Jean XXIII, collégialité, coresponsabilité, sujets mariologiques, etc.);

2° un certain nombre de documents que le Cardinal est allé chercher par après dans les archives qui se trouvaient à la résidence et dont il s'est servi pour la préparation et la publication d'articles et de livres (par ex. son article dans la *Nouvelle Revue Théologique* en 1985, son témoignage pour l'Istituto Paolo VI à Milan en 1983, *Souvenirs et Espérances*, et divers projets).

Beaucoup de ces papiers ont été dactylographiés (quand il s'agissait de textes manuscrits ou bien de bandes magnétiques), photocopiés (parfois plusieurs fois), pourvus de commentaires du Cardinal et souvent rassemblés à des endroits différents.

L'archivage fut d'autant plus ardu que le Cardinal réemployait des chemises en changeant les titres (ou même en ne les changeant pas), de sorte que souvent le contenu réel d'une farde ne correspondait plus au contenu mentionné.

Il y avait en plus quatre boîtes remplies d'extraits de presse. Ceux-ci n'ont pas été archivés et inventoriés.

Dans les archives se trouvent également plusieurs dossiers concernant la "Commission pontificale pour l'étude des problèmes de la population, de la famille et de la natalité". L'activité de cette Commission est en partie contemporaine de la période du Concile et la problématique fut également à l'ordre du jour dans le schéma XIII. La correspondance y afférant concerne également souvent le Concile. Aussi avons-nous joint aux archives conciliaires un certain nombre de ces documents ayant trait aux débats du Concile.

3. LA PARTIE QUI SE TROUVAIT À L'ARCHEVÊCHÉ DE MALINES

Il s'agit d'abord de trois boîtes d'archives, avec des papiers probablement classés par R. Ceuppens, d'abord secrétaire de Mgr Suenens et ensuite vicaire général du Cardinal.

Ces boîtes contenaient :

- des documents pour la préparation pastorale du Concile en Belgique chez les fidèles, dans la pastorale scolaire, etc.;
- de la correspondance, rédigée par la personne qui faisait fonction de secrétaire du Cardinal (souvent Mgr Ceuppens, parfois Mgr Schoenmaeckers ou une autre personne) pendant les sessions du Concile à Rome. La plupart de ces documents n'ont pas trait au Concile mais bien à des questions relatives à l'administration de l'archevêché et de l'archevêque;
- des documents concernant des activités très secondaires et purement formelles du Cardinal pendant le Concile (réceptions, invitations, etc.);

– des documents (environ 150 pièces) concernant directement le Concile. Ceux-ci ont été intégrés dans les archives conciliaires.

À l'exception des 150 pièces susmentionnées, ces documents restent intégrés dans les Archives générales de l'archevêché à Malines.

De plus, il existe à l'archevêché une copie (en volumes reliés) de toutes les lettres que le Cardinal et son secrétariat ont écrites, classées chronologiquement (environ 2.000 lettres par année). Cette correspondance a été contrôlée pour les années 1962, 1963, 1964 et 1965. Des photocopies ont été faites des lettres concernant le Concile et qui ne se trouvaient pas encore dans les autres fonds d'archives conciliaires du Cardinal.

4. LA PARTIE QUI EST INTÉGRÉE DANS LE FONDS PRIGNON

Après chaque session du Concile, le Cardinal, avant de repartir pour la Belgique, transmettait à Mgr A. Prignon, recteur du Collège belge à Rome, une partie de ses papiers. Ils ont été bien conservés par Mgr Prignon dans ses archives, qui ont été classées par L. Declerck et déposées au Centre Lumen gentium de la Faculté de théologie de Louvain-la-Neuve. Voir l'inventaire par J. Famerée : *Concile Vatican II et Église contemporaine. II. Inventaire des Fonds A. Prignon et H. Wagnon*, Louvain-la-Neuve, 1991 (voir les n° 42-52, 245-314, 459-474, 531-538, 1029-1035, 1442-1447, 1487-1510).

De toute façon, une étude sur le rôle du card. Suenens au Concile n'est pas possible sans consulter le Fonds de Mgr Prignon, qui a été le premier collaborateur et si souvent l'heureux inspirateur du Cardinal pour son activité conciliaire. C'est aussi le Fonds Prignon qui a permis de dater plusieurs pièces des papiers conciliaires du Card. Suenens.

II. L'archivage

Vu l'état dans lequel se trouvaient les archives, il n'a pas été possible de les conserver dans leur "classement" primitif. Toutefois, on a essayé de garder ensemble certains dossiers (des fardes) qui avaient été constitués par le Cardinal, en vue d'une publication ou bien, comme il l'avait indiqué quelques fois "pour l'histoire". Ceci a eu comme conséquence que quelques documents sont inventoriés deux fois.

Le classement s'est fait selon trois principes :

1. LA CHRONOLOGIE

On a groupé les documents selon les périodes du Concile : période préconciliaire, 1ère Session, 1ère Intersession, 2ème Session, 2ème Intersession, 3ème Session, 3ème Intersession, 4ème Session, période postconciliaire.

À l'intérieur des dossiers, on a classé les documents non-datés (s. d.) après les documents datés, placés dans l'ordre chronologique.

Remarques

Certains dossiers, formant un ensemble spécifique, s'étendent sur plusieurs périodes. Parfois, on les a groupés dans la période principale, par ex. :

– Le dossier du "Message au monde" appartient à la 1ère Session, mais contient quelques lettres de la fin de la période préconciliaire.

– L'affaire de "La lettre des 19 cardinaux au sujet de quelques publications d'exégèse moderne" commence à la fin de la 1ère Session mais est classée dans la 1ère Intersession, puisque la majeure partie des documents se situent en janvier-février 1963.

– Le dossier sur le "Règlement pour les Modérateurs" est classé dans la 1ère Intersession mais se termine dans les premiers jours de la 2ème Session.

– Le dossier de la note de A. Dondeyne se situe à la 4ème Session mais se termine avec une lettre, envoyée dans la période post-conciliaire.

– Deux articles, publiés en 1966, et donnant la genèse et l'interprétation du chapitre sur le mariage dans Gaudium et Spes ont été classés dans la 4ème Session.

Certains documents ont été rédigés dans une période, mais sont utilisés lors d'une réunion d'une période postérieure. Dans ce cas le document a été classé avec les papiers de la réunion de la commission (où il se trouvait généralement).

Un certain nombre de documents n'ont pu être datés avec exactitude.

2. LE CONTENU ET LA THÉMATIQUE

2.1. À l'intérieur de chaque période, on a essayé de classer les documents selon les Constitutions, Déclarations et Décrets du Concile, et ceci dans l'ordre chronologique de la publication officielle de ceux-ci. Pour ces rubriques, on a utilisé la dénomination latine courante de l'époque (par ex. De Revelatione, De Presbyteris, De Ecclesia in mundo huius temporis, etc.).

Remarque

Pendant le déroulement du Concile, certains textes, d'abord intégrés dans un document plus général ont évolué vers un document autonome (par. ex. le De Iudaeis, le De Libertate religiosa qui faisaient d'abord partie du De Œcumenismo) ou à l'inverse ont été insérés dans un autre schéma (par ex. le De Beata dans le De Ecclesia).

2.2. On a ajouté quelques autres rubriques spécifiques pour les papiers conciliaires du Card. Suenens : e.a. Secretariatus de Concilii negotiis extra ordinem, Commission de coordination, Modérateurs, Réforme de la curie.

2.3. Les **Generalia** contiennent :

– soit des documents concernant le Concile en général;

– soit des documents qui se réfèrent à plusieurs schémas (e.a. un bon nombre de lettres).

Les **Varia** contiennent des documents d'ordre secondaire ou qui n'ont qu'une relation lointaine avec le Concile.

2.4. Ce classement thématique (selon les schémas conciliaires) n'a pu être utilisé pour les périodes préconciliaire et postconciliaire. Une note introductive à ces périodes explique à chaque fois le classement adopté.

2.5. À l'intérieur de ces grands thèmes, on a constitué, à plusieurs endroits, des entités (classées dans des fardes) :

– soit parce que les documents se rapportent à un sujet bien spécifique (par ex. des réunions de commissions, l'Ordo Concilii, les 5 Propositions du 30.10.1963, etc.);

– soit parce que des fardes avaient été constituées par le Cardinal lui-même (par ex. son Plan du Concile; une correspondance suivie avec la même personne; la préparation de ses interventions in aula, etc.).

3. LA NATURE ET LA FORME DES DOCUMENTS

À l'intérieur de chaque rubrique (par ex. le De Ecclesia dans la 2ème Session), on a classé dans la mesure du possible les documents selon l'ordre suivant :

1° Les versions officielles imprimées ou ronéotypées des schémas élaborées par les Commissions conciliaires et destinées à être soumises à la discussion ou bien in aula ou bien dans les Commissions. Ces documents sont presque toujours imprimés par la Typographia Polyglotta Vaticana, ce qui a été indiqué systématiquement (T P V).

2° Les interventions (écrites ou orales) in aula et les modi, ainsi que les textes servant à leur préparation.

3° Les comptes rendus officiels des Commissions.

4° Des projets de textes pour les Commissions, des notes envoyées ou sollicitées concernant la rédaction du texte ou éclairant l'un ou l'autre point de doctrine.

5° La correspondance.

6° Des publications diverses : collections de bulletins d'information conciliaire, articles, extraits de presse, tirés-à-part de revues, etc.

Remarques

Il peut arriver que la distinction entre ces différentes natures et formes de documents ne soit pas adéquate : par ex., une lettre peut contenir des projets de texte; un rapport officiel d'une réunion est accompagné de réflexions personnelles ou manuscrites (souvent sur le document en question), etc.

Très souvent, les notes envoyées sont accompagnées d'une lettre. On a toujours laissé ces documents ensemble. Si la lettre n'ajoute rien au document, on l'a classée dans les rubriques 3° ou 4°. Si la lettre contient des éléments nouveaux et intéressants, on a classé la lettre et le document annexe parmi la correspondance (5°).

À plusieurs endroits, surtout dans les Intersessions et pour des réunions de Commissions (e.a. la Commission de coordination), on n'a pu suivre ce classement par nature et forme des documents et on a opté alors pour un classement chronologique.

III. Les parties les plus intéressantes de ces archives

Le card. Suenens a certainement joué un grand rôle dans le Concile. Depuis l'annonce jusqu'à la période postconciliaire, il a été mêlé de près à sa préparation, à son déroulement et à sa mise en application.

En effet, en 1960, étant évêque auxiliaire de Malines, il est nommé membre de la Commission préparatoire De Episcopis ac de Diœceseon regimine. Devenu archevêque de Malines-Bruxelles en décembre 1961 et créé cardinal le 19 mars 1962, il devient membre de la Commission centrale préparatoire en 1962. En septembre 1962, il est nommé membre du Secrétariat pour les Affaires extraordinaires et en décembre de la même année, membre de la Commission de coordination. En septembre 1963, Paul VI le nomme Modérateur du Concile et en janvier 1966, il est nommé membre de la Commission centrale postconciliaire.

L'influence du card. Suenens peut être décrite selon deux grands axes :

1° La préparation, l'organisation du programme, le déroulement et la mise en application de l'ensemble du travail conciliaire. C'est la partie la plus intéressante des archives (avec aussi ses interventions sur les problèmes du mariage) et on constate que le rôle du Cardinal a été considérable. Ainsi que l'écrivait le Père Congar dans une lettre du 5.4.1980 au Cardinal : "...j'ai souvent éprouvé que, presque seul, vous avez pensé le Concile. Je l'ai souvent dit" (cfr. n° 2819).

2° Des questions doctrinales et pastorales pour lesquelles il avait conçu un intérêt particulier.

1. L'organisation générale du Concile

Plusieurs dossiers des archives contiennent de nombreux documents significatifs sur la préparation générale et le déroulement global du Concile. On peut noter que l'influence du Cardinal a été importante surtout de mars 1962 jusqu'à la fin de 1963 (cela se voit d'ailleurs par le nombre – 1704 sur un total de 2884 – des pièces conservées). Par après son rôle et aussi celui des autres Modérateurs s'amoindrit.

Nous pouvons relever surtout les dossiers suivants :

– le plan du Concile, sa correspondance avec Jean XXIII à ce sujet, ses contacts avec des "leaders" du Concile en 1962 (e.a. les cardinaux Liénart, Léger, Doepfner, Montini), son intervention in aula du 4 décembre 1962;

– la Commission de coordination : surtout son rôle joué pendant la 1ère Intersession pour la mise en place d'un nouveau De Ecclesia (où il exercait sa vigilance par des contacts avec Mgr A.-M. Charue, Mgr A. Prignon et Mgr G. Philips), avec e.a. la mise en place d'un chapitre spécial sur le Peuple de Dieu sur la proposition d'A. Prignon, et pour l'introduction dans le plan du Concile du schéma XVII (voir aussi le document de Malines);

– le règlement des Modérateurs;

– l'Ordo Concilii;

– les 5 Propositions du 30.10.1963, pour lesquelles il s'est engagé à fond, qui ont révélé l'existence d'une majorité et d'une minorité au Concile et qui ont constitué un facteur décisif dans le remaniement et l'élargissement des Commissions conciliaires.

Il est à noter que le Cardinal raconte dans ses Mémoires sur le Concile Vatican II, que, à la Commission de coordination, Jean XXIII lui avait confié deux dossiers de grande importance : le De Ecclesia (ad intra) et le De Ecclesia in mundo huius temporis (ad extra) (cfr. n° 2784, p. 31).

2. Les questions doctrinales et pastorales qui intéressaient particulièrement le Card. Suenens

L'intérêt de l'évêque auxiliaire d'abord, de l'archevêque ensuite, pour l'apostolat et l'évangélisation est bien connu. Il a trouvé une expression concrète dans son engagement notoire en faveur de la Légion de Marie. En partant de cet engagement, on peut mieux situer plusieurs de ses centres d'intérêt :

a. pour la mariologie (très vite, il s'occupe de ce schéma et a des contacts avec R. Laurentin, É. Dhanis; à la 3e Session, il fait une intervention pour dénoncer le "minimalisme" du texte proposé);

b. pour l'apostolat et la formation aux méthodes directes d'apostolat actif, ainsi que pour la reconnaissance officielle de la Légion de Marie à côté de l'Action catholique officielle. Ainsi il intervint dans plusieurs schémas :

– dans le De Ecclesia, il intervient pour souligner les charismes et il fait un plaidoyer pour le rôle de la femme dans l'Église et pour demander leur présence au Concile;

– dans le De Apostolatu laicorum, il plaide pour une définition ouverte de l'action catholique qui laisse de la place à la Légion de Marie;

– il veut promouvoir l'apostolat direct et la formation apostolique aussi bien dans les séminaires que dans les congrégations religieuses. Pour cela, il fait des interventions in aula lors du débat sur le De Seminariis et le De Religiosis. (Son livre connu sur *La promotion apostolique de la religieuse* date de fin 1962. L'érection de son nouveau séminaire diocésain Jean XXIII, d'un concept assez révolutionnaire pour l'époque, se réalise à Louvain en 1964).

– Dans cette même perspective – et peut-être aussi à cause des problèmes posés aux missionnaires belges lors de l'accès à l'indépendance du Congo en 1960 –, le Cardinal a porté un vif intérêt au schéma De Missionibus.

Il faut mentionner également que le Cardinal a tenu à plusieurs reprises un plaidoyer courageux pour la limite d'âge des évêques : pour lui, prendre sa retraite à temps était un devoir apostolique.

c. Mû par ce désir d'apostolat, le Cardinal a attaché une grande importance au schéma XVII (XIII). Il voulait que l'Église parle un langage réaliste au monde et tienne compte de l'évolution de la société moderne. Dans cette perspective, les problèmes du mariage et des méthodes de régulation des naissances lui semblaient de la plus haute importance et il s'est fait le coryphée éloquent de toute une partie de l'opinion catholique. De ce moment (oct. 1964) date aussi le premier conflit avec Paul VI (cfr. n° 2245).

Les archives reflètent cette préoccupation pastorale : à la Commission centrale préparatoire d'abord, puis pendant les travaux de la Commission de coordination dans les premiers mois de 1963; il y a ensuite son intervention in aula à la 3e Session; sa correspondance durant la 3e Intersession et toutes les péripéties du texte sur le mariage dans Gaudium et Spes durant les dernières semaines de la 4e Session.

C'est aussi à l'occasion d'échanges de vues au sujet des thèmes principaux du schéma XVII que le Cardinal a noué des relations d'amitié avec Mgr Helder Camara. On en trouve les traces dans leur correspondance.

Pour conclure, il peut être utile de signaler ici – même si ceci dépasse le cadre de ces archives – que le Cardinal a continué son engagement pour un renouveau dans l'Église dans les années postconciliaires. D'autres archives attestent son rôle dans les premiers synodes, sa volonté de promouvoir une Église collégiale et coresponsable (cfr. son livre sur la coresponsabilité et ses interviews dans les *Informations Catholiques Internationales* du 15 mai 1969 et dans *Le Monde* du 12 mai 1970), ainsi que ses nombreux efforts – e.a. dans la Commission pontificale pour l'étude des problèmes de la population, de la famille et de la natalité – afin d'obtenir un changement de l'attitude de l'Église en cette matière. C'est également après le Concile qu'il a pris un engagement croissant dans la promotion de l'œcuménisme et plus tard – à partir de 1972 – dans celle du renouveau charismatique et de la nouvelle évangélisation.

IV. Précisions techniques

Les papiers conciliaires du Card. Suenens sont conservés à l'archevêché de Malines (Wollemarkt 15, 2800 Mechelen). Ils restent en principe réservés jusqu'à 2015 (50 ans après la clôture du Concile). Toutefois, des chercheurs qualifiés peuvent s'adresser à l'archiviste de l'Archevêché, qui leur donnera l'autorisation de consulter la plus grande partie des dossiers décrits dans cet inventaire.

Les papiers conciliaires ne sont évidemment pas les seules archives du Cardinal. Lorsqu'il sera fait référence au fonds conciliaire, on emploiera la mention "Fonds conciliaire L.-J. Suenens" ou en abrégé "FConc. Suenens".

Pour chaque document, on mentionne le titre (ou la première phrase), l'auteur, la date et le nombre de pages.

Pour identifier les documents, on a employé leur titre. S'il n'y avait pas de titre ou si le titre était identique à celui d'autres documents, on a identifié le document en citant la 1ère phrase (entre guillemets).

Si l'auteur d'un document est connu, il est toujours mentionné; si rien n'est indiqué, il est inconnu. Si la date est connue, elle est toujours mentionnée.

Les documents (et les titres des documents) emploient beaucoup d'abréviations propres ou des indications différentes des schémas. On a (dans l'inventarisation) opté pour les formules employées dans le document et on n'a pas uniformisé (par ex. le schéma XVII est aussi appelé : Église dans le monde – Ecclesia ad extra – Église et monde moderne).

L'orthographe en latin n'est pas uniforme (par ex. ius et jus; diœceseon et diœcesium; diocesis et diœcesis, etc.). On n'a pas uniformisé mais on a suivi l'orthographe des documents.

Les **prénoms :** on a essayé, autant que possible, de renseigner toujours la première lettre du prénom sauf pour les personnes qui reviennent constamment (par ex. Suenens, Doepfner, Felici, Cicognani, etc.). Les religieux(ses) portent leur prénom propre ou leur nom en religion.

Un problème se pose parce que souvent on rencontre des prénoms latins en plus de ceux dans la langue d'origine (par ex. Jacobus et Giacomo Lercaro) : on a opté pour le prénom dans la langue d'origine, sauf en cas de mention dans les documents : alors on respecte le texte cité.

Entre parenthèses ( ) : on a mis des indications quant au **contenu**, surtout pour les lettres (et là on a donné la priorité au résumé des données qui concernent le Concile).

Entre crochets [ ] : on a placé des indications techniques et historiques concernant le document, par ex. : incomplet, l'auteur d'une annotation manuscrite, des détails historiques, comment on a trouvé la date ou identifié l'auteur, etc.

Si une lettre est accompagnée d'un document ou d'une note, il y est ajouté (+). De même, si la lettre a reçu une réponse (+).

Chaque document a reçu son numéro propre, à l'exception des exemplaires surnuméraires sans annotations propres qui portent le même numéro avec adjonction des lettres b, c, d. Quelques pièces trouvées après le classement portent un numéro suivi de la mention bis ou ter.

Il arrive qu'un certain nombre de documents forment une entité propre (par ex. une réunion de la Commission de coordination, les 5 Propositions, le Plan du Concile, etc.); ils sont alors classés dans des fardes spéciales (parfois le Cardinal lui-même avait fait ce classement qu'on a respecté lorsqu'il était pertinent). Ces documents sont signalés par une taille de caractères plus petite dans l'inventaire et séparés du document suivant par un filet typographique (________).

Pour indiquer les périodes du Concile, on a choisi les termes de sessions et intersessions : terminologie courante à l'époque, et pendant le Concile, employée dans presque toutes les langues.

Dans le De Ecclesia in mundo huius temporis, on a, à cause de leur volume et de leur logique, classé à part, pour quelques périodes, les dossiers se référant au mariage et aux problèmes des méthodes de la régulation des naissances.

Beaucoup de lettres du secrétariat du Cardinal sont signées ou bien :

- par René Ceuppens, d'abord secrétaire de Mgr Suenens et à partir de 1962 son vicaire général;
- Thierry Cogels, secrétaire privé du Cardinal;
- Jean De Wil, secrétaire à l'archevêché de Malines-Bruxelles.

En terminant cette introduction, il nous reste le devoir combien agréable de remercier plusieurs personnes, sans lesquelles ce travail n'aurait pas vu le jour:

- le cardinal G. Danneels d'abord, qui a permis le classement des archives et l'édition de cet inventaire;
- Mgr A. Prignon, qui a soutenu et encouragé ce travail et nous a donné des conseils judicieux;
- MM. les Professeurs Cl. Soetens, M. Lamberigts, J. Grootaers et Mr le Chan. W. Brieven (qui fut le secrétaire privé du Cardinal de 1967 à 1979) pour leurs conseils et leur guidance;
- le Père A. Greiler qui a bien voulu relire le texte;
- Mr et Mme R. et C. Matthys et Mlle Y. Dubois pour leur aide et support logistique;
- l'Istituto per le Scienze religiose de Bologne et l'Istituto Paolo VI de Brescia qui ont prêté leur concours pour dater un certain nombre de pièces.

L. Declerck

E. Louchez

Sigles et abréviations

ADA : Acta et documenta Concilio Œcumenico Vaticano II apparando

Alleg., allig. : allegatum, allegato, alligatum, alligata au plur.

AS : Acta Synodalia

Card. : Cardinal

Comm. de coord. : Commissio de laboribus Concilii coordinandis

Constit. : Constitution

e.a. : entre autres

FPrignon : Fonds conciliaire de Mgr A. Prignon dans J. Famerée, *Concile Vatican II et Église contemporaine, II. Inventaire des Fonds A. Prignon et H. Wagnon*, Louvain-la-Neuve, 1991.

Mgr : Monseigneur, est uniquement employé pour les évêques et non pas pour les prélats ou abbés

ms. : manuscrit

mss : manuscrits

s. d. : sans date

Secrétariat "ad extra" ou "extra ordinem" : Secretariatus de Concilii negotiis extra ordinem

Secrét. Général de l'Épiscopat ou Secrét. Conciliaire : Secrétariat général ou conciliaire **français**

T P V : Typis Polyglottis Vaticanis

Période préconciliaire

NOTE PRÉLIMINAIRE SUR LE CLASSEMENT DE CETTE PÉRIODE

Le classement des documents relatifs à la période préconciliaire ne peut que difficilement se faire selon les critères des autres périodes du Concile. En effet, les grandes lignes (et les futurs documents) du Concile n'étaient pas encore élaborés.

Pour les papiers du Fonds du Card. Suenens, il faut en outre tenir compte d'autres éléments :

1° Mgr Suenens était dès le début membre de la Commission préparatoire De Episcopis ac de Diœceseon regimine. Il en a conservé une documentation volumineuse et est intervenu sur plusieurs sujets.

2° Devenu cardinal (19.3.1962), il est nommé membre de la Commission centrale préparatoire et participe dès lors aux réunions de cette Commission. Les papiers qui s'y rapportent sont nombreux; sur beaucoup de sujets, le Card. Suenens a préparé des notes et rassemblé de la documentation en vue de ses interventions. Il a également été membre de la Pontificia Subcommissio de materiis mixtis praeparatoria.

3° Le Cardinal a lui-même classé un certain nombre de ses documents, notamment son Plan du Concile, ses Notes personnelles envoyées à Rome comme suggestions pour le Concile, la lettre du Card. Léger à Jean XXIII en août 1962. Il a semblé indiqué de conserver ces dossiers dans l'état où ils ont été trouvés.

Finalement, on a opté pour le classement suivant :

1. La Commission centrale préparatoire :

1.1. Les documents et schémas préparatoires imprimés.

1.2. Les documents concernant les réunions de cette Commission :

– Generalia.

– Par sujet (De Laicis, De Ecclesia, De Missionibus, etc.).

2. Pontificia Subcommissio de materiis mixtis praeparatoria.

3. La Commission De Episcopis ac de Dioceseon regimine :

3.1. Generalia, correspondance.

3.2. Des fardes classées selon les sujets traités par cette Commission (par ex. De Cura animarum, les Évêques et la curie romaine, les Évêques et les religieux, les associations de clercs, etc.).

4. Plan du Concile.

5. Lettre du Card. Léger et autres cardinaux à Jean XXIII, août 1962.

6. Notes personnelles envoyées à Rome pour préparer le Concile.

7. Les autres documents :

7.1. Generalia.

7.2. Vota pour le Concile et Suggestions diverses envoyées au Card. Suenens en vue du Concile.

7.2.1. Vota envoyés en vue du Concile.

7.2.2. Suggestions diverses envoyées au Card. Suenens en vue du Concile.

7.3. Documentation en préparation du Concile (selon les différents sujets).

7.4. Réforme de la curie.

7.5. Varia.

1. La Commission centrale préparatoire

1.1. LES DOCUMENTS ET SCHÉMAS IMPRIMÉS OFFICIELS (T P V)

Generalia

0001 Quaestiones Commissionibus praeparatoriis Concilii Œcumenici Vaticani II positae, 2.7.1960, 24 p.

0002 Quaestiones de Concilio celebrando, 1.5.1961, 23 p.

0003 Quaestiones de non catholicis invitandis ad Concilium Œcumenicum Vaticanum II, Card. A. Bea, 1.9.1961, 25 p.

0004 Vota Consiliarorum super Quaestiones de Concilio celebrando, 1961, 117 p. [document ronéotypé mais avec la page de titre imprimée].

Quaestiones De Sacra Liturgia : Schema Constitutionis De Sacra Liturgia

0005 Prooemium et Caput I. De Principiis generalibus ad sacram Liturgiam instaurandam atque fovendam, 1962, 38 p.

0006 Caput II. De sacrosancto Eucharistiae Mysterio, 1962, 19 p.

0007 Caput III. De Sacramentis et Sacramentalibus, 1962, 24 p.

0008 Capita IV et V. De Officio divino – De Anno liturgico, 1962, 23 p.

0009 Capita VI, VII et VIII. De sacra Supellectile – De Musica sacra – De Arte sacra, 1962, 23 p.

Quaestiones De Scriptis prelo edendis et de spectaculis moderandis : Schema Constitutionis De Instrumentis diffusionis seu communicationis socialis

0010 Procemium, 1962, 8 p.

0011 Pars I, Titulus I. De Ecclesiae Doctrina, 1962, 22 p.

0012 Pars I, Titulus II. De Ecclesiae Actione seu Apostolatu, 1962, 10 p.

0013 Pars I. Titulus III. De Disciplina et Ordinatione ecclesiastica, 1962, 10 p.

0014 Pars II, Titulus unicus. Cap. I. De Prelo periodico, Cap. II. De Cinematographico, 1962, 16 p.

0015 Pars II. Titulus unicus. Cap. III. De Radiophonia et Televisione, Cap. IV. De reliquis Instrumentis, 1962, 12 p.

Quaestiones theologicae

0016 Constitutio De Fontibus Revelationis, 1961, 19 p.

Schema Constitutionis De Deposito Fidei pure custodiendo

0017 Prooemium et Cap. I. De Veritate, 1961, 8 p.

0018 Capita II et III. De Deo creante et de Creatione, 1961, 11 p.

0019 Capita IV et V. De Revelatione et de Progressu Doctrinae, 1961, 19 p.

0020 Capita VI et VII. De Ordine naturali et supernaturali. De Spiritismo et Novissimis, 1961, 12 p.

0021 Capita VIII et IX. De Peccato originali et de Monogenismo, 1961, 12 p.

0022 Caput X. De Sorte Infantium absque Baptismo decedentium, 1961, 12 p.

0023 Caput XI. De Satisfactione Christi, 1961, 7 p.

0024 Formula nova Professionis Fidei, 1961, 10 p.

Schema Constitutionis De Ecclesia

0025 Pars Prima, Caput I. De Ecclesiae militantis Natura, 1962, 11 p. [p. 5 et 6 : notes mss Suenens].

0026 Pars Prima, Caput II. De Membris Ecclesiae militantis eiusdemque Necessitate ad Salutem, 1962, 8 p. [p. 4 et 5 : notes mss Suenens].

0027 Pars Prima, Caput V. De Statibus evangelicae adquirendae Perfectionis, 1962, 7 p. [p. 4 et 5 : notes mss Suenens].

0028 Pars Prima, Caput VI. De Laicis, 1962, 15 p. [p. 5 et 9 : notes mss Suenens].

0029 Pars Secunda, Caput VII. De Ecclesiae Magisterio, 1962, 18 p.

0030 Pars Secunda, Caput VIII. De Auctoritate et Obœdientia in Ecclesia, 1962, 8 p.

0031 Pars Secunda, Caput IX. De Relationibus inter Ecclesiam et Statum necnon de Tolerantia religiosa, 1962, 24 p. [p. 7 et 8 : notes mss Suenens].

0032 Pars Secunda, Caput X. De Necessitate Ecclesiae annuntiandi Evangelium omnibus Gentibus et ubique Terrarum, 1962, 10 p.

0033 Pars Secunda, Caput XI. De Œcumenismo, 1962, 15 p.

0034 Schema Constitutionis De Beata Maria Virgine Matre Dei et Matre Hominum, 1962, 40 p. [p. 6, 24 et 27 : notes mss Suenens].

Schema Constitutionis De Castitate, Virginitate, Matrimonio, Familia

0035 Pars Prima. De Castitate et Virginitate, 1962, 24 p.

0036 Pars Altera, De Matrimonio et Familia, 1962, 49 p.

0037 Schema Constitutionis De Ordine morali, 1961, 51 p.

0038 Schema Constitutionis doctrinalis De Ordine sociali, 1962, 47 p. + double.

0039 Schema Constitutionis doctrinalis De Communitate gentium, 1962, 27 p. + double.

Quaestiones de Ecclesiis Orientalibus

0040 Schema Decreti De Usu linguarum vernacularum in Liturgiis, 1961, 6 p.

0041 Schema Decreti De Ritibus in Ecclesia, 1961, 7 p.

0042 Schema Decreti De Ecclesiae Sacramentis, 1961, 12 p.

0043 Schema Decreti De Patriarchis orientalibus, 1961, 10 p.

0044 Schema Decreti De Communicatione in sacris cum Christianis orientalibus non catholicis, 1961, 8 p.

0045 Schema Decreti De Facultatibus Episcoporum, 1962, 7 p.

0046 Schema Decreti De Ecclesiae Praeceptis, 1962, 16 p.

0047 Schema Decreti De Kalendario perpetuo et Celebratione Paschatis, 1962, 8 p.

0048 Schema Decreti De Ecclesiae Unitate "Ut omnes unum sint", 1962, 27 p. [p. 5, 7 et 9 : notes mss Suenens].

0049 Schema Decreti De Catechismo et catechetica Institutione, 1962, 7 p.

0050 Schema Decreti De Officio divino Ecclesiarum orientalium, 1962, 8 p.

Quaestiones Secretariatus ad Christianorum Unitatem fovendam

0051 Decretum De Œcumenismo catholico, 1962, 15 p.

0052 Schema Decreti, Necessitas Orationis pro Unitate Christianorum maxime Temporibus nostris, 1962, 7 p.

0053 Schema Constitutionis De Libertate religiosa, 1962, 19 p. [notes mss Suenens].

0054 Decretum De Iudaeis, 1962, 6 p. [note ms. Suenens : "annulé"].

0055 Schema Decreti pastoralis De Verbo Dei, 1962, 8 p.

Quaestiones De Religiosis, Schema De Statibus Perfectionis adquirendae

0056 Pars I, Sectio I, Constitutio de Statibus Perfectionis adquirendae, Capita I, II, III, IV, V, 1962, 30 p.

0057 Pars I, Sectio II, De aliquibus Institutis Status perfectionis in particulari, Capita VII, VIII, 1962, 11 p.

0058 Pars I, Sectio III, De Vocatione religiosa, Caput IX, 1962, 7 p.

0059 Pars II, Sectio I, De accomodata Renovatione Vitae religiosae, Capita XI et XII, De ipsa Vita religiosa renovanda in genere et in particulari, 1962, 19 p.

0060 Pars II, Sectio I, De accomodata Renovatione Vitae religiosae, Capita XIII, XIV, et XV, De Constitutionibus, De Institutis, De Habitu religioso, 1962, 12 p. [note ms. Suenens : "Bien"].

0061 Pars II, Sectio II, De Alumnorum Statuum Perfectionis Institutione, Capita XVI, XVII, XVIII, 1962, 15 p. [p. 15, note ms. Suenens].

0062 Pars II, Sectio II, De Alumnorum Statuum Perfectionis Institutione, Capita XIX, XX, XXI, XXII, 1962, 12 p.

0063 Pars II, Sectio II, De Alumnorum Statuum Perfectionis Institutione, Capita XXIII, XXIV, XXV, 1962, 11 p.

0064 Pars II, Sectio III, De Vocationibus religiosis promovendis et de Alumnorum Admissione ad Professionem et ad Ordines, Capita XXVI, XXVII, XXVIII, 1962, 15 p.

0065 Pars II, Sectio IV, De quibusdam Quaestionibus particularibus Status Perfectionis, Capita XXIX, XXX, XXXI, 1962, 8 p.

0066 Pars II, Sectio IV, De quibusdam Quaestionibus particularibus Status Perfectionis, Caput XXXII, De Missionibus, 1962, 8 p.

Quaestiones De Studiis et Seminariis

Schema Constitutionis De sacrorum Alumnis formandis

0067 Prooemium. Caput I. De Seminariorum Ordinatione generali, 1962, 19 p. [notes mss Suenens].

0068 Caput II. De Institutione spirituali, 1962, 19 p.

0069 Caput III. De Disciplina in Seminariis, 1962, 14 p.

0070 Caput IV. De Studiorum Ratione in Seminariis, 1962, 16 p.

0071 Caput V. De Institutione pastorali in Seminariis et Caput VI. De Formatione post Seminarium perficienda, 1962, 23 p. [notes mss Suenens].

0072 Schema Decreti De Vocationibus ecclesiasticis fovendis, 1962, 15 p.

Schema Decreti De Studiis academicis ab Universitatibus tum catholicis tum ecclesiasticis provehendis

0073 Caput I. De Universitatibus catholicis, 1962, 7 p.

0074 Caput II. De Studiorum ecclesiasticorum Universitatibus, 1962, 22 p.

0075 Schema Constitutionis De Scholis catholicis, 1962, 36 p. [p. 14 : note ms. Suenens].

Schema Decreti De Obsequio erga Ecclesiae Magisterium in tradendis Disciplinis sacris

0076 Caput I. Notiones fundamentales, 1962, 11 p. [notes mss Suenens].

0077 Caput II. De Ratione docendi Sacram Scripturam, 1962, 11 p.

0078 Caput III. De Doctrina S. Thomae servanda, 1962, 19 p. + double.

Quaestiones De Apostolatu Laicorum

Schema Constitutionis De Apostolatu Laicorum

0079 Prooemium generale et Pars I. Notiones generales, 1962, 50 p. [notes mss Suenens].

0080 Pars II. De Apostolatu Laicorum in Actione ad Regnum Christi directe provehendum, 1962, 51 p. [notes mss Suenens].

0081 Pars III. De Apostolatu Laicorum in Actione caritativa, 1962, 18 p.

0082 Pars IV. De Apostolatu Laicorum in Actione sociali, 1962, 48 p.

Quaestiones De Missionibus

0083 Procemium. Schema Decreti De Regimine Missionum, 1962, 32 p.

0084 Schema Decreti De Cooperatione missionali, 1962, 7 p.

0085 Schema Decreti De Religiosis, 1962, 10 p.

0086 Schema Decreti De Studiis Clericorum, 1962, 13 p.

0087 Schema Decreti De Sacramentis ac de S. Liturgia, 1962, 16 p.

0088 Schema Decreti De Disciplina Cleri, 1962, 12 p.

0089 Schema Decreti De Disciplina Populi christiani, 1962, 15 p.

Quaestiones De Disciplina Cleri et Populi Christiani

0090 Schema Decreti De Distributione Cleri, 1961, 8 p.

0091 Schema Decreti De Habitu et Tonsura clericali, 1961, 7 p.

0092 Schema Decreti De Clericorum Vitae Sanctitate, 1961, 10 p.

0093 Schema Decreti De Officiis et Beneficiis ecclesiasticis deque Bonorum ecclesiasticorum Administratione, 1961, 11 p.

0094 Schema Decreti De Obligationibus Parochorum, 1961, 10 p. + 2 doubles.

0095 Schema Decreti De Patrimonio historico et artistico ecclesiastico, 1961, 11 p.

0096 Schema Decreti De Parœciarum Provisione, Unione, Divisione, 1961, 7 p. + 2 doubles.

0097 Schema Decreti De praevia Librorum Censura eorumque Prohibitione, 1962, 6 p.

0098 Schema Decreti De Praeceptis ecclesiasticis, 1962, 11 p.

0099 Schema Decreti De catechetica Populi christiani Institutione, 1962, 16 p. [notes mss Suenens] + double.

0100 Schema Decreti De Fidelium Associationibus, 1962, 8 p. + double.

0101 Schema Decreti De Missarum Stipendiis. De Missarum Onerum Reductione. De piis ultimis Voluntatibus, 1962, 10 p. + double.

0102 Schema Decreti De Parochorum Obligationibus quoad Curam Animarum, 1962, 11 p. + double.

0103 Schema Decreti De promovendis ad Ordines sacros iis qui fuerunt Pastores seu Ministri acatholici, 1962, 8 p. + double.

0104 Schema Decreti De Censuris earumque Reservatione, 1962, 12 p.

0105 Schema Decreti De Modo procedendi in Pœnis in Via administrativa infligendis, 1962, 7 p.

0106 Schema De Cura animarum et Communismo, 1962, 11 p. [notes mss Suenens] + double.

Quaestiones De Disciplina Sacramentorum

0107 Schema Decreti De Sacramento Confirmationis, 1961, 7 p.

0108 Schema Decreti De Sacramento Pœnitentiae, 1961, 11 p.

0109 Schema Decreti De Sacramento Ordinis, 1961, 23 p.

0110 Schema Decreti De Sacerdotibus lapsis, 1962, 19 p. [notes mss Suenens].

0111 Schema Decreti De Matrimoniis mixtis, 1962, 7 p.

0112 Schema Decreti De Processu matrimoniali, 1962, 7 p.

0113 Schema Decreti De Praeparatione ad Matrimonium, 1962, 11 p.

0114 Schema Decreti De Consensu matrimoniali, 1962, 8 p.

0115 Schema Decreti De Impedimentis ad Matrimonium, 1962, 12 p.

0116 Schema Decreti De Forma Celebrationis Matrimonii, 1962, 15 p.

1.2. DOCUMENTS CONCERNANT DIRECTEMENT LES RÉUNIONS DE LA COMMISSION CENTRALE PRÉPARATOIRE

[► Un certain nombre de ces documents sont des feuilles – volantes – sur lesquelles le Card. Suenens a préparé ses interventions lors des discussions à la Commission centrale préparatoire. Souvent ces feuilles étaient insérées dans les schémas préparatoires. On les a classées ici en mentionnant, autant que possible, à chaque fois le fascicule où la feuille a été trouvée.

► L'ordre du classement suit l'ordre des schémas comme ils ont été inventoriés ci-dessus].

Generalia

0117 Notificatio, Calendarium Sessionum, Normae sequendae a Commissione Centrali, T P V, P. Felici, 1.12.1961, 4 p.

0118 Ordo Quaestionum de quibus disceptabitur in sessione mensis Februarii 1962, P. Felici, s. d., 1 p.

0119 Ordo Quaestionum de quibus disceptabitur in sessione mensis Martii-Aprilis 1962, P. Felici, s. d., 1 p.

0120 "Generatim schemata apparent ut mosaica...", Feuille ms. Card. Suenens, s. d., 1 p. (une critique générale des schémas, qui manquent d'inspiration et sont trop souvent des textes de compromis. Il propose que chaque école théologique fasse son texte et qu'on puisse choisir par après).

0121 "I. Praeter eos qui iure ad Concilium convocandi sunt...", s. d., 7 p. (les réponses du Card. Suenens aux questions posées dans le document Quaestiones De Concilio celebrando, T P V, 1961, voir supra n° 0002) [note ms. Suenens].

0122 Lettre de L. Anné au Card. Suenens, 24.8.1962, 1 p. (il envoie un texte sur le "De matrimonio" [texte non joint] et le "De iustitia").

0123 + Quod spectat schema De Justitia, s. d., 1 p.

0124 + Lettre de J. De Wil à L. Anné, 30.8.1962, 1 p. (le Cardinal le remercie).

Quaestiones de S. Liturgia

Prooemium et Caput I

0125 "Placet iuxta modum. Vellem nempe ut ubi agitur...", feuille ms. Card. Suenens, s. d., 1 p. (il plaide pour des textes et lectures liturgiques compréhensibles pour le peuple chrétien).

Caput II. De sacrosancto Eucharistiae Mysterio

0126 "Placet iuxta modum. Quoad numerum quadragesimum sextum....", feuilles mss Card. Suenens, s. d., 2 p. (pour la concélébration, il plaide pour une réglementation par conférence épiscopale et demande une simplification du rite pontifical) [la 1ère feuille est un brouillon de la 2ème].

0127 "Pour aider à vivre en état de grâce...", feuille ms. Card. Suenens, s. d., 1 p. (il demande une simplification des règles pour le jeûne eucharistique).

Quaestiones theologicae

Schema Constitutionis De Ecclesia

0128 De Episcopatu et Sacramento, De Episcopis residentialibus (Cap. III et IV), Card. P. Richaud, s. d. [mais du 8.5.1962; cfr. ADP Vol II, 3, p. 1050-1053], 5 p. (une critique du schéma : il demande une théologie plus développée de l'épiscopat et de la collégialité).

0129 Caput IV. De Episcopis residentialibus, Animadversiones DD. Maximi IV Saigh, s. d., 4 p. (critique sévère du schéma, qui accentue trop la primauté).

Schema Constitutionis De Beata Maria Virgine Matre Dei

0130 "Nonnulli theol. negant BMV...", feuille ms. Card. Suenens, s. d., 2 p. (il demande qu'on affirme clairement que la Vierge Marie connaissait dès le début le caractère divin de son Fils).

Schema Constitutionis De Castitate, Virginitate, Matrimonio, Familia

Farde avec 4 textes :

0131 Introduction, J. Etienne, s. d., 3 p.

0132 Remarques générales à propos des schèmes De Ordine morali..., A. Wylleman, s. d., 6 p.

0133 Concilium. De matrimonio. Animadversiones, V. Heylen, s. d., 4 p.

0134 Note sur l'étape adolescente de la sexualité, J. Etienne, s. d., 3 p.

0135 Notes concernant le schéma De Castitate, Virginitate, Matrimonio et Familia, s. d., 3 p. + 1 p. [avec note ms. Suenens].

0136 Considerationes quoad schema De Castitate, Familia, Virginitate, s. d., 15 p.

0137 Animadversiones in parte secunda : De Matrimonio et Familia, s. d., 3 p.+ double.

0138 Emendatio Schematis Constitutionis De Castitate, Virginitate, Matrimonio et Familia, s. d., 2, 2, 5, 2 et 1 p.

0139 De casta vita christianorum, s. d., 3, 5, 11, 9, 4 et 2 p. (un projet alternatif de ce schéma).

0140 Consideratio generalis in schemate "De Castitate, Virginitate, Matrimonio et Familia", s. d., 4 p. + 4 p. [note ms. Suenens : "Critiques reprises par moi et versées à la Commission centrale préparatoire"; la p. 4 - non numérotée - du 1er document est de L. Anné, avec des corrections mss Anné; autres notes mss Suenens].

0141 Lettre de R. Ceuppens à L. Janssens, 4.5.1962, 1 p. (le Cardinal remercie pour le texte envoyé, qu'il a pris avec lui à Rome; il demande la note du Prof. Janssens sur la morale conjugale pour la prochaine réunion de la Commission centrale).

Schema Constitutionis De Ordine sociali

0142 Lettre de Mgr Felici au Card. Suenens, 23.7.1962, 1 p. (il envoie deux schémas : De Communitate Gentium et De Ordine sociali) [note ms. R. Ceuppens : "j'ai envoyé les 2 formulaires à Rome avec les animadversiones"].

0143 "Schema propositum reordinandum mihi videtur ob rationes sequentes....", s. d., 2 p. (des remarques sur le texte, envoyées par le Card. Suenens à la Commission) + double.

Schema Constitutionis De Communitate Gentium

0144 Analyse critique du schéma proposé par la Commission théologique, s. d., 8 p.

0145 "Schema propositum reordinandum mihi videtur ob sequentes rationes...", s. d., 2 p. (des remarques, basées sur le document précédent, envoyées par le Card. Suenens à la Commission) + double.

Quaestiones De Ecclesiis orientalibus

Schema De Facultatibus Episcoporum

0146 "A-t-on déjà discuté...", feuille ms. Card. Suenens, s. d., 1 p. (il trouve que ce texte vaut mieux que le schéma discuté par la Commission des Évêques) [feuille insérée à la p. 6-7 du schéma].

Quaestiones Secretariatus ad Christianorum Unitatem fovendam

Schema De Œcumenismo catholico

0147 "Schemata placent juxta modum i. e. juxta mentem Cis König", feuille ms. Card. Suenens, s. d. 1 p. [se réfère probablement au texte du De Œcumenismo] (le Cardinal met en garde contre l'indifférentisme).

Schema De Libertate religiosa

0148 "Puto rem non esse maturam pro Concilio...", 2 feuilles mss Card. Suenens (le Cardinal émet des critiques contre les deux schémas – celui du Secrétariat pour l'Unité et celui de la Comm. doctrinale – sur la liberté religieuse; il craint un affaiblissement du zèle apostolique).

Quaestiones De Religiosis

Schema De Statibus Perfectionis adquirendae

0149 "Tria Schemata placent hoc sensu...", feuille ms. Card. Suenens, s. d., 1 p. [insérée dans le fascicule Pars II. Sectio II. Capita XVI, XVII, XVIII] (le Cardinal trouve que ces textes ne sont pas à traiter par un Concile; il suffit de parler de la rénovation de la vie religieuse, qui doit être adaptée aux nécessités actuelles de l'apostolat).

Quaestiones De Studiis et Seminariis

0150 Votum Card. R. Silva Henriquez, s. d., 6 p. [note ms. Suenens].

Quaestiones De Apostolatu laicorum

Farde : "Mon intervention sur l'Action Catholique..." :

0151 "Schema hoc per plura optima continet...", s. d., 4 p. (projet ms. Card. Suenens de son intervention à la Comm. centrale préparatoire au sujet de la terminologie de l'Action catholique).

0152 "Schemata de A.C. optima continent et auctores laudo...", s. d., 6 p. (deuxième projet de son intervention au sujet de l'Action catholique, voir Procemium generale et Pars I, Notiones generales, p. 6, 3).

0153 Deux feuilles volantes mss Card. Suenens, s. d., 2 p. (se référant à la discussion sur l'Action catholique dans la Comm. centrale préparatoire).

0154 De emendatione Schematis Constitutionis De Apostolatu laicorum, T P V, 1962, 52 p. (les réponses données après la discussion à la Comm. centrale préparatoire et élaborées par la Pontificia Subcommissio centralis de Schematibus emendandis praeparatoria Concilii Vaticani II) + photocopie des p. 12-17.

0155 À propos de la terminologie : Action Catholique. Notes sur les pages 12-17 "De Emendatione Schematis : De Apostolatu laicorum", Card. Suenens, s. d., 3 p. (cette note réfute la réponse donnée dans le texte de la Commission; elle fut envoyée à tous les membres de la Commission pour l'Apostolat des laïcs le 27.2.1963; cfr. 1ère Intersession, De Apostolatu laicorum, n° 1189-1190).

0156 Schema De Apostolatu laicorum, s. d., 32 p. + 6 p. de Notes (un projet d'un nouveau schéma, qui tient compte des schémas préparatoires).

0157 + double de l'introduction à ce texte, s. d., 2 p.

0158 Note sur l'emploi du terme "Action Catholique", Card. Suenens, s. d., 4 p. + double.

0159 Notanda circa usum vocabuli "Actio catholica", Card. Suenens, 4 p. (traduction latine du texte précédent) + 2 doubles.

Quaestiones De Missionibus

Intervention du Card. Suenens à la Commission centrale préparatoire

0160 "Omnia quae in schemate hoc proposita sunt...", feuilles mss Card. Suenens, s. d., 2 p. (il plaide pour deux déclarations solennelles : ad extra : face au monde non-chrétien, et ad intra : la nécessité de l'apostolat dans l'Église).

0161 "Il y aurait lieu devant cette situation...", feuille ms. Card. Suenens, s. d., 1 p. (projet du texte latin précédent).

0162 Solemnis declaratio a Concilio facienda, D. Grasso et Mgr T. van Valenberg, s. d., 2 p. (projet d'une déclaration semblable).

0163 Déclarations que devrait faire le Concile en faveur de l'évangélisation du monde non-chrétien, Fr. Legrand, s. d., 2 p. (autre projet d'une pareille déclaration).

0164 "Placet cum hac observatione. Quaestio de exemptione religiosorum...", feuille ms. Card. Suenens, s. d., 1 p. (il demande que le texte sur l'exemption soit conforme à celui discuté dans la Commission De Episcopis) [cette feuille était insérée dans le fascicule Schema Decreti De Religiosis].

0165 Feuille volante, ms. Card. Suenens, s. d., 1 p. (des noms notés probablement lors d'un vote à la Comm. centrale préparatoire).

Quaestiones De Disciplina Cleri et Populi christiani

Schema Decreti De catechetica Populi christiani Institutione

0166 "In schemate nostro p. 6 sub n° 6...", feuilles mss Card. Suenens, s. d., 3 p. (des remarques sur les n° IV, VI et VII du texte : le Cardinal insiste sur la catéchèse concernant la Vierge Marie, le rôle de l'apostolat et la préparation au mariage) [ces feuilles étaient insérées dans le fascicule].

Quaestiones De Disciplina Sacramentorum

Schema Decreti De Sacerdotibus lapsis

0167 "Conciliandum sunt misericordia...", feuilles volantes mss Card. Suenens, s. d., 2 p. (pour les prêtres qui ont quitté leur ministère, le Cardinal plaide pour une dispense seulement en cas de nullité de l'ordination, mais non dans les autres cas parce que cela ouvrirait la porte à des demandes de dissolution du mariage et serait nuisible à sa stabilité) [feuilles insérées dans le fascicule].

Schema Decreti De Forma Celebrationis Matrimonii

0168 "Quoad Matrimonium. Ut scripsit in votis...", feuille ms. Card. Suenens, s. d., 1 p. (il demande une catéchèse plus intense sur le mariage et un rite plus solennel de sa célébration).

2. Pontificia Subcommissio De Materiis mixtis praeparatoria Concilii Vaticani II

0169 De Cura pro christianis Communismo infectis et de Cura animarum et Communismo, T P V, 1962, 39 p.

0170 De Emigrantium, Maritimorum, Aeronavigantium, Nomadum et Peregrinatorum seu Turistarum Cura, T P V, 1962, 35 p. [notes mss Suenens].

0171 De Parochorum obligationibus quoad curam animarum, T P V, 1962, 23 p.

0172 De Catechetica Populi christiani Institutione, T P V, 1962, 18 p.

0173 De Schemate analytico Constitutionis "De Animarum Cura", s. d., 2 p. (un nouveau projet des secrétaires des Commissions De Episcopis et De Cura animarum).

0174 Osservazioni sul progetto di decreto "de Emigrantium, etc.", Card. E. Tisserant, 8.7.1962, 2 p.

0175 Osservazioni sul progetto di decreto "De parochorum obligationibus..." ossia "De munere parochorum", Card. E. Tisserant, 8.7.1962, 1 p.

0176 Osservazioni sul progetto di decreto "De catechetica...", Card. E. Tisserant, 8.8.1962, 1 p.

0177 Osservazioni sullo "Schema concordatum", Card. E. Tisserant, 12.7.1962, 1 p.

0178 Lettre de Mgr Felici au Card. Suenens, 19.5.1962, 1 p. (lettre de nomination comme membre de la Sous-Commission de Materiis mixtis).

0179 Lettre du Card. Suenens à un cardinal non identifié [peut-être le Card. E. Tisserant ou Cicognani], 2.6.1962, 1 p. (il demande de remercier le pape pour sa désignation comme membre de cette Commission restreinte; les pages envoyées ne sont qu'une esquisse; il remercie pour l'envoi de deux livres dont un sur le sacerdoce selon saint Paul).

0180 Competentia et Modus procedendi, s. d., 3 p. (le règlement intérieur de cette Sous-Commission).

3. Pontificia Commissio de Episcopis et de Diœceseon regimine praeparatoria Concilii Vaticani II

[Mgr Suenens fut membre de cette Commission et a conservé tous les papiers qui s'y réfèrent. D'abord on a classé les generalia : notes officielles de la Commission et autres, correspondance, interventions de Mgr Suenens. Suivent alors tous les papiers ronéotypés qui étaient conservés dans des fardes selon les questions traitées.]

3.1. GENERALIA

Sessio generalis, diei 15 novembris 1960

0181 "Concilium Vaticanum primum celebrabatur...", s. d., 11 p. (discours d'ouverture à la première réunion de la Commission, directives sur le mode de travail; proposition de calendrier, etc.) [notes mss Suenens].

0182 Notae de modo procedendi, s. d., 2 p. (le règlement intérieur et le calendrier).

0183 Proposita Distributio Quaestionum, 15.11 et 16.11, 17.11 et 18.11.1960, 6 p. (une liste avec les questions à traiter et chaque fois les noms des membres, des consulteurs et du secrétaire) [notes mss Suenens].

0184 Ordo Sessionum et Modus procedendi, 24-29.4.1961, 1 p. (le programme de cette réunion) [notes mss Suenens].

0185 Ordo Sessionum, 25-30.9.1961 et 2-7.10.1961, 1 p. (le programme de ces réunions).

0186 Ordo Quaestionum de quibus disceptabitur in Sessione generali mensis februarii 1962 (5-15), s. d., 1 p.

0187 Méthode de travail pour notre session de février, F. Boulard, 1, 1, et 1 p., 23.1.1961 (il donne des suggestions sur la méthode de réunion, sur l'orientation du travail et sur la langue à utiliser).

Intervention du Card. Suenens au sujet du texte "Rationes Episcopos inter et Religiosos"

0188 Quinam limites ponendi sunt organizationibus in ambitu nationali...", s. d., 3 p. (note de droit canonique sur les relations entre l'évêque et les organisations nationales de religieux/ses) [cette note dactylographiée sur du papier avec en-tête de l'Évêché de Namur est probablement de F. Toussaint, vicaire général à Namur]

0189 De relationibus episcoporum inter et organisationes religiosorum, s. d., 7 p. (texte français ms. Card. Suenens).

0190 "Non sufficit ut stabilientur relationes religiosorum...", texte latin ms. du Card. Suenens, s. d., 3 p. (projet – définitif? – de son intervention).

0191 De Conferentiis Superiorum religiosorum maiorum, Card. Suenens, s. d., 7 p. [texte ronéotypé] + 2 doubles.

0192 "Je crois vous être utile en vous donnant quelques nouvelles...", 8.10.1961, 2 p. (un membre de la Commission donne des nouvelles à Mgr Suenens sur les séances de la Commission qui ont traité de la limite d'âge pour les évêques).

0193 + De Episcopis senescentibus, s. d., 2 p. (un projet de texte en français sur la limite d'âge).

0194 Lettre du Card. M. Mimmi à Mgr Suenens, 10.10.1960, 1 p. (il annonce une audience chez le pape pour les membres de la Commission le 14.11.1960; les travaux de la Commission commenceront le 15).

0195 Lettre du Card. M. Mimmi à Mgr Suenens, 13.10.1960, 1 p. (il envoie un questionnaire et demande d'indiquer les sujets préférés).

0196 + Quaestiones Commissioni positae, s. d., 2 p. [notes mss Suenens].

0197 + Lettre de Mgr Suenens au Card. M. Mimmi, 21.10.1960, 1 p. (comme sujet, il a choisi : "Episcopos inter et Religiosos" et surtout l'insertion des religieux/ses dans l'apostolat; il envoie son livre *La Chiesa in stato di Missione* et un autre article).

0198 Lettre du Card. M. Mimmi à Mgr Suenens, 31.10.1960, 1 p. (il annonce le travail sur le De animarum Cura).

0199 Lettre du Card. M. Mimmi à Mgr Suenens, 13.12.1960, 2 p. (il annonce une autre réunion, donne des précisions sur le secret et demande des remarques sur les questions de la répartition des diocèses et des émigrants).

0200 Lettre du Card. M. Mimmi à Mgr Suenens, 30.12.1960, 2 p. (il demande une réponse à des questions concernant les organisations nationales de Religieux/ses).

0201 Lettre du Card. M. Mimmi à Mgr Suenens, 20.2.1961, 2 p. (il donne le programme de la réunion du mois d'avril et demande des suggestions sur les schémas).

0202 Lettre du Card. P. Marella à Mgr Suenens, 28.3.1961, 1 p. (il demande si Mgr Suenens peut devenir membre d'une sous-commission mixte avec la Commission pour l'Apostolat des laïcs).

0203 Lettre du Card. P. Marella à Mgr Suenens, 12.5.1961, 1 p. (la session du mois de juillet est transférée à septembre : du 25.9 au 7.10.1961).

0204 Lettre de Mgr J. Gawlina à Mgr Suenens, 7.6.1961, 1 p. (il demande à Mgr Suenens d'envoyer au plus tôt son avis au sujet "de Cœtu seu Conferentia Episcoporum").

0205 Lettre du Card. P. Marella à Mgr Suenens, 8.7.1961, 1 p. (il envoie trois schemata et demande un avis à ce sujet).

0206 Lettre du Card. P. Marella à Mgr Suenens, 1.8.1961, 1 p. (il demande d'envoyer un avis sur trois autres textes).

0207 Lettre de Mgr Suenens au Card. P. Marella, 26.8.1961, 1 p. (il envoie ses remarques et s'excuse pour le retard, dû au décès du Card. J.-E. Van Roey).

0208 + Animadversiones, Mgr Suenens, s. d., 6 p. (des remarques sur 6 schémas).

0209 Lettre du Card. P. Marella à Mgr Suenens, 7.9.1961, 1 p. (invitation à la réunion du 25-30 septembre et du 2-7 octobre 1961).

0210 + Réponse de Mgr Suenens au Card. P. Marella, 14.9.1961, 1 p. (il ne sera présent qu'à partir du 27.9.1961).

0211 Lettre de Mgr Suenens au Card. P. Marella, 23.12.1961, 1 p. (il marque son accord avec les textes De Episcopis Coadiutoribus et Auxiliaribus et De Cessatione a munere pastorali et avec le De animarum cura. Il demande d'omettre le texte "De animarum cura pro christianis a communismo infectis").

0212 + Projet en français de la même lettre, 13.12.1961, 1 p.

0213 Lettre du Card. P. Marella à Mgr Suenens, 28.12.1961, 2 p. (il envoie deux schémas à discuter en février; il demande des réactions écrites).

0214 + Réponse de Mgr Suenens au Card. P. Marella, 13.1.1962, 2 p. (des réactions sur les textes).

0215 + Projet ms. Suenens de cette lettre, s. d., 2 p.

0216 Lettre de R. Ceuppens à J. Devroede [recteur du Collège belge à Rome], 18.1.1962, 1 p. (Mgr Suenens arrivera le 4 février).

0217 Lettre de R. Ceuppens à J. Devroede, 1.2.1962, 1 p. (Mgr Suenens arrivera à Rome le 4.2.1962; il demande de régler une audience avec le pape).

3.2 TEXTES RONÉOTYPÉS DE LA COMMISSIO DE EPISCOPIS ET DE DIŒCESEON REGIMINE [CLASSÉS SELON LES QUESTIONS TRAITÉES]

3.2.1. De Diœceseon partitione

(Ière Farde)

0218 Schema, 1.7.1961, 3 p.

0219 Brevis Conspectus, F. Capello, 10.9.1961, 3 p.

(IIème Farde)

0220 Propositiones definitivae, s. d., 2 p.

0221 Votum Rev.mi Can. Boulard, s. d., 5 p.

0222 + "Subcommissio I. Cette question n'est pas simple...", F. Boulard, s. d., 4 p. (version française du texte précédent).

0223 De Diœceseon partitione, Animadversiones, s. d., 3 p.

0224 Quaestio. De Diœceseon partitione (Schema), s. d., 4 p.

0225 "Quaestio I. I. Consilia et Vota Episcoporum et Praelatorum", s. d., 4 p.

0226 De Diœceseon partitione (Schema), s. d., 2 p. [notes mss Suenens] + double.

0227 Normae sequendae in ferendis votis in sessionibus generalibus definitivis, s. d., 1 p.

0228 Votum Mgr M. Wehr, 29.12.1960, 3 p.

0229 Votum C. Szrant, 29.12.1960, 3 p.

0230 Votum Mgr M. Miranda, 31.12.1960, 3 p.

0231 Votum Mgr J. Gawlina, s. d., 2 p.

0232 Votum Mgr É. Guerry, s. d., 1 p.

0233 Votum Mgr G. Pelletier, s. d., 2 p.

0234 Votum Mgr J. Krol, s. d., 2 p.

0235 Votum Mgr C. Morcillo, s. d., 1 p.

0236 Votum Mgr A. Khoraiche, s. d., 1 p.

0237 Votum Mgr G. Dwyer, s. d., 1 p.

0238 Votum Mgr R. Primatesta, s. d., 1 p.

0239 Votum Mgr G. Gargitter, s. d., 2 p.

0240 Votum Mgr M. Browne, s. d., 2 p.

0241 Votum Mgr J. Rupp, s. d., 3 p.

0242 Votum Mgr P. Veuillot, s. d., 3 p.

0243 Votum Mgr M.-J. Lemieux, s. d., 1 p.

0244 Feuille : Vota Consultorum.

0245 Votum J. Pasquazi, s. d., 2 p.

0246 Votum W. Dufault, s. d., 2 p.

0247 Votum I. Fernandez, s. d., 1 p. + annexe : Votum De Praelaturis nullius, s. d., 2 p.

0248 Votum F. Capello, s. d., 1 p.

0249 Votum F. Boulard, s. d., 5 p. + double.

3.2.2. Rationes Episcopos inter et SS. Curiae romanae congregationes

0250 Schema "I. Principium fundamentale. a) Cum Episcopi iure divino...", s. d., 6 p. + double.

0251 Schema. I. Redactio (11-13 febr.). II. Redactio (24 mart.), I. Pasquazi, 8.4.1961, 9 p. [notes mss Suenens].

0252 Relatio responsionum Membrorum Commissionis, s. d., 5 p.

0253 Animadversiones in Schemate, s. d., 6 p. [notes mss Suenens].

0254 Desiderata Subcommissionis, Mgr M. Wehr [par erreur : Dihr dans le texte], s. d., 1 p.

0255 Votum Mgr G. Gargitter, 10.1.1961, 3 p.

0256 Votum Mgr C. Morcillo, 11.2.1961, 2 p.

0257 Votum Mgr P. Veuillot, 23.2.1961, 2 p.

0258 Votum F. Boulard, 25.2.1961, 3 p.

0259 "1) Cum Summus Pontifex negotia...", s. d., 2 p. (cette note parle également des évêques auxiliaires et de la stabilité du ministère épiscopal) [note ms. Suenens].

3.2.3. Rationes Episcopos inter et parochos

(Ière Farde)

0260 Schema De Episcoporum potestate, J. Pasquazi, 28.3.1961, 3 p.

0261 Novum Schema, Mgr A. Carli, 16.7.1961, 9 p. + double.

0262 Conspectus votorum quae allata sunt in Schema paratum a ponente Al. M. Carli, 19.9.1961, 16 p.

0263 De inamovibilitate parochorum. Conclusiones propositae a Subcommissione mixta, s. d., 1 p.

0264 De inamovibilitate parochorum. Conclusiones propositae in sessione generali, 17.5.1961, 1 p.

0265 Votum Mgr J. Gawlina, 12.6.1961, 1 p.

(IIème Farde)

0266 Animadversiones circa "Rationes episcopos inter et parochos", Mgr H. Hannan, s. d., 4 p.

0267 Circa inamovibilitatem parochorum et proceduram removendi aut transferendi parochos, s. d., 1 p.

0268 Votum Mgr H. Florit, 10.3.1961, 7 p.

0269 Votum Mgr P. Veuillot, 11.3.1961, 3 p.

0270 Votum Mgr A. Khoraiche, 13.3.1961, 1 p.

0271 Votum Mgr M. Wehr, 13.3.1961, 4 p.

0272 Secundum Votum Mgr J. Gawlina, 14.3.1961, 3 p.

0273 Votum Mgr P. Correa Leon, 15.3.1961, 2 p.

0274 Votum Mgr J. Villot, 4.4.1961, 2 p.

0275 Votum Mgr N. Jubany Arnau, s. d., 13 p.

0276 Votum Mgr Ph. Nabaa, s. d., 1 p.

0277 Votum Mgr J. Krol, s. d., 2 p.

0278 Votum Mgr G. Pelletier, s. d., 2 p.

0279 Votum Mgr M.-J. Lemieux, s. d., 1 p.

0280 Votum F. Boulard, s. d., 1 p.

0281 Votum Mgr J. Gawlina, s. d., 2 p.

0282 Votum Mgr L. Smith, s. d., 2 p.

3.2.4. Rationes Episcopos inter et Religiosos

0283 Schema De Religiosorum exemptione. I. Redactio, 13.2.1961, II. Redactio, 24.3.1961, F. Capello, 2.4.1961, 5 p.

0284 Schema, 1.7.1961, 3 p. [notes mss Suenens].

0285 Novissimum Schema a Rev.mo P. Capello emendatum et auctum, s. d., 8 p.

0286 Textus ab Exc.mo Carli propositus, Textus a Subcomm. De Religiosis retractatus, s. d., 2 p.

0287 Rationes Episcopos inter et Religiosos et Normae de Apostolatu Religiosorum sub moderamine Episcoporum, s. d., 8 p. [notes mss Suenens] + double.

0288 + Addenda vel corrigenda, s. d., 1 p.

0289 Schema a Nostra Commissione in sessione generali mensis septembris approbatum. 2. Schema ab Exc. mo Carli, mense novembris, exaratum, 27.11.1961, 13 p.

0290 + Schema novissimum, s. d., 2 p. + le même texte du schéma précédent, 27.11.1961., 13 p.

0291 Quaedam inserenda proponuntur sub asterisco, Mgr A. Carli, 1.2.1962, 2 p.

0292 Brevis conspectus, F. Capello, 10.9.1961, 4 p.

0293 Principia generalia, Mgr É. Guerry, 27.9.1961, 1 p.

0294 Art. 5. Nova Redactio proposita a Rev.mo P. G. Michiels, o.f.m. cap., 27.9.1961, 1 p.

0295 XX decretum (nova redactio), s. d., 1 p.

0296 Principia et criteria collaborationis De Conferentiis Superiorum Maiorum. De aliis modis collaborationis, s. d., 9 p.

0297 Proposita, I. Fernandez, s. d., 2 p.

0298 Votum Mgr C. Morcillo, 26.1.1961, 13 p.

0299 Votum Fr. Milini, 6.2.1961, 1 p.

0300 Vota Mgr J. Gawlina, 11.2.1961, 2 p.

0301 Votum Mgr H. Florit, 11.2.1961, 2 p.

0302 Votum Mgr P. Veuillot, 23.2.1961, 2 p.

0303 Votum Mgr G. Gargitter, 26.2.1961, 2 p.

0304 Votum W. Dufault, 26.2.1961, 3 p.

0305 Votum I. Fernandez, 14.3.1961, 5 p.

0306 Votum G. Michiels, 23.3.1961, 7 p.

0307 Votum Mgr A. Mensa, s. d., 1 p.

0308 "Puto episcopos non admitterent in regione mea ut intersint superiores ipsis conferentiis episcoporum...", Feuille volante ms. Suenens, s. d., 1 p.

3.2.5. De Consociationibus pro Clero Diœcesano

0309 Principia theologica, s. d., 2 p. [note ms. Suenens] + double.

0310 Schema a Pont. Commissione de Episcopis et de Diœceseon regimine exaratum, décembre 1961, 5 p.

0311 Schema novissimum, 5.2.1962, 4 p.

3.2.6. De Episcoporum cœtu seu conferentia

0312 Schema, s. d., 7 p. [note ms. Suenens].

0313 Schema, s. d., 10 p. + double.

0314 "Cum tempus utile huius quaestionis...", Mgr J. Gawlina, 18.9.1961, 1 p. (note explicative) + 8 p. (projet de schéma).

0315 IX. De relationibus inter episcopos diversarum Nationum, s. d., 1 p. (deux propositions de texte de Mgr J. Gawlina et Mgr P. Čule).

0316 Adnotationes ad Schema propositum, Mgr A. Carli, 8.5.1961, 4 p.

0317 Animadversiones Exc.mi D.ni P. Veuillot, 30.6.1961, 3 p.

0318 Votum Mgr J. Gawlina, 16.5.1961, 1 p.

0319 Votum F. Boulard, 24.5.1961, 3 p.

0320 Votum Mgr M. Wehr, 30.5.1961, 6 p.

0321 Votum M. Browne, 15.6.1961, 2 p.

0322 Votum J. Pasquazi, 20.6.1961, 1 p.

0323 Votum Mgr G. Gargitter, 20.6.1961, 1 p.

0324 Votum Mgr C. Morcillo, 23.6.1961, 2 p.

0325 Votum Mgr G. Dwyer, 27.6.1961, 1 p.

0326 Votum Mgr N. Jubany Arnau, 29.6.1961, 8 p.

0327 Votum Mgr Ph. Nabaa, 29.7.1961, 1 p.

0328 Votum Mgr J. Rupp, s. d., 2 p.

0329 Votum Mgr J. Piazzi, s. d., 2 p.

0330 Votum Mgr A. Khoraiche, s. d., 3 p.

0331 Votum Mgr H. Florit, s. d., 1 p.

0332 Votum Mgr L. Suenens, s. d., 3 p.

0333 Votum Mgr É. Guerry, s. d., 5 p.

0334 Votum Mgr J. Krol, s. d., 1 p.

0335 Votum F. Capello, s. d., 1 p.

3.2.7. De coadiutoribus, de auxiliaribus deque a munere pastorali cessatione

0336 De Episcoporum coadiutoribus et auxiliaribus deque episcoporum cessatione a munere pastorali, Mgr A. Carli, 29.11.1961, 7 p. (projet de schéma) + double.

0337 "Prooemium. Salus animarum lex semper...", Mgr A. Carli, 19.1.1962, 16 p. (projet de schéma).

3.2.8. De animarum cura quaestiones

0338 Schema Exc.mi D.ni Morcillo, 16.2.1961, 6 p. [notes mss Suenens] + double.

0339 Schema ab Exc.mo P. D. C. Morcillo, Archiepiscopo Caesaraugustano exaratum, 10.4.1961, 29 p.

0340 Schema brevissimum correctum, Mgr C. Morcillo, 25.7.1961, 13 p. + double [+ feuille annexe à la p. 5].

0341 De Cura animarum, Mgr C. Morcillo, 15.9.1961, 27 p. (projet de schéma).

0342 De animarum Cura quaestiones, Mgr C. Morcillo, 28.10.1961, 19 p. + 1 p. Notae (projet de schéma) + double.

0343 Introductio doctrinalis, Mgr C. Morcillo, 29.1.1962, 13 p.

0344 "Iterum nobis omnibus arridet occasio...", Mgr C. Morcillo, 29.1.1962, 19 p. (la relatio du texte).

0345 De animarum cura quaestiones, Schema, Mgr C. Morcillo, s. d., 6 p. + double.

0346 De animarum Cura quaestiones, (Schema generale), s. d., 7 p. (un aperçu des questions et problèmes).

0347 De animarum Cura (Schema alterum), s. d., 3 p.

0348 Additamentum, s. d., p. 8-9.

0349 Schema emendatum. De Parœciarum provisione, divisione, unione, s. d., 3 p.

0350 + Schema emendatum, De obligationibus parochorum, s. d., 4 p.

0351 VI. De vocationibus sacerdotalibus necnon religiosorum et religiosarum, Mgr J. Krol, nov. 1960, 2 p.

0352 Praecipuae De animarum Cura quaestiones. "Je voudrais ici demeurer...", 15.1.1960, 5 p.

0353 Principia fundamentalia deducta e doctrina et iure canonico, Mgr É. Guerry, s. d., 8 p.

0354 De Cura animarum, Prooemium, Mgr J. Gawlina, s. d., 2 p.

0355 IV. De Episcopo, Pastore et Servo, Mgr N. Jubany Arnau, s. d., 2 p. + double.

0356 Novae propositiones Exc.mi D.ni Jubany Arnau, De visitatione pastorali, s. d., 7 p.

0357 Principia De Episcoporum potestate, Mgr C. Morcillo, 23.12.1960, 4 p.

0358 Sectiones Subcommissionis De animarum Cura, s. d., 1 p. (une liste avec les membres des 5 sous-commissions) [au verso : note ms. Suenens].

0359 Votum Mgr H. Florit, 24.8.1961, 3 p.

0360 Votum Mgr J. Krol, 27.12.1961, 3 p.

0361 Votum Mgr J. Krol, s. d., 2 p.

0362 Votum Mgr A. Mensa, s. d., 2 p.

0363 Votum Mgr É. Guerry, s. d., 14 p.

0364 Votum Mgr J. Gawlina, s. d., 2 p.

0365 Schema De Cura animarum. "Je ne suis pas du tout satisfait de ce premier projet...", F. Boulard, s. d., 1, 1 et 4 p. [notes mss Suenens].

0366 Questions susceptibles de relever d'une sous-commission consacrée à l'apostolat dans les milieux touchés par l'athéisme contemporain, R. Voillaume, 2.11.1960, 3 p.

3.2.9. De cura animarum pro Christianis a communismo infectis

0367 Novum schema, 22.11.1961, 7 p. + double.

0368 Relatio Exc.mi D.ni Gawlina de votis Exc.morum ac Rev.morum Sodalium (die 22 nov. 1961), 15.1.1962, 14 p.

0369 Votum Mgr H. Florit, 23.8.1961, 3 p.

0370 Praeterea : In schemate Exc.mi Morcillo inserendi articuli de cura pastorali pro infectis a communismo christianis, Mgr J. Gawlina, 30.7.1961, 3 p. + double.

3.2.10. De Emigrantibus

0371 De Emigrantibus, Prooemium, s. d., 3 p.

0372 De Emigrantibus, De Opere Apostolatus Maris et Cœli et de Migrantibus internis, Schema, s. d., 14 p.

0373 De Migratione interna, s. d., 2 p.

0374 Propositiones definitivae, s. d., 8 p.

0375 Declaratio Concilii supra quaestionem Emigrantium, Mgr J. Gawlina, s. d., 3 p.

0376 Vota Exc.morum Membrorum Commissionis de schemate Emigrationis ac operum adnexorum, Relatio Exc.mi D.ni Rupp, s. d., 5 p.

0377 Votum Mgr P. Veuillot, 23.2.1961, 2 p.

4. Plan du Concile

[**Note préliminaire** : Le Card. Suenens a classé ces papiers dans 3 fardes en vue de son intervention au "Colloquio internazionale di studio" de l'Istituto Paolo VI en 1983 et pour la rédaction de son article dans la *Nouv. Rev. Théol.*, "Aux origines du Concile Vatican II", 1985, 1, p. 3-21. À plusieurs endroits, il a ajouté des notes mss sur les fardes ou sur les documents. Voir aussi Période postconciliaire, n° 2787-2803].

(1ère Farde)

0378 Note au sujet du Concile, Card. Suenens, fin mars 1962 [par erreur, le Cardinal a écrit 1982], 5 p. (une note adressée à Jean XXIII à sa demande, en vue d'élaborer ensuite un plan) [notes mss Suenens].

0379 + Note au sujet du Concile, même texte ronéotypé, 1962, [notes mss Suenens] + 2 doubles.

(2ème Farde)

0380 Lettre du Card. Suenens à Jean XXIII, 16.5.1962, 3 p. (après consultation de quelques personnes, il envoie un projet positif suite à la note préliminaire; ce projet devrait être élaboré par un groupe de travail de 4 à 5 personnes; il suggère des noms comme secrétaires des diverses Commissions : Mgr M. Larrain, Mgr D. Hurley, Mgr C. Morcillo, Mgr F. Seper; il envoie son livre *La Chiesa in stato di missione*) + 3 copies.

0381 + "Le plan qu'on va lire....", Card. Suenens, s. d., 14 p. (le plan du Concile, envoyé à Jean XXIII) + 3 copies ronéotypées, 14 p. [notes mss Suenens].

0382 Texte ms. [photocopie] du Card. Cicognani, 19.5.1962, 1 p. (texte avec lequel le Card. Cicognani a envoyé le projet du Card. Suenens à quelques cardinaux) + double.

0383 + Copie de la lettre du Card. Suenens à Jean XXIII du 16.5.1962 [note ms. Suenens : "photocopie faite par le St Siège et remise par ordre du St Père à qq. cardinaux dont le Cal Montini"].

0384 + "Le plan qu'on va lire...", Card. Suenens, 14 p. [dans une note ms., le Card. Suenens écrit : "Plan proposé... fin avril 82" au lieu de mai 1962].

0385 Lettre du Card. Cicognani au Card. Suenens, 22.5.1962, 2 p. (il répond à une lettre du 17.5.1962 du Card. Suenens : il a transmis les feuilles jointes [il s'agit du plan] au pape, qui demande de continuer l'élaboration de ces idées; le Card. Suenens sera nommé dans une des deux Commissions, composées d'un nombre de membres limité; commissions qui devront examiner la matière à soumettre au Concile).

0386 Lettre ms. du Card. Liénart au Card. Suenens, 14.6.1962, 2 p. (il est enchanté par le plan et il souhaite vivement que le projet du Card. Suenens soit réalisé par le Concile) + 2 copies dactylographiées, 1 p.

0387 Feuille volante ms. Card. Suenens, s. d. 1 p. ("plan primitif fait avec Mi [= Montini]. Accepté par groupe Mi-Siri. Le Pape cite noyau sept. 62...").

(3ème Farde)

0388 Lettre du Card. Suenens à Jean XXIII, 4.7.1962, 2 p. (il a eu un contact amical au Collège belge : le Card. Doepfner s'est rallié à l'avis unanime des cardinaux Montini, Siri et Liénart, qui soutinrent le plan proposé; tous souhaitent que le Concile débute par une partie doctrinale : "De Ecclesiae Christi mysterio"; il envoie un texte récent du Prof. Florovsky; il a élaboré un plan plus détaillé en montrant comment les schémas primitifs peuvent s'insérer dans le cadre général tracé; il vient de lire "Il diario del Concilio Vaticano I" du P. Dehon dont le pape lui avait recommandé la lecture) + 2 doubles.

0389 + Professeur G. V. Florovsky, théologien orthodoxe : "Le futur Concile de l'Église romaine", cfr. *Irénikon*, t. XXIII, 1959, p. 320, 1 p. + double.

0390 + "Introduction au plan. 1. Commission du Code...", Card. Suenens, s. d., 14 p. vertes et 15 p. blanches (14 p. + 10bis). (Les pages vertes donnent une introduction au plan (2 p.) et une proposition d'insérer les schémas primitifs dans le plan du Card. Suenens. Les pages blanches sont le même texte que celui de mai 1962 mais avec une typographie légèrement modifiée) [Les pages blanches sont intercalées parmi les pages vertes] + 2 copies incomplètes.

0391 Lettre du Card. Suenens au Card. Liénart, 11.7.1962, 1 p. (il remercie pour les diverses suggestions sur le plan, qui a déjà été envoyé au pape).

0392 "Ecclesia Christi lumen gentium", Le message de Jean XXIII à la radio du 11.9.1962, publié dans *L'Osservatore Romano* du 12.9.1962. [sur le journal, note ms. du Card. Suenens : "Le texte du 12 septembre 1962 est la reprise par le pape du texte du plan proposé". À plusieurs endroits, le Card. Suenens a souligné des passages du discours pontifical où il trouvait des références à son plan].

5. Lettre collective du Card. Léger et autres cardinaux à Jean XXIII contre les schémas préparés – août 1962

0393 Farde avec note ms. Card. Suenens, s. d., 1 p. (on y lit e.a. "Le texte est rédigé par le Cal Léger et sera signé par les Cardinaux mentionnés à l'exception du Cal Montini qui préfère s'abstenir").

0394 Lettre du Card. J. Frings au Card. Suenens, 21.8.1962, 1 p. (le Card. Léger lui a demandé d'envoyer un exemplaire de sa lettre à Jean XXIII; cette lettre sera aussi communiquée aux Cardinaux Liénart, Doepfner, Montini, Alfrink, König) [note ms. R. Ceuppens : "expédié au Card. Léger, le 8.9.1962"].

0395 + La lettre, rédigée par le Card. P.-É. Léger, août 1962, 12 p. (nécessité et nature d'un renouveau dans l'Église; le renouveau à l'étape préconciliaire; critique sévère des schémas préparés et demande de ne présenter au Concile que des schémas qui représentent une réelle acquisition pour l'Église).

0396 Lettre de Mgr Th. Hendriksen au Card. Suenens, 6.9.1962, 1 p. (à la demande du Card. B. Alfrink, il envoie la lettre du Card. Léger pour signature, qui doit alors être renvoyée au Card. Léger).

0397 + Lettre de J. Nedbal au secrétariat de l'archevêché d'Utrecht, 3.9.1962, 1 p. (le secrétaire du Card. König envoie la lettre du Card. Léger au Card. Alfrink et demande de la faire suivre au Card. Suenens).

6. Notes envoyées par Mgr Suenens à Rome pour préparer le Concile

[Ces notes, sur différents sujets, étaient classées par le Card. Suenens dans 12 fardes. Sur une page de couverture, le Cardinal a écrit : "ces notes furent envoyées par moi aux commissions préparatoires compétentes ou à ma propre Commission de Episcopis. Il y en a une quinzaine", ce qui est probablement une erreur : on n'en a retrouvé que 12. On y a ajouté des notes en vue de sa réponse à la consultation du Card. Tardini auprès des évêques pour préparer le Concile.]

0398 De Conferentiis episcoporum, s. d., 3 p. + 2 doubles.

Episcopus ut servus

0399 Episcopus ut servus, La limitation d'âge, s. d., 3 p. (texte français ms. Suenens).

0400 Episcopus ut servus, De statuenda limite aetatis, s. d., 2 p. (traduction latine du texte français) + 2 doubles.

0401 De facultatibus tribuendis episcopis in re œconomica, s. d., 2 p. + 2 doubles.

De Episcopo et apostolatus operum rectoribus

0402 L'évêque et les directeurs d'œuvres d'apostolat, s. d., 3 p. (texte français ms. Suenens).

0403 De episcopo et apostolatus operum rectoribus, s. d., 2 p. + 2 doubles.

0404 Mgr P. Veuillot, Paroisse et Action catholique, Lettre pastorale de Carême 1961, 23 p. (dans sa note, Mgr Suenens cite, mais en laissant tomber une incise, un extrait de cette lettre à la p. 19).

0405 De Religiosis femineis tamquam Episcopi adjutricibus, s. d., 1 p. + 2 doubles.

Note sur le rôle nouveau de la religieuse animatrice du laïcat adulte

0406 Note sur le rôle de la religieuse, animatrice du laïcat adulte, s. d., 4 p. + 2 doubles.

0407 Note sur le rôle nouveau de la religieuse dans une pastorale apostolique d'ensemble, s. d., 5 p. + double.

0408 Esquisse d'une réponse aux objections courantes des Supérieures, s. d., 9 p. [bien que classée ici avec les autres fardes, cette note semble ne pas être adressée directement aux commissions conciliaires préparatoires].

De opportunitate apostolicae cujusdam initiationis practicae ac progressivae in sectione philosophica et theologica seminariorum instaurandae

0409 De opportunitate apostolica cujusdam initiationis practicae..., s. d., 1 p. + 2 doubles.

0410 Note sur la formation apostolique au Séminaire, s. d., 6 p.

0411 Note sur la nécessité d'une initiation apostolique pratique au Séminaire, s. d., 5 p. + double.

0412 Notanda de practicae initiationis apostolicae necessitate in Seminariis, s. d., 5 p. + double.

0413 De formatione et cura sacerdotum post Seminarium, s. d., 2 p. + 2 doubles.

0414 De Diaconatus Ordine, s. d., 1 p. + 2 doubles.

0415 De Laicis ut Collaboratoribus, s. d., 2 p. + 2 doubles.

0416 De instauranda praeparatione fidelium in ordine ad Sacramentum Matrimonii, s. d., 3 p. + 2 doubles.

Farde avec des notes préparatoires pour des remarques ou des vota au sujet du Concile

0417 "Si nous voulons que laïcs et religieux...", Notes mss Mgr Suenens, 10 p. (des projets de notes sur les prêtres, les évêques, mission et retour à l'unité, une prise de conscience familiale, une prise de conscience sociale).

0418 "De Munere episcopi etc.", s. d., 14 p. (ces notes, qui traitent de plusieurs sujets, ont été envoyées à Rome par Mgr Suenens en réponse à la lettre du Card. Tardini du 18.6.1959; voir ADA, Series I, Vol. II, Pars I, p. 140-148).

0419 De praelaturis honorificentiis, titulatura ecclesiastica et vestimentariis ornamentis, s. d., 1 p. + double.

7. Autres documents

7.1. GENERALIA

0420 Ordo Concilii Œcumenici Vaticani II celebrandi, T P V, 6.8.1962, 52 p.

0421 Animadversiones in "Primam Seriem" "Schematum Constitutionum et Decretorum", s. d., 47 p. (remarques rédigées par E. Schillebeeckx).

Transcription de bandes magnétiques, adressées par Mgr Suenens à V. O'Brien

0422 Mardi, 16.2.1960, 2 p. + copie.

0423 Mercredi 17.2.1960, 1 p.+ copie.

0424 Jeudi 18.2.1960, 2 p. + copie.

0425 Vendredi 19.2.1960, 3 p. + copie.

(Dans ces pages, Mgr Suenens raconte sa visite à Rome en février 1960: il donne une conférence sur son livre "Amour et Maîtrise de soi"; il a des contacts avec plusieurs cardinaux, à qui il parle de ses souhaits pour le Concile; il relate une audience auprès de Jean XXIII) [On a ajouté une feuille avec l'explication des sigles et abréviations employés].

0426 Lettre du Card. D. Tardini à Mgr Suenens, 18.6.1959, 2 p. (il demande des suggestions pour le Concile).

0427 Lettre du Card. Montini au Card. Tardini, 8.5.1960, p. 374-381 (la réponse du Card. Montini à la lettre du 18.6.1959 du Card. Tardini, dans une photocopie des pages publiées dans les ADA).

0428 Lettre de J. Nabuco à Mgr Suenens, 31[?].1.1962 (il félicite Mgr Suenens pour sa nomination comme archevêque; la Commission centrale a dit que chaque pays doit décider pour l'introduction du 'clergy man' et il regrette qu'il n'y a pas eu une décision générale; le Card. Tisserant lui a dit qu'à ce jour la Commission centrale n'avait presque rien accepté des commissions préparatoires. Cfr. n° 0426).

0429 Lettre de Mgr E. Forni au Card. Suenens, 31.1.1962, 1 p. (il envoie la Bulle d'indiction du Concile et un questionnaire de la Commissio technico-organizativa).

0430 + Lettre (imprimée) du Card. Testa aux évêques, 2.1.1962, 1 p. (il demande s'ils trouveront eux-mêmes un logis à Rome ou si la Commission doit y pourvoir) [au verso, note ms. Suenens : "voir avec Devroede"].

0431 + Réponse de R. Ceuppens à S. Asta [auditeur à la nonciature en Belgique], 28.3.1962, 1 p. (le Cardinal Suenens va séjourner au Collège belge à Rome).

0432 Lettre de S. Asta au Card. Suenens, 25.6.1962, 1 p. (de la part du Card. Cicognani, il envoie un "Pro Memoria" pour obtenir des informations sur chaque évêque; étant donné que, selon les prévisions, le Concile se déroulera en deux périodes, la Secrétairerie d'État conseille que l'évêque auxiliaire demeure en place ou que son absence se réduise à une durée aussi brève que possible).

0433 + Pro Memoria, s. d., 1 p. (des informations sur chaque évêque, son logement à Rome, etc.).

0434 + Réponse de Th. Cogels à S. Asta, 9.7.1962, 1 p. (il envoie les renseignements demandés).

0435 Lettre de E. Legault au Card. Suenens, 5.8.1962, 1 p. (il a appris que la Secrétairerie d'État a fait savoir aux évêques auxiliaires du Canada qu'ils doivent demeurer dans leur pays, au moment du Concile. Il demande à corriger cette initiative) [réponse ms. du Card. Suenens sur la lettre].

0436 + Réponse du Card. Suenens à E. Legault, 25.9.1962, 1 p. (la lettre envoyée aux évêques auxiliaires belges demande seulement d'assurer l'indispensable sur place mais on suppose une large présence globale).

0437 Lettre du Card. Suenens à Mgr M. Lefebvre, 8.8.1962, 1 p. (il vient d'apprendre sa désignation comme supérieur général de la Congrégation du Saint-Esprit et il le félicite).

0438 Lettre de Mgr G. Garrone au Card. Suenens, 10.9.1962, 1 p. (il envoie une copie de ses remarques qu'il a envoyées à Rome; il est inquiet devant les schémas).

0439 + Lettre de Mgr G. Garrone au Card. Cicognani, 8.9.1962, 2 p. (après avoir reçu les premiers schémas, il fait part de sa grave appréhension; il demande de veiller à ce que soient toujours perceptibles à la fois la Parole de Dieu en sa force native qui est celle de l'Écriture et le problème présent du monde).

0440 + Réponse du Card. Suenens à Mgr G. Garrone, 25.9.1962, 1 p. (il partage ses appréhensions et a signalé ses inquiétudes à diverses reprises au pape).

0441 + enveloppe de la lettre de Mgr Garrone.

0442 Lettre du Card. Cicognani au Card. Suenens, 11.9.1962, 1 p. (le pape lui envoie les *Actes de la visite apostolique de Saint Charles Borromée à Bergame (1575)* + double.

0443 + Projet de réponse du Card. Suenens à Jean XXIII, 29.9.1962, 1 p.

0444 + Réponse du Card. Suenens à Jean XXIII, 29.9.1962, 2 p. (il remercie pour les livres reçus, que le pape lui avait montrés dans sa bibliothèque à Castelgandolfo, et pour sa nomination au Secrétariat "extra ordinem").

0445 Lettre de R. Ceuppens à A. Prignon, 25.9.1962, 1 p. (il demande d'aller retirer le bref de nomination du Card. Suenens comme membre du Secrétariat "extra ordinem").

0446 Lettre de R. Ceuppens à A. Prignon, 26.9.1962, 1 p. (il annonce son arrivée à Rome en voiture via Barcelone avec F. Lambrechts).

0447 Lettre du Card. Suenens à Mgr S. Oddi, 2.10.1962, 1 p. (le Palais ne peut pas publier un message dans *L'Osservatore*

Romano, mais enverra un télégramme à l'occasion de l'ouverture du Concile. Ce télégramme peut être publié).

0448 Lettre de Th. Cogels à J. Grootaers, 3.10.1962, 1 p. (le Cardinal remercie pour son article sur le Concile, publié dans *De Maand*).

0449 "Viviamo in un secolo mariano..", Card. Suenens, s. d., 6 p. (une conférence du Card. Suenens sur la Vierge Marie) [p. 6 : note ms. Suenens – le Cardinal a fait marquer les accents de prononciation sur le texte].

0450 "Terrifiante Asie. An 7. Pierre et Marie Gosset, T. 2 Chine rouge", s. d., 2 p. (des notes de lecture mss Suenens de ce livre).

0451 Feuille volante ms. Suenens s. d., 1 p. (des références dans les Volumes Antepraeparatoria sur des passages intéressants).

0452 Allocutio habita in Petriana Basilica, Jean XXIII, 5.6.1960, 1 p. (deux citations de ce discours du pape).

7.2 *VOTA* POUR LE CONCILE ET SUGGESTIONS DIVERSES ENVOYÉES AU CARD. SUENENS EN VUE DU CONCILE

7.2.1. Vota envoyés en vue du Concile

0453 Les *Vota* des Facultés de théologie et de droit canonique de l'Université catholique de Louvain, document envoyé au Card. D. Tardini et signé par J. Coppens, W. Onclin, É. Massaux et Mgr H. Van Waeyenbergh, 7.3.1960, 9 p.

0454 Les *Vota* de l'Institut Supérieur de Philosophie de l'Université catholique de Louvain, 28.4.1960, 4 p.

0455 Vota Pontificii Instituti biblici ad parandum Concilium Œcumenicum Vaticanum II, s. d., 16 p.

7.2.2. Suggestions diverses envoyées au Card. Suenens en vue du Concile

0456 Vœux d'un universitaire, ancien responsable d'Action catholique concernant la préparation du Concile œcuménique, adressés à Mgr L.-A. Elchinger et signés par Paul Imbs, octobre 1960, 8 p.

0457 Lettre de Mgr C. Van Melckebeke à Mgr Suenens, 20.11.1960 (il donne des avis sur les problèmes dans les pays de mission et plaide pour un engagement plus apostolique dans le monde païen).

0458 Lettre de Mgr A. Verwimp à Mgr Suenens, 12.4.1961, 1 p. (au sujet de la formation apostolique dans les séminaires; il a eu un entretien à ce sujet avec le Père P. Dezza; il aborde la notion d'Action catholique et l'apostolat de la religieuse).

0459 Lettre de Mgr D. Hurley au Card. Suenens, 18.4.1962, 2 p. (il envoie ses remarques au sujet de la procédure et du plan du Concile; il craint la masse des schémas et la discussion impraticable; il demande qu'un groupe de cardinaux – Liénart, Frings, König, Doepfner, Alfrink, Meyer et Suenens – communiquent au pape leurs graves appréhensions).

0460 + De Praeparatione Concilii Œcumenici Vaticani II, D. Hurley, 17.4.1962, 7 p.

0461 + De Praeparatione Concilii, D. Hurley, s. d., 9 p. (pratiquement une copie – à quelques passages près – du document précédent).

0462 Lettre de Ch. Moeller au Card. Suenens, 30.5.1962, 1 p. (il envoie quelques pages sur le problème : Comment présenter Dieu au monde moderne?; il est effrayé de voir à quel point on est peu sensible à Rome aux problèmes d'un dialogue réel avec le monde de l'humanisme moderne) [texte non joint].

0463 "Faveant Eminentissimi et Reverendissimi Domini...", mai 1962, 1 p. (feuille de présentation de Desiderata pour le Concile).

0464 + Aliquot Desiderata pro futuro Concilio Œcumenico, 26.2.1960, 7 p.

0465 Lettre au Card. Suenens d'un groupe de foyers (A. et E. Molitor, M. et J. Vercruysse, G. et A. Vercruysse, Ph. et B. le Hodey, A et Chr. van den Branden de Reeth), 4.6.1962, 2 p. (ils envoient une note et y étaient encouragés par J. Jadot, leur aumônier).

0466 + Quelques suggestions pour le Concile, s. d., 7 p.

0467 + Réponse du Card. Suenens à A. Molitor, 8.6.1962, 1 p. (il remercie; les points touchés sont à l'ordre du jour).

0468 Lettre de J. Ladrière au Card. Suenens, 28.7.1962, 1 p. (un certain nombre de membres de l'Université catholique de Louvain envoient une note au sujet des conditions de l'apostolat intellectuel).

0469 + Lettre de présentation, 2 p. (avec 37 signatures).

0470 + Note sur les préoccupations de certains universitaires catholiques belges au sujet des conditions de l'apostolat intellectuel, à la veille du Concile, s. d., 17 p.

0471 Lettre de L. Cerfaux au Card. Suenens, 2.10.1962, 3 p. (il suggère de commencer le Concile avec le problème de l'épiscopat et la collégialité et donne des suggestions pour ce schéma; le Secrétariat des Affaires extraordinaires pourrait se charger de ce schéma; il affirme que l'Église a besoin du travail des savants et qu'on ne peut pas sans cesse museler la recherche scientifique).

7.3. DOCUMENTATION EN VUE DU CONCILE

7.3.1. De Liturgia

0472 Propositiones ad sic dictam "adaptionem" Liturgiarum fovendam, Ch. Moeller, s. d., 1 p.

0473 De recitatione privata Breviarii, Ch. Moeller, s. d., 1 p.

0474 De Matutinis sive Vigiliis in divino Officio pro clero saeculari, s. d., 1 p.

0475 De divino Officio reformando, s. d., 1 p.

7.3.2. De Ecclesia, De Beata

0476 "Le Souverain Pontife, Centre vital et Unité de l'Église", J. Beyer, 7 p., dans *Bulletin de la Croisade eucharistique*, novembre 1965.

0477 *L'Épiscopat et l'Église universelle*, Ouvrage collectif de la Collection Unam sanctam, s. d. [mais avant 1.1.1961], 4 p. (l'annonce et le plan de ce livre).

0478 Note sur la notion d'Église particulière, Ch. Moeller, 23.3.1961, 5 p. + 1 p. de notes + 2 doubles.

0479 Note sur la notion de "Patriarcat d'Occident", Ch. Moeller, 23.3.1961, 7 p. + 1 p. de notes + double.

0480 Les formes modernes de la collégialité épiscopale, Fr. Houtart, avril 1961, 49 p. (un chapitre de l'ouvrage *L'Épiscopat et l'Église universelle*, préparé par Y. Congar).

0481 Suggestio pro redactione cap. 5 Constitutionis De Ecclesia: De B. Matre Dei, R. Laurentin, 17.10.1961, 2 p.

0482 Annexe à la note (10) : "Ad conservandam Ecclesiae unitatem...", s. d., 4 p. [à ce document est attachée une petite carte avec le nom et l'adresse à Nimègue de E. Schillebeeckx; probablement est-il l'auteur de cette note, qui se réfère vraisemblablement à une note sur un des schémas préparatoires].

0483 G. Dejaifve s.j., "Le Premier des évêques", dans *Nouv. Rev. Théol.*, 1960, 6, p. 561-579.

0484 G. Dejaifve s.j., "Conciliarité au Concile du Vatican", dans *Nouv. Rev. Théol.*, 1960, 8, p. 785-802.

0485 G. Thils, "Parlera-t-on des évêques au concile?", dans *Nouv. Rev. Théol.*, 1961, 8, p. 785-804.

0486 Demi-feuille ms. Suenens : "Sur une foi, diversité des formules, cfr. H. Küng, p. 439-448, Structures" (= le livre de H. Küng, *Structures de l'Église*).

7.3.3. De Diaconatu

0487 Werkblatt des Diakonatskreises, März 1961, n° 1/2, p. 1-44.

0488 "hi qui his litteris subscribunt sibi licitum esse conficiunt...", s. d., 18 p. (pétition internationale en faveur de la restauration du diaconat, 7 p. de texte + 11 p. de signatures, e.a. Y. Congar, B. Häring, H. Jedin, K. Rahner, J. Rodhain, X. Seumois, A. Vigano, H. Vorgrimler,) + double.

0489 + "Les signataires de ce mémoire...", s. d., 6 p. (version française de cette pétition).

0490 Fr. Vandenbroucke, "Vers un renouveau du diaconat", dans *Revue monastique*, 1959, p. 107-113.

0491 Eugen D'Souza, Ständige Diakone in der Mission, s. d. [un discours prononcé en septembre 1959 à Nimègue; et publié dans K. Rahner – H. Vorgrimler (Hrsg.), *Diaconia in Christo*, Quaestiones disputatae, 15/16, Freiburg-Basel-Wien, 1962 p. 501-508], 8 p.

0492 R. Clément s.j., "Le Diaconat en Orient", dans *Paroisse et Mission*, cahier 18, 1961, 16 p.

0493 P. Winninger et J. Hornef, "Le renouveau du diaconat", dans *Nouv. Rev. Théol.*, avril 1961, 4, p. 337-366 [dédicace ms. de J. Hornef] + double.

0494 Dr B. van Bilsen o.f.m., "Naar een functioneel herstel van het diakonaat en andere wijdingen", tiré-à-part, dans *Tijdschrift voor Liturgie*, 1960, 4, p. 281-294.

7.3.4. De Œcumenismo, De non-christianis, De Libertate religiosa

0495 De Sacerdotio fidelium et de officiis laicorum, Doctrina et vota proposita a Secretariatu ad christianorum unitatem fovendam, s. d., 16 p. + double.

0496 Subcommissio "De Laicatu et de Tolerantia", De Sacerdocio omnium fidelium et de condicione laicorum in Ecclesia, s. d. 7 p.

0497 Subcommissio "De Laicatu et de Tolerantia", De Caritate Ecclesiae erga fratres absentes et erga non christianos, s. d., 7 p.

0498 La liberté religieuse, Mgr E. De Smedt, s. d. [mais de décembre 1960, réunion de Fribourg], 13 p. + double.

0499 La liberté de conscience, Mgr F. Charrière, s. d., [mais de décembre 1960, réunion de Friboug], 3 p.

7.3.5. De Presbyteris

0500 Vocation et Ministère, R. Clément, 25.12.1959, 21 p.

0501 Le Sacerdoce en Orient, R. Clément, janv. 1961, 46 p.

0502 Prêtres diocésains et évêque, [un évêque non identifié, Mgr A. Renard?], 1.5.1961, 2 p.

0503 Document : (envoyé à plusieurs évêques...), R. Clément, 1.9.1961 p. 47-48.

0504 De Cura pastorali sacerdotum periclitantium vel lapsorum, s. d., 3 p.

0505 Lettre de E. Bergh à Mgr Suenens, 8.2.1960, 1 p. (il parle de l'aide aux prêtres qui ont abandonné leur vocation).

0506 Lettre de Ch. Moeller à Mgr Suenens, 14.8.1960, 2 p. (il donne son opinion sur l'article "Vocation et Ministère" de R. Clément et des suggestions sur l'épiscopat et la théologie de l'Église locale).

0507 Lettre de Ch. Moeller à Mgr Suenens, 26.8.1960, 1 p. (il signale des publications sur le clergé diocésain et sur l'épiscopat).

0508 "Eminentiam Vestram Reverendissimam, ante omnia ex corde salutare velim...", Joaquin Ferreira Gomes, 25.5.1962, 1 p. (lettre imprimée aux cardinaux sur le problème des prêtres qui ont quitté leur ministère).

0509 Lettre de J. De Wil à R. Clément, 14.8.1962, 1 p. (le Cardinal a bien reçu sa lettre et la note jointe a retenu toute son attention).

0510 Lettre ronéotypée de R. Clément, 1.9.1962, 3 p. (il résume les réactions qu'il a reçues sur son article "Sacerdoce en Orient").

0511 "Euer Exzellenz. Priester, die namenlos bleiben sollen...", sept. 1962, 5 p. (une lettre ronéotypée de prêtres autrichiens au sujet du célibat).

0512 "Appels" au clergé, R. Bauthier, 11.2.1962, 9, 6 et 8 p.

7.3.6. De Revelatione

0513 Pro-memoria sugli attacchi contro il Pontificio Istituto Biblico, E. Vogt, 3.1.1962, 12 p. + 5 Allegati (1, 2, 3, 3 et 1 p.).

0514 Le verset des Trois témoins célestes en 1 Jean 5,7 et les décisions du Saint-Office, s. d., 16 p.

0515 Secrét. de l'Épiscopat, Note 11/62, Recherches scripturaires, 9.3.1962, 4 p.

0516 Secrét. de l'Épiscopat, Note 14/62, Recherches scripturaires (deuxième note), 9.4.1962, 6 p.

0517 Considérations sur la question de crise de doctrine dans la vie de la sainte Église, Fraternité de la Très Sainte Vierge, sept. 1962, 6 p.

7.3.7. De Apostolatu Laicorum

0518 Animadversiones Circa Apostolatum Laicorum et Actionem Catholicam, C. Balič, 12.6.1961, 13 p.

0519 De Apostolatu Laicorum, J. Cardijn, s. d., 5 p.

0520 Apostolat et Action catholique, s. d., 3 p. + double.

0521 L'Église : signe de la dignité et de la responsabilité du laïcat, Commission générale des Œuvres d'Apostolat en Belgique, 4 p. + double.

0522 Structure et fonctionnement mécanique ou vie propre et collaboration organique, Mgr G. de Proença Sigaud, s. d., 9 p.

0523 Lettre de J. Cardijn à Mgr Suenens, 15.3.1961, 1 p. (il envoie une note sur la JOC et demande des réactions).

0524 + La JOC internationale, J. Cardijn, s. d., 26 p. + 4 p. Annexes.

0525 + Discours du Souverain Pontife Pie XII au rassemblement mondial de la Jeunesse Ouvrière Chrétienne, 25.8.1957, 10 p.

0526 Lettre du Card. Suenens à F. Boulard, 22.6.1962, 1 p. (il remercie pour la note traitant de la pastorale d'ensemble; il demande d'envoyer la note sur les défections ecclésiastiques).

0527 Lettre de Th. Cogels à F. Boulard, 3.7.1962, 1 p. (le Cardinal remercie F. Boulard pour la note envoyée).

7.3.8. De Missionibus

0528 Mémorandum pour les Réunions africaines anteconciliaires, s. d., 17 p. + 5 cartes géographiques + double (autre typographie, sans les cartes) [dédicace de X. Seumois].

0529 Graves Problèmes encore à traiter, s. d., 3 p.

0530 Exploration du monde missionnaire 1958, s. d., p. 3-6.

0531 Le Concile et l'évangélisation du monde. Formation missionnaire des jeunes, s. d., 2 p.

7.3.9. De Matrimonio, De problemate demographico

0532 "Quant à l'éclatement de la population, on peut considérer l'évolution démographique...", s. d., 3 p.

0533 Sintesis des tendences. Control de la natalité [sic], José y Luzmaria Alvarez Icaza, s. d., 8 p.

0534 Lettre de Mgr L.-A. Elchinger au Card. Suenens, 7.5.1962, 2 p. (il envoie un texte qu'il a remis au pape; et un texte en allemand exprimant la position de certains moralistes allemands [texte non joint]; il pense qu'il faudrait revoir le concept de "nature").

0535 + "Très Saint Père, Par suite de l'ouverture à Strasbourg...", Mgr L.-A. Elchinger, 1.5.1962, 5 p. (le texte remis au pape au sujet de la morale conjugale).

0536 Lettre de J. De Wil à C. Mertens, 30.7.1962, 1 p. (Fr. Legrand a écrit au Card. Suenens de bien vouloir publier dans sa revue un article – remanié – de C. Mertens, paru dans *La Revue Nouvelle* sur le problème démographique; le Cardinal lui transmet cette demande).

0537 Lettre de C. Mertens au Card. Suenens, 25.8.1962, 1 p. (il suggère que le Concile traite du problème démographique et de la nécessité de stimuler une pastorale appropriée).

0538 + Réponse de R. Ceuppens à C. Mertens, 5.9.1962, 1 p. (le Cardinal est préoccupé des problèmes de population et suggère de rédiger une courte note; il pourrait également – avec S. de Lestapis – préparer une déclaration sur le Birth Control, mais avant le 15 octobre).

0539 + feuille volante ms. R. Ceuppens, s. d., (projet de réponse).

0540 Lettre de Mgr L.-A. Elchinger au Card. Suenens, 25.9.1962, 2 p. (il a envoyé à Mgr A. Dell'Acqua les deux textes de laïcs ci-joints; il lui semble mieux que le Concile se contente d'élaborer un "directoire pastoral" de morale conjugale plutôt que de publier une Constitution avec tant de détails; il faudrait à Rome établir des contacts entre l'épiscopat français et allemand; il compte sur le Cardinal pour faire présenter la morale conjugale dans une autre perspective; B. Häring l'a confirmé dans ses convictions).

0541 + Lettre de E. Baas à Mgr L.-A. Elchinger, 21.6.1962, 13 p. (note sur la morale conjugale).

0542 + Lettre de Th. Kammerer à Mgr L.-A. Elchinger, 22.6.1962, 24 p. + double (note sur la morale conjugale).

0543 Lettre de Fr. Legrand au Card. Suenens, 1.10.1962, 1 p. (il espère que le livre du Cardinal sur l'apostolat des religieuses est envoyé à l'imprimeur; il a lui-même écrit un article dans *Le Christ au Monde*; il reproduira dans sa revue quelques statistiques des Nations-Unies qui lui ont été données par C. Mertens).

0544 + Au service du Concile. Accroissement de la population mondiale dans les quarante prochaines années d'après l'O.N.U., s. d., 3 p.

0545 + Réflexions et Commentaires, C. Mertens, s. d., p. 11-13.

0546 + Au service du Concile. Accroissement de la population mondiale..., tiré-à-part de la revue *Le Christ au monde*, s. d., p. 539-546 (les textes envoyés ci-dessus imprimés).

7.4. RÉFORME DE LA CURIE

0547 Memorandum, 27.7.1962, 11 p. (des idées d'un grand industriel sur l'organisation de l'Église) [probablement l'auteur est-il Peter Grace, ami du Card. Suenens] + double.

0548 Réflexions sur l'Église et son gouvernement, s. d., 18 p. + double.

0549 Les méthodes du Saint-Office, 1ère rédaction, s. d., 1 p. [probablement de P. de Locht].

0550 + Les méthodes du Saint-Office, 2e rédaction, s. d., 2 p. [probablement de P. de Locht].

0551 Benedicti XIV Constitutio "Sollicita et Provida" cum duplici Voto, s. d. 12 p. (un extrait de cette constitution au sujet de la prohibition de livres; suivi d'un vœu visant à faire respecter la bonne réputation des théologiens; et un autre en vue de constituer des commissions avec des personnes compétentes dans chaque discipline scientifique) [note ms. Suenens : "P. Lyonnet", qui en est peut-être l'auteur] + 2 doubles.

0552 Le problème de la Curie, Saint Gilles, s. d., 1 p. (article d'un journal – *L'Homme nouveau*?).

7.5. VARIA

0553 "Qu'est-ce qu'un Concile?", R. Aubert, s. d., p. 22-40 (une copie ronéotypée de cet article, paru dans *La Revue Nouvelle*, Tome XXX, n° 12, 15.12.1959, p. 481-498) + double.

0554 De Bisschoppen van Nederland over het Concilie, 24.12.1960, 21 p. (lettre pastorale des évêques néerlandais) + double.

0555 Lettre à des cénobites, R. Schutz, 6.8.1962, 2 p.

0555bis + Le Concile et notre sereine attente, R. Schutz, s. d., 5 p.

0556 L'apostolat dans l'Église catholique (fragments) par le Père Lacordaire, s. d., p. 6-7.

0557 Concilio." El 11 de octubre proximo comenzarà en Roma el II Concilio...", juillet 1962, 16 p. (la lettre pastorale du Card. Suenens sur le Concile, traduite en espagnol et éditée en fascicule).

0558 Card. G. B. Montini, "Il Concilio ecumenico nel quadro storico internazionale", dans *Relazioni Internazionali*, 16.6.1962, p. 693-696.

0559 Fulton J. Sheen, "Le devoir qui incombe aux croyants", s. d., dans une revue non-identifiée – probablement des Œuvres Pontificales Missionnaires, p. 22-32.

0560 Paul Pfister, Preparations for the Council, s. d., p. 186-189.

0561 Paul Pfister, Missionary Prospects for the Ecumenical Council, s. d., p. 1-4.

Première Session conciliaire

Generalia

Plan du Concile

0562 "Projet de texte d'intervention non prononcée et remplacée par ma 3ème intervention", Card. Suenens ms., s. d., 3 p. (contient des propositions : rejeter les 4 premiers schémas, prendre le De Ecclesia comme premier schéma doctrinal, et commencer par la Liturgie).

0563 Projet de traduction latine de ce texte, R. Ceuppens ms., s. d., 5 p.

0564 De Fine concilii et de mediis aptis ad hunc finem consequendum, Card. Suenens [note ms. Suenens], s. d. [note envoyée à la suite de l'audience du Secrét. "extra ordinem" du 15.10.1962], 5 p. (donne des orientations fondamentales et des voies et moyens pour un plan général du Concile) + 2 doubles [selon les "Mémoires sur le Concile Vatican II" du Card. Suenens, p. 23, cette note a été envoyée à Jean XXIII, voir Période postconciliaire n° 2784].

0565 Lettre du Card. Montini au Card. Cicognani, 18.10.1962, 11 p. [ms. Montini] (le plan du Card. Montini).

0566 + farde avec note ms. Suenens (Montini soutient son plan. Il le soutiendra in aula conciliaire, et l'a approuvé dans la réunion, tenue au Collège belge, de quelques cardinaux choisis ad hoc par Jean XXIII – Montini, Doepfner, Siri, Liénart).

0567 Carte de visite du Card. Montini avec date ms. 3.12.1963. + Presentazione degli Studi preparati, s. d., 5 p. (une étude d'une "Facoltà teologica" sur les problèmes doctrinaux d'une part et les problèmes pastoraux, disciplinaires et organisationnels d'autre part qui devraient être étudiés par le Concile) [selon l'Istituto Paolo VI de Brescia – lettre du

18.2.1998 –, cette note provient très probablement de la Facoltà teologica dell'Italia settentrionale di Milano dont C. Colombo était le président – on peut présumer que cette note a été donnée par le Card. Montini au Card. Suenens juste avant son intervention importante du 4.12.1962].

Lettres manuscrites du Card. Suenens à V. O'Brien

0568 Lettre du 9.10.1962, 3 p.

0569 Lettre du 10.10.1962, 2 p.

0570 Lettre du 12-13-14.10.1962, 3 p. + 3 p.

0571 Lettre du 15.10.1962, 2 p.

0572 Fragment d'une lettre, [la moitié d'une page coupée en deux], s. d. [mais du 16.10.1962], 2 p.

0573 Lettre du 17.10.1962 [et non le 16.10 comme écrit par erreur], 3 p.

0574 Lettre du 25-26.10.1962, 2 p.

(Ces lettres personnelles concernent le début du Concile : préparation de listes pour l'élection des commissions; audience auprès du pape du Secrét. "extra ordinem", le 16.10.1962; le Card. Cicognani dit le 13.10.1962 au Card. Suenens : “pourquoi ne feriez-vous pas un schéma De Ecclesia?”; le Card. Suenens demande le 15.10.1962 à G. Philips de faire un nouveau texte De Ecclesia; premières réunions du Secrét. "extra ordinem"; contacts avec quelques cardinaux; atmosphère du début du Concile).

[Cette série de lettres est probablement incomplète. On a ajouté deux feuilles qui expliquent les sigles et abréviations employées].

0575 Une farde contenant des brouillons de texte ms. Suenens et des transcriptions dactylographiées, se référant au contenu des lettres ci-dessus en vue du livre *Souvenirs et Espérances*, s. d. [probablement de 1988], 7 p.

0576 Enveloppe dans laquelle se trouvait une partie de ces lettres avec note ms. Suenens.

Message au monde

0577 Carte de visite de Y. Congar, s. d., 1 p. (il communique au Card. Suenens une suggestion de M.-D. Chenu).

0578 + Projet de Déclaration finale, M.-D. Chenu, s. d., 2 p. (un premier projet du Message au monde).

0579 + Réponse du Card. Suenens à Y. Congar, 26.9.1962, 1 p. (il a fait au pape une proposition presque identique; il partage entièrement ces préoccupations; la seule question est de situer le moment de ce message).

0580 Lettre de Y. Congar au Card. Suenens [ms. – carte de visite], 1.10.1962, 1 p. (il envoie le texte latin du message; Liénart, Alfrink, Doepfner y accordent un intérêt positif).

0581 + Projet de déclaration initiale, par manière de Message, selon l'inspiration de S.S. Jean XXIII, 11 sept. 1962; s. d., 2 p.

0582 + traduction latine, s. d., 2 p.

0583 Projet de Déclaration initiale, s. d., 2 p. (arguments pour faire cette déclaration).

0584 Lettre de M.-D. Chenu au Card. Suenens, 19.10.1962, 2 p. (le message serait agréé par le pape; quelques remarques sur le schéma De Fide).

0585 Lettre de J. Duplacy au Card. Suenens, 25.10.1962, 2 p. (il formule quelques critiques sur le Message).

0586 Le Concile s'adresse au monde entier, s. d. [mais après le 11.9.1962], 16 p. (note générale sur le but du Concile).

0587 Le problème fondamental de l'Église à l'heure du Concile Vatican II, O. Degrijse, 27.10.1962, 21 p.

0587bis + Het Grondprobleem van de Kerk in het licht van het Concilie, O. Degrijse, 27.10.1962, 20 p. [version néerlandaise du texte précédent].

0588 Lettre de L. Capovilla au Card. Suenens, 3.12.1962, 1 p. (il parle de la souffrance du pape, qui l'offre pour le Concile).

0589 Lettre de Mgr Helder Camara au Card. Suenens, 7.12.1962, 2 p. (il demande un geste de compréhension pour la JOC; demande de l'aide pour soutenir l'Abbé Pierre auprès des évêques français; et de veiller sur le Comité de Continuité [= Coordination]).

0590 Lettre ms. de G. Dossetti au Card. Suenens, s. d. [selon A. Melloni, dans une lettre du 11.6.1997 à L. Declerck, de novembre 1962], 2 p. (Le Card. Lercaro viendra voir le Card. Suenens; envoie l'interview du Card. Siri; critique les schémas préparatoires).

Secretariatus De Concilii Negotiis extra ordinem

Rapports officiels des réunions de ce Secrétariat

0591 N° 2, 19.10.1962, 2 p. + double.

0592 N° 3, 26.10.1962, 2 p.

0593 N° 4, 5.11.1962, 1 p. + double.

0594 N° 5, 9.11.1962, 1 p. + double.

0595 N° 6, 16.11.1962, 1 p. + double.

0596 N° 7, 23.11.1962, 1 p. + double.

0597 N° 8, 30.11.1962, 1 p.

0598 Udienza del 16.X.1962, Card. Cicognani, 16.10.1962, 2 p. [transcription ms. par Suenens d'une note du Card. Cicognani] (cette note contient les directives du pape, données à l'audience du 16.10.1962, au sujet du rôle du Secrétariat "extra ordinem"), cfr. n° 0612.

0599 Schemata Constitutionum et Decretorum de quibus disceptabitur vel disceptari potest in Concilio, s. d., 7 p. (liste de 21 schémas préparatoires).

0600 Vota "Post cœtum plurium episcoporum....", Mgr P. Veuillot et Mgr Helder Camara, 30.11.1962, 2 p. (ils demandent la création d'un Comité de Continuité et que toutes les commissions continuent le travail pendant l'Intersession).

0601 Opportunità di promuovere un nuovo appello al mondo da parte del Concilio Vaticano II, Card. S. Wyszynski, 4.12.1962, 4 p. (raisons pour faire ce nouvel appel; indications pour le contenu).

0602 Feuille volante "Si aliquo episcopo videatur...", Mgr G. Dwyer [ms.], s. d., 1 p. (il suggère de pouvoir voter pour mettre fin à la discussion d'un schéma).

0603 Discussio Schematum Patribus propositorum, s. d., 1 p. (suggestions pour accélérer la discussion) [au n° 6, correction ms. de Mgr E. De Smedt].

0604 Suggestiones, s. d., 1 p. (2 suggestions pour accélérer la procédure).

0605 Lettre au Secrét. "extra ordinem" "Desiderio motus maximi fructus...", [lettre imprimée] signée par Mgr P. Lacchio et Mgr V. Bertoli [avec ajoute ms.], s. d., 2 p. (demande d'un schéma spécial avec la doctrine sociale de l'Église et la condamnation du marxisme).

0606 Remarques concernant les schémas De Deposito, De Ordine morali et De Castitate, s. d., 1 p. (une demande pour que la Commission chargée de refondre ces schémas soit composée d'évêques des deux tendances de l'Assemblée).

0607 "Durante il periodo che va dalla prima alla seconda sessione...", s. d., 1 p. (cette note demande d'instaurer une Commission centrale durant l'Intersession) [note probablement de G. Dossetti].

0608 Votum "Nonnulli Episcopi, e diversis nationibus,...", adressé au Card. Cicognani, signé par 11 évêques, dont NN.SS. J. Zoa, Helder Camara, P. Veuillot, M. McGrath,

E. Larrain, 21.11.1962, 1 p. (ils demandent d'avoir une liste de tous les schémas préparés, de connaître maintenant les schémas qui seront discutés à la prochaine session, et de commencer la 2e Session avec le De Ecclesia).

0609 Lettre du Card. Bea au Card. Cicognani, 15.10.1962, 1 p. (il demande de proposer au Secrét. "extra ordinem" une note sur la finalité et le programme du Concile).

0610 + De programmate Concilii relate ad doctrinam pressius discutiendo et definiendo, Card. Bea, 15.10.1962, 6 p. (il demande une discussion sur les fins et le programme du Concile, critique des schémas actuels, donne des critères) + double.

0611 Carte du Card. Cicognani au Card. Suenens, 21.10.1962, 1 p. (au sujet des compétences du Secrét. "extra ordinem" et il envoie une copie de la lettre du Card. Montini).

0612 + Udienza del 16.10.1962, Card. Cicognani, 1 p. (directives données par le pape au Secrét. "extra ordinem"), cfr. n° 0598.

0613 + Lettre du Card. Montini au Card. Cicognani, 18.10.1962, 11 p. (son plan du Concile).

0614 Lettre de Mgr A. Bengsch au Card. Cicognani, 13.11.1962, 4 p. (des suggestions diverses pour améliorer le travail du Concile maintenant et à la session prochaine).

0615 "Alla Commissione Conciliare per le questioni «extra ordinem»", Card. S. Wyszynski, 16.11.1962, 1 p. (il propose d'admettre quelques laïcs au Concile, puisque plusieurs observateurs non-catholiques sont des laïcs).

0616 Lettre de 14 évêques (dont Ch. Himmer, M. Larrain, A. Ancel, M. McGrath, Helder Camara) au Card. Cicognani, 21.11.1962, 6 p. (ils demandent d'instaurer une Commission "de munere Ecclesiae ad extra" devant traiter des problèmes de justice, de paix, de la pauvreté, du renouveau évangélique des pasteurs et des fidèles).

0617 + projet de cette lettre, 11.11.1962, 5 p.

0618 Lettre de G. Dossetti au Card. Suenens, 26.11.1962, 1 p. (il envoie une note au sujet de la conclusion de la 1ère Session et de la première Intersession).

0619 + Provvedimenti in vista dell'intervallo tra la prima e la seconda sessione del Concilio, G. Dossetti [selon note ms. Suenens], s. d., 7 p. (des suggestions diverses concernant les thèmes à traiter par le Concile et le travail de la Commission "générale").

0620 Lettre de J. Buckley au Card. Cicognani, 27.11.1962, 2 p. (il donne des suggestions pratiques pour les travaux du Concile et joint une note en anglais sur la manière de procéder dans les congrès internationaux) + double.

0621 + Fundamental Rules of Order, s. d., 3 p. + double.

De Instrumentis communicationis socialis

0622 Schéma des Techniques, 2e intervention au Concile, Card. Suenens [notes mss Suenens], 24.11.1962, 4 p. + double.

De Ecclesia

Intervention in aula du Card. Suenens le 4.12.1962

0623 Premier projet, s. d., 5 p.

0624 Second projet, avec corrections mss Suenens, 5 p.

0625 + copie [où la correction ms. est dactylographiée, avec un double de la p. 5].

0626 Feuille avec les corrections de Jean XXIII [transmise par Mgr A. Dell'Acqua], s. d., 1 p.

0627 + Intervention au Concile le 4 décembre 1962, Corrections, s. d., 1 p. [les mêmes corrections mais mieux présentées].

0628 Texte prononcé in aula, 5 p.

0629 Texte prononcé in aula mais ronéotypé, 4 p. + 2 doubles [note ms. Suenens].

0630 Texte prononcé in aula ronéotypé, 4 p. [nouvelle dactylographie; par erreur, le Card. Suenens a noté : "texte initial envoyé à Jean 23"] + double.

0631 "Pour la curiosité des historiens...", Card. Suenens, s. d. [probablement 1988], 1 p. (donne l'histoire des ajouts de Jean XXIII).

0632 Carte de Mgr F. Marty au Card. Suenens, s. d. [4.12.1962], 1 p. (félicite le Card. Suenens de son intervention).

0633 Lettre de Mgr A. Ancel au Card. Suenens, 4.12.1962, 1 p. (remerciements pour son intervention).

0634 "Ecclesia Christi, Lumen Gentium", Texte néerlandais de cette intervention publiée dans *Kerk en Missie*, 1963, p. 57-60.

0635 "Liceat mihi, in schemate de Ecclesia aliqua animadvertere quae problema missionale tangunt", Mgr B. Mels, 5.12.1962, 4 p. (intervention in aula).

0636 Lettre de Mgr J. Daem au Card. Suenens, 2.1.1963, 1 p. (envoie le texte de son intervention écrite).

0637 + texte de l'intervention écrite sur le De Ecclesia de Mgr Daem, s. d., 4 p.

0638 Schema Constitutionis De Ecclesia, G. Philips et collaborateurs, s. d. [octobre ou fin novembre 1962], 14 p. + double.

0639 Pars Secunda, Animadversiones in "Secundam Seriem"... De Ecclesia et De Beata Maria Virgine, E. Schillebeeckx [sur la 1e page : note ms. Suenens et indication ms. R. Ceuppens pour le nom de Schillebeeckx], 30.11.1962, 8 p.

0640 + feuille annexée ms. Suenens (résumé de ce texte).

0641 + copie dactylographiée du même texte, 30.11.1962, 10 p.

0642 Lettre de G. Dossetti au Card. Suenens, s. d., 1 p. (il envoie le texte de M. R. Gagnebet et attire l'attention sur la p. 7 au sujet de la sacramentalité de l'épiscopat).

0643 + Présentation du Schéma "De Ecclesia", R. Gagnebet, 2.12.1962, 11 p.

0644 Animadversiones super Schemate Constit. Dogmaticae De Ecclesia (in genere), Mgr D. Hurley, 3.12.1962, 3 p. [p. 3 : note ms. Suenens, et note ms. Hurley].

0645 Observations et Propositions concernant les chapitres III et IV du Schéma "De Ecclesia", Mgr L.-A. Elchinger, s. d., 8 p.

0646 Animadversiones ad Schema De Ecclesia : Caput VI. De Laicis, O. De Grijse, s. d., 3 p.

0647 Animadversiones ad Schema De Ecclesia: Caput X, O. Degrijse, s. d., 2 p.

0648 Annotationes criticae ad schema De Eccclesia, s. d., 8 p.

0649 Lettre de C. Colombo à A. Prignon, 4.11.1962, 2 p. (il demande une traduction française ou italienne d'un article de R. Snoeks, "Concilie en Episcopaat" et un autre de P. Anciaux, "Het episcopaat als sacramentele realiteit"; il demande une entrevue avec le Card. Suenens).

De Beata

0650 Schema Const. dogmaticae De Beata Maria Virgine "Les remarques ci-jointes..." [de R. Laurentin], s. d., 3 p.

0651 Lettre de C. Balič, 24.11.1962, 1 p. (il envoie le volume *De mariologia et œcumenismo* et attire l'attention sur l'article final).

0652 Lettre de R. Laurentin au Card. Suenens, 28.11.1962, 1 p. (il envoie ses réflexions sur l'insertion du schéma de Marie dans le De Ecclesia).

0653 + La Réintégration du schème marial dans le schème De Ecclesia, s. d., 1 p.

De Revelatione

0654 "Occasione transitus a priore ad secundum schema...", Première intervention du Card. Suenens au Concile, 14.11.1962, 3 p. + double (cette intervention a surtout comme objet la procédure conciliaire).

0655 + Quaedam principia practica in evolutione laborum, s. d., 2 p. (préparation du texte de l'intervention)+ 2 doubles.

0656 "Feria quarta, Em. Card. Suenens, ... suum "Non-placet" declaravit...", intervention in aula de Mgr A.-M. Charue, 17.11.1962, 3 p. [notes mss de Mgr J.-B. Musty].

0657 "De œcumenicitate schematum...", intervention in aula de Mgr E. De Smedt, 19.11.1962, 3 p.

0658 "Liceat mihi sermonem facere de primo schemate...", projet d'une intervention in aula non signée, s. d., 3 p.

0659 "Ab eo momento quo indictum est Concilium...", projet d'une intervention in aula non signée, s. d., 2 p.

0660 Le Schéma De Fontibus, s. d., 7 p. + 1 p. (ce texte donne une histoire critique de la rédaction du schéma préparatoire – probablement écrit dans les premiers mois du Concile, après août 1962 et avant le débat in aula).

0661 Disquisitio brevis de Schemate "De fontibus revelationis", s. d., 10 p. (critique sévère du schéma).

0662 Animadversiones generales circa Schemata 1um et 2um De Fontibus Revelationis et De Deposito fidei pure custodiendo, a quodam cœtu Patrum Americae latinae propositae, s. d., 2 p. (les schémas sont à refaire).

0663 F. Spadafora, Razionalismo, Esegesi cattolica e Magistero di Franceso Spadafora e Un nuovo attacco contro l'esegesi cattolica e il Pontificio Istituto Biblico del Pontificio Istituto Biblico, Roma, 15 p. (une réponse de F. Spadafora à la réponse de l'Institut biblique).

De Ecclesia in Mundo huius temporis

0664 Lettre de C. Mertens au Card. Suenens, 13.10.1962, 1 p. (il envoie une note).

0665 + Note sur les problèmes de natalité et de population, rédigée pour S. E. le Cardinal Suenens, à l'occasion du Concile, s. d., 4 p.

0666 + Population de certains pays par régions, s. d., 6 p. (statistiques concernant la population, la natalité, la production alimentaire).

0667 Lettre de J. Mertens de Wilmars à Mgr S. Oddi, 2.11.1962, 1 p. (il envoie l'ordre du jour de la session de la Commission de la Population des Nations-Unies; demande éventuellement des observations).

0668 + Annoted Provisional Agenda, 18.10.1962, 4 p.

0669 Lettre de J. Mertens de Wilmars à Mgr S. Oddi, 5.11.1962, 3 p. (il donne des renseignements au sujet du prochain Congrès mondial de la Population en 1964 ou 1965; il demande à être informé des observations du Saint-Siège).

0670 Lettre de André Guay, o.m.i. au Card. Suenens, 11.11.1962, 2 p. (il donne des observations critiques au sujet du schéma sur le mariage et la famille).

Réforme de la curie

0671 Memorandum on Possible Reform of the Roman Curia, 4.11.1962, 3 p.

Varia

0672 Lijst van Concilievaders welke zitting hebben in de Conciliecommissies, in *Katholiek Archief*, 46, 16.11.1962, col. 1073-1096.

0673 Conférence de Presse du Prof. Dr. Oscar Cullmann, 23.11.1962, 8 p. (ses impressions comme observateur).

0674 Chr.-J. Dumont, "Les Observateurs au Concile", dans *Vers l'Unité chrétienne*, XVe année, 9-10 nov-déc. 1962, p. 85-94.

Première Intersession

Generalia

RÉUNIONS ET DOCUMENTS DE CONFÉRENCES ÉPISCOPALES AU SUJET DES SCHÉMAS CONCILIAIRES

Réunion des Évêques de Belgique sur le Concile, 2.8.1963

0675 Lettres de convocation de periti belges à la réunion des évêques du 2.8.1963, 17.7.1963, 1 p. (lettres adressées à W. Onclin, A. Prignon, G. Philips, L. Cerfaux, Ch. Moeller, G. Thils).

0676 Lettre de Mgr A.-M. Charue au Card. Suenens, 22.7.1963, 1 p. (il demande que B. Rigaux et Ph. Delhaye soient également invités) [note ms. Cogels : "Namur les convoquera"].

0677 Lettre de J. Gennart aux évêques de Belgique, 22.7.1963, 1 p. (il transmet à la demande de Mgr A.-M. Charue le texte du chapitre IV De Ecclesia, tel qu'il a été rédigé par la Commission De Fide).

0678 + Caput IV. De vocatione ad sanctitatem in Ecclesia, 31.5.1963, 7 p.

0679 Lettre de C. de Clercq au Card. Suenens, 24.7.1963 [par erreur, il est écrit août 1963], 1 p. (il demande à être également invité).

0680 + Réponse de Th. Cogels à C. de Clercq, 30.7.1963, 1 p. (l'intention n'était pas de réunir tous les periti belges).

0681 Lettre de W. Onclin à R. Ceuppens, 25.7.1963, 1 p. (à cause d'un Congrès à Boston, il ne sera pas présent le 2.8.1963).

0682 Lettre de G. Philips à R. Ceuppens, 26.7.1963, 1 p. (il participera à la réunion).

0683 Lettre de S. Dockx au Card. Suenens, 29.7.1963, 1 p. (il demande à être également invité) [note ms. Suenens : "même lettre qu'à de Clercq"].

0684 + Réponse de Th. Cogels à S. Dockx, 30.7.1963, 1 p. (l'intention n'était pas de réunir tous les periti belges).

0685 Lettre de G. Philips au Card. Suenens, 8.8.1963, 1 p. (suite à la réunion des évêques, il fait parvenir une note sur les vœux collectifs et une sur les points de doctrine particulièrement importants; après examen et approbation, il faudra les envoyer aux évêques; il ira à la réunion des théologiens allemands à Fulda; il prévoit la réunion de Malines au début de septembre).

0686 + Vota collectiva quae ab episcopatu belgico concilio proponi possent, s. d., 2 p. (sur le De Revelatione et le De Ecclesia).

0687 + Animadversiones in Schema De Ecclesia attentioni Exc. Episcoporum commendatae, s. d., 2 p. + double [autre dactylographie].

0688 + Demi-feuille ronéotypée avec les Vota collectiva sur le De Ecclesia.

0689 Lettre de Mgr E. De Smedt au Card. Suenens, 14.8.1963, 1 p. (il est d'accord avec les deux textes préparés par G. Philips).

Réunion des évêques d'expression allemande et de la Conférence épiscopale scandinave à Fulda, 26-27.8.1963

[Le classement comporte e.a. les documents préparatoires qui ont été envoyés pour cette réunion]

0690 Lettre de Mgr L. Jaeger au Card. Doepfner, 22.7.1963 (il envoie ses remarques sur le De Œcumenismo).

0691 + Bemerkungen zu dem Schema "De Œcumenismo", Mgr L. Jaeger, s. d., 8 p. + double [typographie différente].

0692 Lettre de Mgr J. Schröffer, 9.8.1963, 2 p. (il envoie ses remarques).

0693 + Ad Schema De Ecclesia, s. d., 16 p.

0694 Lettre de Mgr J. Höffner, 10.8.1963, 1 p. (il envoie ses remarques).

0695 + Bemerkungen zum Schema Constitutionis de Sacrorum Alumnis formandis, Mgr J. Höffner, s. d., 6 p.

0696 + Bemerkungen zum Schema Constitutionis De Scholis catholicis, Mgr J. Höffner, s. d., 5 p.

0697 Lettre de Mgr S. Laszlo, 12.8.1963, 1 p. (il envoie ses remarques).

0698 + Überblick über den Sinn und das Werden des Schemas "De apostolatu laicorum", s. d., 6 p.

0699 Zum revidierten 4. Kapittel des Schemas "De Ecclesia", Mgr K. Leiprecht, 13.8.1963, 11 p.

0700 Animadversiones quoad Schema "De statibus perfectionis adquirendae", Mgr K. Leiprecht, 13.8.1963, 8 p.

0701 + Zum Konzilsschema "De statibus perfectionis adquirendae" vom 22.4.1963, s. d., 5 p.

0702 Schema De Cura animarum, Caput V. De Catechetica populi christiani institutione, Mgr H. Janssen, 13.8.1963, 4 p.

0703 Lettre de Mgr J. Schröffer, 14.8.1963, 1 p. (il envoie trois textes sur le De Beata).

0704 + Bemerkungen von P. Karl Rahner SJ zu dem Entwurf einer Stellungnahme zu dem Schema de BMV, s. d., 2 p.

0705 + Anmerkungen zu dem Schema De Beata Maria Virgine Matre Ecclesiae, Mgr H. Volk, s. d., 7 p.

0706 + Ad Propositiones circa Schema De Beata Maria Virgine Matre Ecclesiae..., Mgr H. Volk, 30.7.1963, 7 p. (traduction latine du texte précédent).

0707 Lettre de Mgr H. Schäufele, 16.8.1963, 1 p. (il envoie ses remarques).

0708 + Schema Decreti De Episcopis ac de Diœcesium regimine, s. d., 12 p.

0709 + "Schema Decreti in genere valde placet...", Mgr H. Schäufele, s. d., 7 p.

0710 Lettre de J. Hoeck, 19.8.1963, 2 p. (il donne ses remarques et envoie deux textes).

0711 + Adumbratio Schematis de Ecclesiis Orientalibus confecta ab Abbate Hoeck, févr. 1963, 26 p.

0712 + Bemerkungen zum Schema: De Ecclesiis Orientalibus, W. de Vries, s. d., 5 p.

0713 Lettre de Mgr S. Laszlo, 19.8.1963, 1 p. (il envoie d'autres remarques).

0714 + Stellungnahme zum Schema "De Apostolatu laicorum", s. d., 10 p.

0715 + Adnotationes ad Schema De Apostolatu laicorum", Mgr S. Laszlo, s. d., 6 p.

0716 Ad Schema De divina Revelatione, Mgr J. Schröffer, août 1963, 12 p.

0717 Zum Konzils-Schema : De Clericis, Mgr H. Janssen, août 1963, 2, 1 et 4 p.

0718 + Das Caput II des Schemas, Mgr H. Janssen, août 1963, s. d., 2 et 1 p.

0719 + Caput III : De recto usu bonorum, Mgr H. Janssen, août 1963, 3 et 1 p.

0720 Schema De Cura animarum, Mgr H. Schäufele, s. d., 1 et 8 p.

0721 Die Bischöfe und die Ordensleute, Mgr K. Leiprecht, s. d., 44 p.

0722 Propositiones circa Schema "De Ecclesia" a Patribus conciliaribus linguae germanicae...., 26-27.8.1963, 17 p. (les conclusions de la réunion de Fulda).

0723 Propositiones circa Schema De Beata Maria Virgine Matre Ecclesiae a Patribus conciliaribus linguae germanicae..., 26-27.8.1963, 22 p. (les conclusions de la réunion de Fulda).

0724 Adnotationes ad Schema Constitutionis de Scholis catholicis, Mgr J. Höffner, 13.9.1963, 5 p.

0725 Animadversiones ad Schema Constitutionis "De Sacrorum alumnis formandis", Mgr J. Höffner, sept. 1963, 6 p.

0726 Lettre de Mgr J.-B. Musty au Card. Suenens, 6.9.1963, 1 p. (Mgr Musty, délégué de l'épiscopat belge, envoie son rapport de la réunion de Fulda; le Card. Doepfner a regretté de ne pas avoir soutenu suffisamment le rattachement du De Beata au De Ecclesia).

0727 + Réunion des Évêques d'expression allemande à Fulda les 26 et 27 août 1963, Mgr J.-B. Musty, 6.9.1963 [par erreur, il est écrit : 6 août], 5 p. (son rapport de la réunion, surtout sur le De Revelatione, le De Ecclesia, le De Beata et le De Episcopis].

0728 Conferentia Episcoporum Neerlandica, s. d. [probablement juillet-août 1963], 11 p. [la p. 3 manque : ces pages avaient été détachées et réparties selon les schémas conciliaires] (les remarques de l'épiscopat des Pays-Bas sur les schémas envoyés).

0729 Observations sur les schémas du Concile, Maximos IV et le Saint-Synode de l'Église grecque-melchite catholique, août 1963, 137 p. [manquent les p. 23-28; les différents chapitres avaient été détachés et répartis selon les schémas conciliaires].

Remarques et travaux des théologiens et canonistes espagnols

Session à Madrid du 16 au 26 avril 1963

0730 De Ecclesia (Présentation), 1 p., I. Quaedam principaliores quaestiones, 5 p., II. Emendanda in novo schemate, 13 p., III. Nova Redactio quorumdam capitum, 20 p.

0731 Nueva redaccion del esquema De Ecclesia, s. d., 26 p. (sur la base des remarques faites dans le document précédent; donc après le 26.4.1963).

0732 El esquema "De Beata Virgine Maria, Ecclesiae Matre" y los criterios con que ha sido redactado, 5 p.

0733 Observationes ad Schema Decreti De Episcopis ac de Diœcesium regimine, s. d., 6 p.

0734 Observationes ad Schema Decreti "De Cura animarum", s. d., 5 p.

0735 Informe sobre la nueva Redaccion del Schema Const. Dogmaticae De Revelatione divina, 17 p.

0736 Schema De divina Revelatione, Caput IV, 16 p. (projet de texte).

0737 De Libertate religiosa, 8 p. + 8 p. (projet de texte).

Session à Madrid du 15 au 19 mai 1963

0738 Schema "De Ecclesiae praesentia et activitate in mundo hodierno", 27 p.

0739 Informe [sic] sur les Schémas conciliaires, préparé par une équipe d'experts argentins, s. d. [probablement de 1963, avant le début de la 2ème Session], 4 p. (une proposition de réduire encore les schémas et des remarques particulières sur chaque schéma).

CORRESPONDANCE GÉNÉRALE

Transcription de trois bandes magnétiques

[Ces bandes magnétiques ont été adressées à V. O'Brien par le Card. Suenens].

0740 "C'était Léger donc qui voulait....", s. d. [mais après la visite du gendre de Khrushchev à Jean XXIII et avant le 19 mars 1963], 4 p. (il parle d'une conversation téléphonique du Card. Léger au sujet du travail de la Comm. doctrinale; il relate une visite de Mgr M. McGrath à Malines; il parle des problèmes de l'Université de Louvain) + double.

0741 Rome, 3ème Rapport, mars 1963, Mercredi [très probablement le 27.3.1963], 4 p. (cette bande magnétique donne une relation sur les travaux de la Commission de coordination en rapport avec De Cura animarum, De Religiosis, De Revelatione; rapporte une entrevue avec Mgr A. Dell'Acqua qui parle du message de "Chroestjev" au pape; donne des détails sur la santé du pape) + 2 doubles.

0742 Rome, 4ème rapport, vendredi, s. d. [très probablement le 29.3.1963], 2 p. (audience du pape : conversation sur le plan du Concile, sur la réforme de la curie; visite au Card. I. Antoniutti, un des signataires de la lettre des 19 cardinaux sur l'exégèse moderne et ancien nonce à Madrid; entrevue avec Mgr A. Glorieux; réunion de la Commission de coordination) + double.

0743 + le même texte, avec une introduction, corrigé par le Card. Suenens pour la publication d'une partie de ce texte dans *Souvenirs et Espérances*, p. 93, 1 et 2 p. + double.

Correspondance de Mgr Helder Camara avec le Card. Suenens

0744 Lettre du 16.12.1962, 4 p. (il appuie le plan "Suenens" pour le Concile et donne des suggestions pour les schémas de l'Église ad intra et ad extra; il parle de la terminologie de l'Action catholique) [Comité de liaison = Commission de coordination].

0745 Lettre du 7.1.1963, 2 p. (il est heureux des schémas qui sont attribués dans la Commission de coordination à la responsabilité du Card. Suenens; il donne des noms d'experts pour l'étude de la terminologie de l'Action catholique; il annonce une publication pour les évêques du monde entier).

0746 + Échange d'idées entre des Frères Évêques, s. d., 5 p.

0747 Lettre du 14.1.1963, 1 p. (il envoie les autres chapitres de son Échange; il demande que les théologiens du Cardinal élaborent un projet de statut de conférence épiscopale en accord avec la collégialité épiscopale, un statut de l'Organisme continental et le Règlement du Sénat auprès du pape) [la Super = la Comm. de coordination].

0748 + "V. Conclusions pratiques sur le laïcat", s. d., p. 19-35 (dernière partie de son texte : V. Conclusions pratiques sur le laïcat; VI. À la recherche de la Pauvreté perdue; VII. Conclusion à la hauteur du Vatican II; VIII. L'Après-concile, aussi important que le Concile).

0749 Lettre du 14.2.1963, 1 p. (il est heureux que la France donne son appui total au travail du Card. Suenens sur le De Ecclesia; il désire l'aide de Fr. Houtart au Brésil; il demande une présence du laïcat au Concile et une amélioration du Service de presse).

0750 Exchange of Ideas with our Brothers in the Episcopate, 12.7.1963, 24 p. (une version anglaise du texte annoncé dans la lettre du 7.1.1963 et dont il avait communiqué des parties en français).

0751 Collaboration fraternelle et aide mutuelle entre les Chrétientés des Amériques, s. d., 3 p.

Correspondance de A. Prignon avec le Card. Suenens

0752 Lettre du 2.2.1963, 2 p. (il a vu A. Ligutti qui transmet trois suggestions : 1. sur le règlement du Concile; 2. sur la Commission Théologie – Action Catholique : la vice-présidence devrait être confiée à Mgr F. Hengsbach [et non pas Hensburg comme écrit dans le texte]; 3. sur la définition de l'Action catholique).

0753 Lettre du 9.2.1963, 2 p. mss, 2 p. dactyl., 1 p. ms., 1 p. dactyl. (il doute si une présence à Rome du Cardinal est maintenant opportune; il parle de sa demande de nomination comme peritus; il donne l'opinion du Card. Browne sur la collégialité; S. Tromp et R. Gagnebet sont assez désorientés : il serait intéressant d'avoir un schéma De Ecclesia de rechange prêt – celui de Philips retouché; il donne une brève analyse du discours de Jean XXIII aux nouveaux évêques). [B.= Browne; Tr.= Tromp; G.= Gagnebet; Lig. = Ligutti; Civ. = Civardi; Th. = Thils].

0754 Lettre du 8-10.3.1963, 9 p. (un long rapport sur: le règlement du Concile et les contacts avec G. Dossetti, la Liberté religieuse, le Schéma XVII, le De Beata, les Religieux, le De Ecclesia avec des détails sur les chapitres I et II – les réticences de Ottaviani contre le texte Philips – et une explication, selon Philips, des formes juridiques de l'exercice de la collégialité; Y. Congar loge au Collège belge; éloge de G. Philips).

0755 Lettre du 25.7.1963, 2 p. (il donne des nouvelles sur le schéma XVII et la préparation du texte de "Malines"; pour le De Ecclesia, il a demandé à L. Cerfaux de présenter à G. Philips l'inversion des chapitres sur la hiérarchie et sur le peuple de Dieu).

0756 Lettre du 29.8.1963, 5 p. (I. Cardinale ne croit pas indispensable que le Cardinal vienne à Rome avant le 15.9.1963; les préparatifs pour la réunion à Malines concernant le schéma XVII; pour le De Beata, É. Dhanis prépare un nouveau texte; Mgr D. Staffa voudrait urger

Veterum Sapientia; O. Rousseau était enchanté de l'accueil et a demandé à plusieurs évêques orientaux d'intervenir à propos du De Ecclesia).

Correspondances diverses

0757 Lettre de M.-D. Chenu au Card. Suenens, 15.12.1962, 3 p. (il demande pour les évêques de Madagascar le texte de l'intervention du Cardinal du 4.12.1962; il propose de nommer des laïcs, comme V. Veronese, experts au Concile surtout pour les problèmes de la construction du monde).

0758 + Réponse de R. Ceuppens à M.-D. Chenu, 24.12.1962, 1 p. (il envoie le texte demandé).

0759 Lettre de Th. Cogels à M.-D. Chenu, 27.12.1962, 1 p. (le Cardinal remercie pour son livre *Pour une théologie du travail*).

0760 Lettre du Card. Suenens à O. Cullmann, 14.1.1963, 1 p. (il remercie pour son livre *Catholiques et Protestants* et espère reprendre la conversation à la 2ème Session).

0761 Lettre de Mgr C. Van Melckebeke au Card. G. Agagianian, 14.1.1963, 2 p. (il exprime le désir d'inviter les évêques chinois au Concile).

0762 + Lettre de Mgr C. Van Melckebeke au Card. G. Agagianian, 16.1.1963, 1 p. (R. Scheyven, député catholique de Bruxelles, se rend en Chine en juillet prochain et accepterait d'être porteur d'une invitation destinée à l'Épiscopat catholique en Chine).

0763 Lettre de Mgr J. Le Cordier au Card. Suenens, 11.2.1963, 1 p. (il est heureux que le Card. Suenens suive le De Ecclesia et il communique le texte d'un travail proposé au clergé parisien).

0764 + Travail du Clergé sur le Concile : "L'Église du Christ, lumière des nations", 18.1.1963, 3 p. (une note du clergé du diocèse de Paris sur le dialogue de l'Église avec ses fidèles, avec ceux qui sont plus ou moins proches et loin d'elle, et avec le monde).

0765 Lettre du Card. Suenens à Jean XXIII, 19.2.1963, 2 p. (il envoie une note sur les travaux du Concile; plus tard, il communiquera des suggestions sur le règlement du Concile; il parle du procès de Liège [le Softenon] et envoie sa lettre pastorale à ce sujet) + double.

0766 + Note sur les Travaux du Concile, s. d., 4 p. (sur le De Ecclesia : il recommande le schéma élaboré par un groupe de théologiens belges, français, allemands [= le texte Philips]; sur le De Beata : il plaide pour le caractère marial de l'apostolat et il appelle Marie Mère spirituelle de l'Église; pour le De Ecclesia ad extra, il suggère des noms d'évêques et d'experts pour chaque chapitre) + double.

0767 + double [avec des notes pour la publication dans *Souvenirs et Espérances*, p. 85-86, où une ligne a été changée].

0768 Lettre du Card. Suenens au Card. Ottaviani, 19.2.1963, 1 p. (il demande de nommer A. Prignon – qui sera son agent de liaison à Rome, qui est un théologien averti et un homme aussi charmant que modeste – peritus du Concile; il demande les noms des membres de la Commission mixte pour le schéma XVII) + double.

0769 + Projet ms. Suenens de cette lettre, 1 p.

0770 + Réponse du Card. Ottaviani au Card. Suenens, 25.2.1963, 1 p. (il a transmis – en le recommandant – la demande de nomination de A. Prignon au Secrétariat général du Concile; il donne les noms des Évêques qui traiteront de l'Église : les Card. M. Browne, P.-É. Léger, F. König; NN.SS. P. Parente, G. Garrone, A.-M. Charue, J. Schröffer).

0771 Lettre d'un groupe de foyers [dont A. Molitor] au Card. Suenens, 23.2.1963, 5 p. (ils ont une impression positive de la 1ère Session; ils demandent un meilleur Service de presse, une meilleure définition du rôle des laïcs, une attention accrue pour la place de la femme, mariée, célibataire et religieuse).

0772 Lettre du Card. Doepfner au Card. Suenens, 8.4.1963, 2 p. (le Card. A. Larraona voudrait un chapitre sur l'Église eschatologique et les saints; on pourrait y insérer le chapitre sur la Vierge; il envoie un article de F. Wulf sur le livre de Mgr P. Philippe, *Les fins de la vie religieuse selon saint Thomas d'Aquin*).

0773 + Réponse du Card. Suenens au Card. Doepfner, 9.5.1963, 1 p. (la proposition sur le De Beata était bonne mais ne fut pas retenue; il envoie son discours sur Pacem in Terris à l'ONU).

0774 Lettre du Card. Suenens à Jean XXIII, 10.5.1963, 2 p. (au moment de partir à New York pour présenter Pacem in Terris à l'O.N.U, il remercie le pape et adjoint le texte de son allocution) [texte non joint].

0775 Lettre du Card. Suenens à Mgr T. van Valenberg, 27.5.1963, 1 p. (il approuve la proposition de réunir les évêques missionnaires une semaine avant la 2ème Session pour discuter les schémas).

0776 Lettre de M. Schooyans au Card. Suenens, 27.5.1963, 3 p. (il donne un avis négatif pour la fondation d'un institut de recherches sociales à Aracaju; il pense que les structures de l'Église latino-américaine doivent être réformées, ce qui est plus urgent que l'aide de prêtres étrangers; il serait dangereux, vu la composition actuelle de l'épiscopat brésilien, d'accroître le pouvoir des évêques ou de la conférence épiscopale nationale; la curie romaine devrait être internationalisée pour être mieux informée sur l'Amérique latine).

0777 Lettre de H. de Riedmatten au Card. Suenens, 28.5.1963, 2 p. (il envoie 4 notes [la 4ème :"un bref rappel de l'idée qui se trouve rencontrer l'idée du Cardinal Browne" manque]; il a été intéressé par la réunion du Groupe à Louvain [sur les problèmes démographiques] : il croit qu'à la Commission mixte on pourra faire passer une affirmation sur des possibilités ouvertes par la recherche médicale).

0778 + Note sur la procédure du Concile, s. d., 3 p. (des suggestions pour améliorer l'*Ordo Concilii*).

0779 + "Lors de la discussion sur le chapitre 3 (du mariage) du Schéma 17...", s. d., 1 p. (le texte qu'il avait fait passer sur le chapitre "De Matrimonio" et qui a été modifié).

0780 + Remarques sur le schéma concernant l'Église et le monde international, s. d., 5 p. (un texte relatif aux problèmes démographiques) + double.

0781 Lettre de Maximos IV au Card. Suenens, 5.6.1963, 2 p. (on doit agir de telle sorte que le successeur de Jean XXIII continue son esprit et son œuvre; les cardinaux italiens appartiennent à l'école routinière; il propose de pousser la candidature de quelqu'un à qui cette présente lettre est adressée : les Card. Alfrink, Bea, Cushing, Doepfner, Frings, König, Léger, Liénart, Suenens).

0782 Lettre de P. Poswick au Card. Suenens, 13.7.1963, 1 p. (l'ambassadeur de Belgique relate les propos de Mgr A. Samoré : il préfère que le Concile reprenne en janvier 1964 avec deux autres sessions en 1965 et 1966) [note ms. Poswick; projet de réponse ms. Suenens].

0783 + Réponse du Card. Suenens à P. Poswick, 30.7.1963, 1 p. (il remercie).

0784 Lettre du Card. Doepfner au Card. Suenens, 21.7.1963, 1 p. (il envoie copie de deux notes envoyées au pape : sur le Concile, demandée par le pape lors de son audience, et sur la messe du couronnement).

0785 + Überlegungen zur Fortführung des Konzils, Card. Doepfner, 20.7.1963, 10 p. (des suggestions pour la continuation du Concile et pour un meilleur déroulement de celui-ci; des propositions sur le choix et l'ordre des grands thèmes du Concile; des suggestions pour le temps entre la 2ème et la 3ème Session – qui serait la dernière et aurait lieu en 1965).

0786 + Überlegungen zur Papstkrönung und Papstmesse, Card. Doepfner, 19.7.1963, 6 p. [avec une deuxième 6ème page, sans un ajout] (il souligne les aspects positifs de la cérémonie du 30.6.1963 et fait des suggestions pour améliorer le service liturgique).

0787 Lettre de Th. Cogels à H. Küng, 31.7.1963, 1 p. (le Card. Suenens remercie pour son livre *Le Concile épreuve de l'Église* et souhaite le rencontrer en Belgique ou à Rome).

0788 Lettre circulaire de J. A. Brouwers, 6.8.1963, 1 p. (il envoie un exemplaire des remarques sur les schémas de E. Schillebeeckx).

0788bis Lettre du Card. Suenens à Paul VI, 15.9.1963, 2 p. (il remercie pour sa nomination comme Modérateur [cfr. n° 0791] et pour l'avoir chargé du discours d'hommage à Jean XXIII le 28 oct. prochain; il parle de la rédaction du "Document de Malines" pour le schéma XVII; avec les experts, il a aussi élaboré une mise au point du schéma "De Ecclesia" [il s'agit probablement de l'insertion d'un chapitre sur le De populo Deï]).

0789 Lettre de Mgr A. Devoto au Card. Suenens, 15.9.1963, 1 p. (il demande la nomination de plus de periti latino-américains et suggère les noms de J. Mejia et de A. Trusso).

0790 Projet de lettre ms. du Card. Suenens à Mgr ? (peut-être I. Cardinale), s. d. (mais de février-mars 1963), 1 p. (le pape lui avait dit à l'audience de fin janvier de ne pas trop tarder à revenir à Rome; il est toujours prêt à venir et donne son numéro de téléphone privé; il ne sait pas si une Commission mixte est déjà créée pour le schéma XVII et il n'en connaît pas les membres; il demande que A. Prignon y soit nommé comme expert; il pense que Mgr A. Dell'Acqua pourrait efficacement patronner cette Commission mixte et lui donner une certaine indépendance vis-à-vis de la Commission doctrinale).

Modérateurs

0791 Lettre du Card. Cicognani au Card. Suenens, 9.9.1963, 1 p. (lettre de nomination comme Modérateur; leur tâche est de diriger, avec un mandat exécutif, les assemblées conciliaires, tandis que le Conseil de Présidence doit faire observer l'Ordo Concilii comme "tutores legis")[5].

LE RÈGLEMENT POUR LES MODÉRATEURS

[Les documents ci-joints et classés chronologiquement concernent la fin de la 1ère Intersession et la première journée de la 2e Session. Voir aussi, pour cette question, les documents et articles classés dans la Période postconciliaire, n° 2863-2866].

0792 Lettre de G. Dossetti au Card. Suenens, 4.9.1963, 2 p. (Dossetti donne des détails sur la réunion de la Commission de coordination du 31 août 1963; la discussion sur le rôle des Modérateurs; le pape a demandé l'avis du Card. G. Lercaro; Dossetti demande au Card. Suenens d'intervenir auprès du pape pour sauvegarder le rôle des Modérateurs) + double [recto-verso, 1 p.].

0793 + Explications pour comprendre la lettre de Dossetti, s. d., 1 p. [note du Card. Suenens, de 1989?] (le Card. Suenens note qu'il n'est pas intervenu auprès du pape) + double.

0794 "Dossetti", R. Ceuppens, s. d., 1 p. [note ms. de R. Ceuppens pour préparer la réponse du Card. Suenens à la lettre de Dossetti du 4.9.1963] (le Card. Suenens n'interviendra pas auprès du pape; il suggère que le Card. Lercaro continue ses démarches; éventuellement une réunion des 4 Modérateurs avec le pape pourrait se faire; il va alerter le Card. Doepfner).

5. Dans un article sur Paul VI dans *L'Osservatore Romano* du 26.9.1997, p. 5, V. Carbone écrit : "La direzione della discussione nelle congregazioni generali venne affidata a quattro delegati o moderatori", ce qui nous semble être une interprétation restrictive.

0795 Lettre de G. Dossetti au "Très Révérend Père" (très probablement R. Ceuppens), 9.9.1963, 1 p. (G. Dossetti envoie la note que le Card. Lercaro a transmise au pape et demande de la remettre au Card. Suenens).

0796 + "Ci sembra di poter proporre...", s. d., 3 p. (la note du Card. Lercaro sur la fonction des Modérateurs et de la Commission de coordination).

0797 Lettre du Card. Suenens à Mgr A. Dell'Acqua, 19.9.1963, 2 p. (il est important que le statut des Modérateurs soit clarifié; il suggère que les Modérateurs aient une audience avec le pape le 25.9.1963 avant la réunion de la Commission de coordination; on tente déjà de réduire le rôle des Modérateurs).

0798 Lettre du Card. Lercaro au Card. Suenens, 25.9.1963, 2 p. [lettre ms.] (annonce la visite de G. Dossetti chez le Card. Suenens pour lui porter un projet de Règlement pour les Modérateurs, projet qui a été envoyé par le Card. Lercaro au pape, le 6.9.1963).

0799 A Proposito del Quattro Cardinali Delegati, s. d., 8 p. [texte de G. Dossetti, à dater après le 27 septembre 1963; à la p. 8, note ms. Suenens] (donne une critique du nouveau règlement et du rôle y assigné aux Modérateurs; il fait des nouvelles propositions), cfr. Période postconciliaire n° 2865.

0800 "Quattuor Cardinales Delegati officium....", s. d., 1 p. [note ms. Suenens : "Projet à soumettre au S(aint) P(ère), accepté par lui le 29.9.63; refus de lire par Cicognani le 30.9.1963"] [on peut retrouver, pour la plus grande partie, ce texte à la p. 8 de la note de G. Dossetti "A Proposito del Quattro Cardinali Delegati"] (cette note propose un texte de règlement pour les Modérateurs).

Commission de coordination

[L'ordre du classement des documents suit ici surtout les différentes réunions de la Commission et donc un ordre chronologique. La raison en est e.a. que le Card. Suenens avait conservé la plupart de ces dossiers selon les différentes réunions de la Commission. Une partie concerne le règlement du Concile].

LES DÉBUTS

0801 Schemata Constitutionum et Decretorum ex quibus argumenta in Concilio disceptanda seliguntur, T P V, 1962, 11 p. (une liste de 20 schémas) [note ms. Suenens à la p. 9].

0802 Ordo agendorum tempore quod inter conclusionem primae periodi Concili Œcumenici et initium secundae intercedit, T P V, Card. Cicognani, 5.12.1962, 4 p. (des normes pour le travail de la nouvelle Commission de coordination et pour les Commissions conciliaires).

0803 + "Speciali e diffuse norme per le attività Conciliari nell'intervallo tra le sessioni del Vaticano II", dans *L'Osservatore Romano*, 6.12.1962 (traduction italienne de ce texte).

0804 Methodus propositus ad coadunanda 20 schemata existentia, Card. Suenens, s. d., 2 p. [avec des notes mss Suenens] (un projet du Cardinal Suenens pour réorganiser les 20 schémas autour de deux grands thèmes : De Ecclesia ad intra et De Ecclesia ad extra) + 2 doubles.

0805 Lettre du Card. Ottaviani [très probablement] au Card. Cicognani, 20.12.1962, 1 p. (il demande des instructions à la Commission de coordination : faut-il réunir en un seul schéma les textes au sujet de la question œcuménique, élaborés par la Commission théologique, la Commission pour les Églises orientales et le Secrétariat pour l'Unité des Chrétiens? À qui faudra-t-il attribuer la rédaction de ce schéma?).

0806 Lettre du Card. Suenens à Jean XXIII, s. d., 1 p. [texte incomplet] (il remercie pour sa nomination comme membre de la Comm. de coordination; il transmet ses vœux de Noël).

JANVIER 1963 (AVEC LA RÉUNION DU 21-27.1.1963)

0807 Liste, établie par la Comm. de coordination, avec l'attribution respective des 20 schémas aux 7 membres de la Comm. de coordination, s. d., 1 p. (au Card. Suenens sont attribués le De Ecclesia, le De Beata, le De Ordine morali, le De Ordine sociali).

0808 Lettre du Card. Ottaviani au Card. Cicognani, 7.1.1963 [par erreur indiqué dans le texte comme 1962], 2 p. (il demande à la Comm. de coordination des instructions pour les schémas De Ecclesia, De Deposito Fidei, De Ordine morali et De Ordine sociali) + double.

0809 + Allegatum : Schema De Ecclesia, s. d., 5 p. (un aperçu des remarques au sujet du schéma qui ont été faites par les Pères conciliaires) + double.

0810 De Schematibus seligendis et coordinandis, S. Tromp, 18.1.1963, 2 p. (une note avec des questions sur le travail futur de la Commission doctrinale; il insiste sur l'irréformabilité de la doctrine sur le monogénisme).

0811 Commissione per il Coordinamento dei lavori del Concilio, Adunanza del 21 Gennaio 1963, Card. Cicognani, 21.1.1963, 4 p. (l'introduction du Card. Cicognani aux travaux de la Commission : le travail à faire, la méthode à employer; il insiste sur la valeur des schémas préparés, qui ont été révisés par la Commission centrale préparatoire, et qu'on ne pourra pas remplacer; sur les questions disputées du De Revelatione et du De Ecclesia, il ne serait pas sage de se prononcer définitivement).

0812 + Feuille volante ms. Suenens, s. d., 1 p. (des notes prises pendant le discours du Cardinal Cicognani).

0813 Relatio Cardinalis Liénart Commissioni Coordinationis facta die vigesima secunda mensis Januarii 1963, 22.1.1963, 11 p. (une relatio sur le De Divina Revelatione – avec la question de la Tradition : "latius patet" – et sur le De Deposito Fidei : il met e.a. en garde contre une définition dogmatique du monogénisme ou une prise de position sur le sort des enfants non-baptisés) [titre ms. du Card. Liénart] + double.

0814 "Per la coordinazione degli schemi e la revisione dei medesimi...", Card. Cicognani, 24.1.1963, 1 p. (il demande au nom du pape que les membres de la Comm. de coordination suivent de près l'élaboration des schémas dont ils sont responsables, e.a. par des réunions avec les Présidents des Commissions conciliaires).

0815 Adnotationes de ulteriore tractatione Schematis "De Statibus perfectionis adquirendae", Card. Doefpner, janvier 1963, 6 p. (sa relation pour la Comm. de coordination) [p. 6, note ms. Suenens sur la formation apostolique].

0816 Propositiones Commissionis Coordinationis circa Schemata "De Revelatione divina" et "De deposito fidei pure custodiendo" a Commissione doctrinali confecta, s. d., 2 p. [projet de l'Allig. n° 1 de la lettre de Mgr Felici au Card. Suenens du 1.2.1963, n° 0849].

0817 Propositiones Commissionis de Concilii laboribus coordinandis circa Schema a Commissione de Episcopis et diœcesium regimine praeparatum, Card. Doepfner, s. d., 2 p. [cfr. n° 0852, Allig. n° 4 de la lettre de Mgr Felici au Card. Suenens du 1.2.1963].

0818 Propositiones Commissionis de Concilii laboribus coordinandis ad Schema a Commissione de Episcopis et diœces. reg. propositum "De Cura animarum", Card. Doepfner, s. d., 2 p. [cfr. Allig. n° 10 de la lettre de Mgr Felici au Card. Suenens du 1.2.1963, n° 0858].

Rapport du Card. Suenens sur le "De Ecclesia"

0819 "Fere inutile est in memoriam revocare obiectiones circa schema «De Ecclesia»", s. d., 8 p. (premier projet de la première partie de la relatio du Card. Suenens, probablement rédigé en partie par G. Thils) [notes mss Suenens et G. Thils] + double.

0820 "Inde a die quo SS. Dominus Iohannes XXIII....", s. d., 4 p. (premier projet de la deuxième partie de la relatio du Card. Suenens) [notes mss de Suenens et de G. Thils] + 2 doubles.

0821 Schema Const. doctrinalis De Ecclesia propositum a Commissione theologica, s. d., 8 p. (deuxième projet de la relatio du Card. Suenens) [notes mss Suenens] + double.

0822 Schema Constit. dogmaticae De Ecclesia, Relatore Em.mo ac Rev.mo D. Leone J. Suenens, s. d., 4 p. (texte définitif de la relatio) [note ms. Suenens] + 2 doubles [ce texte deviendra l'Allegatum 2 envoyé par Mgr Felici le 1.2.1963 aux membres de la Comm. de coordination – cfr. *infra* n° 0850].

0823 Feuille volante avec des notes mss Suenens, s. d., 1 p. [probablement des notes prises lors de la réunion de la Comm. de coordination].

0824 Farde à en-tête de la Comm. de coordination avec le nom du Card. Suenens.

Rapport du Card. Suenens sur le "De Ordine morali"

0825 "De Ordine morali", s. d., 7 p. (des remarques mss du Card. Suenens au sujet du schéma préparatoire Constit. De Ordine morali, n° 0037).

0826 Schema Constit. dogmaticae De Ordine morali christiano, s. d., 15 p. (des remarques critiques sur le schéma).

0827 Lettre de R. Ceuppens à L. Janssens, 4.1.1963, 1 p. (il demande la note sur le De Ordine morali qu'il a faite pour Mgr E. De Smedt).

0828 Lettre de L. Janssens à R. Ceuppens, 5.1.1963, 2 p. (il n'a pas de copie de la note envoyée à Mgr E. De Smedt et il donne des remarques au sujet des schémas De Ordine morali et De matrimonio).

0829 Lettre de R. Ceuppens à L. Janssens, 7.1.1963, 1 p. (il envoie une photocopie du schéma De Ordine morali; il demande de se rendre à l'archevêché le mercredi 9.1.1963).

0830 Lettre de L. Janssens au Card. Suenens, 13.1.1964, 2 p. (il envoie des remarques sur le De Ordine morali).

0831 Schema de ordine morali, s. d., 4 p. (des remarques critiques de L. Janssens).

0832 Animadversiones in schemate De Ordine morali, s. d., 4 p. [selon les notes mss, l'auteur en est L. Janssens; d'autres notes mss de R. Ceuppens] (ces notes ont servi pour la relatio du Card. Suenens).

0833 + Propositiones quoad novum schema elaborandum De Ordine morali, s. d., 2 p. [notes mss L. Janssens].

0834 Schema Constitutionis De ordine morali propositum a Commissione theologica, s. d., 4 p. (la relatio du Card. Suenens à la Comm. de coordination) + 2 doubles.

Rapport du Card. Suenens sur le "De Ordine sociali"

0835 Feuille volante "Schema De Ordine sociali", s. d., 2 p. [ms. Suenens] (des notes de lecture du Card. Suenens sur le schéma préparatoire).

0836 Schéma des Questions sociales, s. d., 1 p. (critique du schéma).

0837 De Ordine sociali, I. Remarques sur le schéma actuel, s. d., 8 p.

0838 Schema Constitutionis doctrinalis De Ordine sociali. Analyse critique du schéma proposé par la Commission théologique, s. d., 4 p. (ce texte, ronéotypé à Malines, reprend pour la plus grande partie le texte précédent) + 2 doubles.

0839 Schema Constitutionis doctrinalis De Ordine sociali. Schema propositum reordinandum mihi videtur ob rationes sequentes, s. d., 2 p. (le texte du rapport du Card. Suenens).

Rapport du Card. Suenens sur le "De Communitate Gentium"

0840 Lettre de H. de Riedmatten au Card. Suenens, 7.1.1963, 2 p. (il remercie de la possibilité qui lui est donnée de critiquer le schéma et envoie ses remarques).

0841 + Observations critiques relatives au Document, H. de Riedmatten, s. d., 9 p. (des observations globales, des critiques par rubriques et le plan d'un nouveau schéma éventuel).

0842 Schema Constitutionis Doctrinalis De Communitate Gentium. I. Analyse critique..., s. d., 8 p. (le texte, ronéotypé à Malines, reprend presque ad litteram les Observations envoyées par H. de Riedmatten) + 2 doubles.

0843 Schema Constitutionis doctrinalis De Communitate Gentium, Schema propositum reordinandum mihi videtur..., s. d., 2 p. (le rapport du Card. Suenens).

0844 Quoad Schema "De ordine morali"..., s. d., 1 p. (les conclusions mss du Card. Suenens au sujet du De Ordine morali, du De Ordine sociali, du De Ordine internationali [= De Communitate Gentium], qui seront reprises presque ad litteram dans l'Allig. n° 3, cf. *infra* la lettre de Mgr Felici du 1.2.1963, n° 0851).

0845 Ecclesia Christi: lumen gentium, Schemata Constitutionum et Decretorum, s. d., 1 p. (une liste des schémas, réduits à 17 schémas) [notes mss Suenens].

Lettre de Mgr Felici au Card. Suenens

0846 Lettre de Mgr Felici au Card. Suenens, 1.2.1963, 1 p. (il envoie copie des documents envoyés – avec les instructions – aux Présidents des Commissions conciliaires après la réunion de la Comm. de coordination de janvier).

0847 + Lettre du Card. Cicognani aux Présidents des Commissions conciliaires, 30.1.1963., 1 p. (la lettre-type à chaque Président avec l'Alligato qui leur est destiné; et la demande d'envoyer les nouveaux schémas avant le 10.3.1963 à la Comm. de coordination).

0848 + Propositiones Commissionis de Concilii laboribus coordinandis, s. d., 1 p.

0849 + Allig. n° 1, De Revelatione divina, Card. A. Liénart, s. d., 1 p.; De Deposito Fidei pure custodiendo, Card. A. Liénart, s. d., 2 p.

0850 + Allig. n° 2, De Ecclesia, Card. Suenens, 4 p.

0851 + Allig. n° 3, De Ordine morali, De Ordine sociali, De Ordine internationali, Card. Suenens, s. d., 2 p.

0852 + Allig. n° 4, De Episcopis ac de diœceseon regimine, Card. Doepfner, s. d., 3 p.

0853 + Allig. n° 5, De Œcumenismo, Card. Cicognani, s. d., 1p.

0854 + Allig. n° 6, De Clericis, Card. J. Urbani, s. d., 2 p.

0855 + Allig. n° 7, De Statibus perfectionis adquirendae, Card. Doepfner, s. d., 3 p.

0856 + Allig. n° 8, De Apostolatu laicorum, Card. J. Urbani, s. d., 2 p.

0857 + Allig. n° 9, De Ecclesiis orientalibus, Card. Cicognani, s. d., 1 p.

0858 + Allig. n° 10, De Cura animarum, Card. Doepfner, s. d., 2 p.

0859 + Allig. n° 11, De Matrimonii sacramento, Card. J. Urbani, s. d., 1 p.

0860 + Allig. n° 12, De Sacrorum Alumnis formandis, Card. C. Confalonieri, s. d., 1 p.

0861 + Allig. n° 13, De Studiis academicis et de scholis catholicis, Card. C. Confalonieri, s. d., 1 p.

0862 + Allig. n° 14, De Missionibus, Card. C. Confalonieri, s. d., 1 p.

0863 + Allig. n° 15, De Fidelium associationibus, Card. J. Urbani, s. d., 1 p.

0864 + Allig. n° 16, "Per la coordinazione degli schemi...", Card. Cicognani, 24.1.1963, 1 p. (instructions pour la poursuite des travaux et le rôle des membres de la Comm. de coordination) [même document *supra*, n° 0814].

0865 Lettre de Mgr Joseph D'Avack au Card. Suenens, 27.1.1963, 2 p. (il propose un fil conducteur pour le Concile et envoie les feuilles jointes).

0866 + Quae a SS. Concilio expresse revocanda videntur quasi fundamentum omnium deliberationum, s. d., 7 p.

0867 "La materia da raccogliere in ciascun punto....", s. d. [mais entre déc. 1962 et avant février 1963], 5 p. (une note sur la réorganisation des matières concernant l'Église dans le monde d'aujourd'hui).

FÉVRIER-MARS 1963 (AVEC LA RÉUNION DU 25.3.-1963)

0868 Lettre du Card. Fr. Spellman au Card. Suenens, 13.2.1963, 1 p. (il envoie copie de sa correspondance avec le Card. Cicognani).

0869 + Lettre du Card. Fr. Spellman au Card. Cicognani, s. d., 3 p. (il s'étonne du sort du schéma De casta vita christianorum, dont presque rien n'est retenu).

0870 Lettre du Card. Fr. Spellman au Card. Suenens, 14.2.1963, 1 p. (il envoie des remarques au sujet de plusieurs schémas).

0871 + Pro Memoria. Animadversiones de schematibus reformandis, Card. Fr. Spellman, s. d., 5 p. (il demande qu'il soit traité de l'autorité et de l'obéissance dans l'Église, des relations entre l'Église et l'État, du communisme et de la liberté religieuse).

0872 Lettre de Mgr Felici au Card. Suenens, 22.2.1963, 1 p. (il envoie les mêmes remarques du Card. Fr. Spellman).

0873 + Pro Memoria. Animadversiones de schematibus reformandis, Card. Fr. Spellman, s. d., 5 p.

0874 Lettre du Card. Cicognani au Card. Suenens, 12.3.1963, 1 p. (il invite à la réunion de la Comm. de coordination du 25.3.1963; il envoie déjà cinq nouveaux schémas [qui manquent dans les archives]; le pape sera peut-être présent à une réunion).

0875 Relatio Card. Liénart super Schema "De Revelatione divina", s. d., 1 p.

0876 Relatio circa novum schema Const. "De sacrorum alumnis formandis", Card. C. Confalonieri, 24.3.1963, 7 p.

0877 Relatio circa novum schema Const. "De Scholis catholicis", Card. C. Confalonieri, 25.3.1963, 6 p.

0878 Relatio de emendato Schemate Decreti "De episcopis ac de diœceseon regimine", Card. Doepfner, 26.3.1963, 4 p.

0879 Relatio de emendatis Schematibus Decretorum "De Cura animarum" et "De catechetica populi christiani institutione", Card. Doepfner, 26.3.1963, 4 p.

Relatio du Card. Suenens sur le De Ecclesia et le De Ecclesiae principiis et actione ad bonum societatis promovendum

0880 Relatio Em.mi Domini L. J. Card. Suenens, s. d., 7 p. (Relatio sur le De Ecclesia et le De Ecclesiae principiis et actione ad bonum Societatis promovendum) [notes mss A. Prignon : e.a. "deest p. 8"] [ce texte a été rédigé et dactylographié par A. Prignon].

0881 + photocopie de ce texte mais la p. 8 est ajoutée.

0882 II. Schema : De Ecclesiae principiis et actione ad bonum societatis promovendum, s. d., p. 3-8 (seconde partie du texte ci-dessus, mais avec plus de notes de A. Prignon et de Suenens, qui a pris ce texte pour sa relatio orale à la Comm. de coordination).

0883 Relatio Em.mi Domini L. J. Card. Suenens, s. d., 1 p. (une autre version ronéotypée de la première partie – sur le De Ecclesia – de la relatio).

0884 De praesentia efficaci Ecclesiae in mundo hodierno, s. d., 1 p. (une table des chapitres de ce schéma).

0885 Lettre [carte ms.] de J. F. Arrighi au Card. Suenens, 28.3.1963, 1 p. (il envoie une note concernant le schéma De Œcumenismo et la différence d'optique avec le chap. II de la Commission sur les Églises orientales).

0886 + De necessitate servandi Caput III Decreti De Œcumenismo prout jacet in schemate a Secretariatu proposito, s. d., 2 p.

0887 Pro Memoria, Mgr T. van Valenberg, 28.3.1963, 1 p. (une brève note au sujet de l'internationalisation de la curie, les Commissions postconciliaires, le principe de subsidiarité, Veterum Sapientia, les évêques chinois à inviter au Concile).

MAI-SEPTEMBRE 1963

0888 Lettre du Card. Cicognani au Card. Suenens, 20.5.1963, 1 p. (convocation et envoi de documents pour la réunion du 4.6.1963 [qui n'aura pas lieu à cause de la mort de Jean XXIII]).

0889 + Ordine del giorno, s. d., 1 p. (la liste de 5 schémas à examiner et des propositions au sujet de l'Ordo Concilii et du Service de presse).

0890 + Propositum. Ad Modum Procedendi in Concilio expediendum, Card. Fr. Spellman, 5 p.

0891 + Progetto per migliorare i Servizi di Informazione sul Concilio, 15.5.1963, 2 p. (une note de l'Ufficio Stampa du Concile).

0892 Lettre de Mgr M. McGrath au Card. Suenens, 30.5.1963, 1 p. (il envoie une note pour la Comm. de coordination, après la réunion de la Commission mixte du 23.5.1963) [note ms. A. Prignon].

0893 + Votum pro ulteriori emendatione Schematis "De Ecclesiae munere quoad bonum societatis hodiernae promovendum", Mgr M. McGrath, 29.5.1963, 2 p. (il faudra promouvoir l'unité des textes élaborés par les 5 sous-commissions; le texte est trop "européen"; on désire un chapitre sur la liberté religieuse).

0894 Lettre du Card. Fr. Spellman au Card. Suenens, 31.5.1963, 1 p. (il envoie des remarques pour la prochaine réunion de la Comm. de coordination).

0895 + Animadversiones in "Progetto per migliorare i Servizi di Informazione sul Concilio", Card. Fr. Spellman, s. d., 1 p.

0896 + Animadversiones in Schema Constitutionis dogmaticae De Ecclesia, Card. Fr. Spellman, s. d., 2 p.

0897 + Animadversiones in Schema Constitutionis De sacra Liturgia, Card. Fr. Spellman, s. d., 6 p.

0898 Relatio L. J. Cardinalis Suenens, s. d. [mais elle a été donnée à la réunion de la Comm. de coordination du 3-4.7.1963], 9 p. [notes mss Suenens] (cette relatio, pour une très large part rédigée par A. Prignon, contient la suggestion, faite par A. Prignon au Card. Suenens, de mettre un chapitre sur le De Populo Dei avant le De Constitutione hierarchica Ecclesiae; ce texte contient aussi la relatio sur le schéma XVII [qui est inspirée de la note de Mgr M. McGrath du 29.5.1963, cfr. n° 0893]).

0899 Lettre du Card. Agagianian au Card. Suenens, 8.7.1963 (il envoie copie du Votum au sujet de la Propaganda Fide en réponse de l'Allig. n° 14 de la Comm. de coordination).

0900 + Voto, s. d. [mais de fin février 1963], 9 p. + 8 p. de Notes.

0901 Lettre du Card. Doepfner au Card. Suenens, 9.7.1963, 2 p. (il est d'accord en principe pour mettre le De Populo Dei avant la Hiérarchie; mais il se demande si c'est bien opportun : cela pourrait retarder la discussion du De Ecclesia à la 2e Session; il a écrit en ce sens au Card. Cicognani et joint copie de cette lettre; il invite un représentant de l'épiscopat belge à la réunion de la Conférence épiscopale allemande).

0902 + Lettre du Card. Doepfner au Card. Cicognani, 9.7.1963, 2 p. (il dit qu'à la réunion du 4.7.1963 la Comm. de coordination a recommandé, mais non pas imposé, à la Comm. théologique une nouvelle division des chapitres du De Ecclesia; il craint du retard dans la rédaction du texte et demande d'envoyer aux Pères le texte ancien et de voir si plus tard on ne pourrait pas insérer dans, ou tout juste après, le chapitre De Mysterio Ecclesiae une considération sur le Peuple de Dieu) [il est important de noter que le Card. Doepfner dit que l'inversion des chapitres n'est pas imposée à la Comm. théologique].

0903 Lettre de A. Glorieux au Card. Suenens, 10.7.1963, 2 p. (il a écrit lui-même un compte rendu de la Comm. de coordination sur le schéma XVII, où il mentionne que le Card. Suenens va écrire un chapitre d'introduction; S. Tromp voudrait attribuer ce travail à la Comm. théologique; il destinait son rapport surtout au P. Tromp mais V. Fagiolo l'en a dissuadé et a dit qu'il communiquerait oralement le contenu au P. Tromp; il joint une note du Card. Liénart).

0904 + Dopo la riunione della Commissione di Coordinamento, A. Glorieux, 6.7.1963, 1 p. (rapport sur le schéma XVII).

0905 + De praesentia efficaci Ecclesiae in mundo hodierno, Note du Card. Liénart, 4.7.1963, 1 p.

0906 + Réponse du Card. Suenens à A. Glorieux, 13.7.1963, 1 p. (il remercie; A. Prignon est son intermédiaire pour tout ceci; il espère que son texte sera prêt pour le 15 septembre).

Documents de la Commission des Missions

0907 Lettre du Card. Agagianian au Card. Suenens, 12.7.1963, 1 p. (il envoie divers documents aux membres de la Comm. de coordination).

0908 Alleg. n° 1. Schema De Missionibus, 1963, 29 p. (la version ronéotypée mais avec des corrections et de nouvelles pages, e.a. une p. 24bis).

0909 Alleg. n° 2. Risposte alle osservazioni fatte dagli Em.mi Cardinali della Commissione Coordinatrice, s. d., 8 p. + double.

0910 Alleg. n° 3. Lettre du Card. A. Liénart, s. d., 2 p. (des remarques sur le Schéma).

0911 + Adnotationes ad Schema praeparatum 'De Missionibus", Card. Doepfner, 3.7.1963, 2 p.

0912 Lettre de Mgr Felici au Card. Suenens, 21.7.1963, 1 p. (il envoie le texte modifié du De Missionibus et demande s'il peut l'envoyer aux Pères).

0913 + Lettre du Card. Suenens à Mgr Felici, 3.8.1963, 1 p. (il a bien reçu la lettre et les documents du 21.7.1963; il lui semble que le De Missionibus doit être réélaboré par la Commission conciliaire pendant la 2ème Session pour être discuté à la 3ème Session; il insiste sur le devoir de l'évangélisation).

0914 Lettre de Mgr F. Marty au Card. Suenens, 21.7.1963, 2 p. (il adresse une note au sujet d'un organisme central futur pour la pastorale et l'évangélisation; dans une audience du 9.5.1963, Jean XXIII lui avait dit que c'était important; R. Etchegaray a collaboré à cette note).

0915 + Conseil central de Pastorale, juillet 1963, 3 p.

0916 Lettre de Mgr Felici au Card. Suenens, 20.8.1963, 1 p. (convocation pour la réunion de la Comm. de coordination du 31.8.1963 et envoi de documents).

0917 + Lettre de Mgr A. Dell'Acqua à Mgr Felici, 12.8.1963, 1 p. (il envoie une lettre de Mgr S. Pignedoli qui demande la création d'un Secrétariat pour les relations avec le monde non-chrétien).

0918 + Lettre de Mgr S. Pignedoli au Card. Cicognani, 31.7.1963, 2 p. (il propose et donne des arguments pour la création d'un Secrétariat pour les relations avec le monde non-chrétien).

0919 + Réponse de R. Ceuppens au Card. Cicognani, 28.8.1963, 1 p. (le Card. Suenens, à l'étranger, ne pourra assister à la réunion du 31.8.1963).

Réunion du 25-26.9.1963

0920 Ordine del giorno, s. d., 1 p.

0921 Lettre du Card. Suenens à Mgr Felici, 3.8.1963, 1 p. (copie de la lettre au sujet du De Missionibus, cfr. *supra* n° 0913).

0922 Lettre du Card. Doepfner à Mgr Felici, 20.8.1963, 2 p. (il demande que le schéma De Missionibus soit encore revu et puis soumis à la Comm. de coordination).

0923 Lettre du Card. Liénart à Mgr Felici, 18.8.1963, 2 p. (il est d'avis que le texte du De Missionibus peut être envoyé aux Pères).

0924 Risposte alle osservazioni fatte dagli Em.mi Cardinali della Commissione Coordinatrice, s. d., 8 p. (au sujet du texte De Missionibus), cfr. n° 0909.

0925 Lettre de Mgr M. O'Connor à Mgr Felici, 19.9.1963, 1 p. (il demande si la note quotidienne pour la presse pourra publier le nom des orateurs et une synthèse de leurs interventions).

ORDO CONCILII (DÉCEMBRE 1962-SEPTEMBRE 1963)

0926 Ordo Concilii Œcumenici Vaticani II, Editio altera recognita, T P V, 13.9.1963, 56 p.

0927 Réflexions sur la marche du travail conciliaire, A.-G. Martimort, 3.12.1962, 6 p. [cette note qui date encore de la 1ère Session se trouvait dans les documents de la Comm. de coord. de la 1ère Intersession].

0928 Ordo Concilii Œcumenici Vaticani II celebrandi. Rilievi a cura di Nello Venturini, janvier-février 1963, 62 p.

0929 Lettre de G. Dossetti au Card. Suenens, 23.1.1963, 1 p. (après une rencontre avec le Card. Suenens le 22.1.1963, il envoie des amendements urgents concernant l'Ordo; le plus important, c'est de prévoir la possibilité d'introduire de nouveaux schémas).

0930 + Emendamenti urgenti all'Ordo Concilii, G. Dossetti, s. d., 4 p. + double.

0931 Lettre du Card. Lercaro au Card. Suenens, 25.1.1963, 2 p. (G. Dossetti lui a parlé de son entretien avec le Card. Suenens et de son opinion sur les schémas les plus importants; il insiste pour obtenir la possibilité d'introduire de nouveaux schémas).

0932 Lettre de G. Dossetti au Card. Suenens, 9.2.1963, 2 p. (il a, sur suggestion du Card. Suenens, travaillé avec A. Ligutti sur l'Ordo Concilii; il demande de recevoir les propositions de modifications à ce sujet qui seront introduites au Secrétariat du Concile; il demande copie du schéma "De ordine sociali et internationali"; les experts de la Commission pour les Églises orientales ont présenté un texte qui n'est qu'un résumé du vieux schéma "Ut unum sint").

0933 + Progetto di Regolamento del dibattito conciliare, s. d., 2 p.

0934 Lettre du Card. Suenens au Card. Lercaro, 11.2.1963, 1 p. (il demande de pouvoir disposer rapidement d'un projet d'amendements au règlement, rédigé par G. Dossetti; il signale les noms de J. Buckley et de A. Ligutti [par erreur, Legretti dans le texte]).

0935 Lettre de R. Ceuppens à G. Dossetti, s. d. [mais, selon le classement chronologique à Malines, du 10 ou 11.3.1963] (il lui fait parvenir deux copies de propositions sur le règlement du Concile faites par des cardinaux) + double.

0936 Suggerimenti del Segretario Generale sull'opportunità di una più estensiva interpretazione del Regolamento, 11.3.1963, 2 p.

0937 "1) L'Ordo Concilii ha lasciato quasi tutti insoddisfatti...", non signé mais selon le contenu certainement à attribuer à G. Dossetti, s. d. [mais de mi-mars 1963 : cfr. p. 4 : questi ultimissimi giorni = 4-14 marzo], 25 p. (des considérations sur l'Ordo, les possibilités de changer le Règlement; quelques propositions d'amendements; à noter son évaluation plutôt négative du travail de la Comm. théologique, du 4 au 14 mars, lors de l'élaboration du nouveau texte du De Ecclesia).

0938 Propositio ad Commissionem de Concilii laboribus coordinandis directa de "Ordine Concilii" pro 2a Concilii periodo emendando et complendo, Card. Doepfner, 29.3.1963, 10 p. + double.

0939 De Ordine Concilii reformando, Consultores canonistas españoles, 13.7.1963, 6 p.

0940 Lettre de G. Dossetti au Card. Suenens, 13.8.1963, 2 p. (il envoie deux textes qu'il a rédigés à la demande du pape sur l'Ordo Concilii; il a presque terminé une note sur la fonction des Légats papaux au Concile) + double.

0941 "Ordo Concilii e seconda sessione", G. Dossetti, s. d. [selon le contenu : après juillet 1963 et avant la 2e Session, probablement d'août 1963], 23 p. [il est probable que ce texte était joint à la lettre de G. Dossetti du 13.8.1963] + double.

0942 Riepilogo delle Proposte di Emendamenti minori (tecnici) all'Ordo Concilii, selon le contenu, à attribuer à G. Dossetti, s. d., 9 p. [il est possible que c'était le deuxième texte annexé à la lettre de G. Dossetti du 13.8.1963] + double.

0943 Osservazioni alle Proposte di emendamenti all "Ordo Concilii", note ms. de G. Dossetti, s. d., 6 p. [il s'agit probablement de remarques au sujet d'un projet de révision de l'Ordo Concilii en préparation de la révision faite par Paul VI et promulguée le 13.9.1963].

0944 Animadversiones Ordinis practici quoad sessionem secundam Concili Œcumenici coadunandam, Card. Fr. Spellman, s. d., 5 p.

De Liturgia

0945 Lettre de J. Boel aux évêques de Belgique, s. d. [de juin-juillet 1963], 1 p. (il communique des vœux au sujet de la réforme liturgique exprimés lors des Journées liturgiques tenues du 9 au 12 juin 1963).

0946 + Wensen in verband met de vernieuwing van de liturgie, 9-12.6.1963, 2 p. (on plaide e.a. pour la langue vulgaire, pour la concélébration et pour la communion sous les deux espèces, etc.).

0947 Lettre de J. Careras à Mgr G. Modrego i Cassus, 24.9.1963, 10 p. (un plaidoyer auprès de l'archevêque de Barcelone pour l'emploi du catalan dans la liturgie).

De Ecclesia

GENERALIA

[Le classement de ces documents s'est fait surtout par ordre chronologique : en effet, la plupart des textes ou notes envoyés sont accompagnés de lettres. Une distinction dans le classement entre les notes et les lettres avait moins de sens].

0948 Schema Constitutionis dogmaticae De Ecclesiae, Pars I, T P V, 22.4.1963, 47 p. (ce fascicule contient les 2 premiers chapitres De Ecclesiae mysterio et De constitutione hierarchica Ecclesiae et in specie : De Episcopatu) [plusieurs notes de lecture mss de Suenens].

0949 Schema Constitutionis dogmaticae De Ecclesia, Pars II, T P V, 29.7.1963, 31 p. (ce fascicule contient le chapitre 3 : De Populo Dei et speciatim de laicis et le chapitre 4 : De vocatione ad sanctitatem in Ecclesia) + double.

0950 Lettre de Mgr A. Ancel au secrétaire du Card. Suenens, 21.12.1962, 1 p. (pour le guider dans son travail entre les deux sessions, il demande le texte de l'intervention du Card. Suenens du 4.12.1962 [par erreur il écrit 4 octobre]) [note ms. Th. Cogels: "envoyé le 29.12.1962"].

0951 Lettre du Card. R. Silva Henriquez au Card. Suenens, 26.12.1962; 1 p. (l'épiscopat chilien prépare un plan de suggestions pour le De Ecclesia; quand il sera prêt, il le fera parvenir; il demande des suggestions pour être en harmonie avec d'autres épiscopats; l'abbé F. Hofmans est membre du groupe de théologiens du Chili : il peut servir d'intermédiaire).

0952 Carte de Noël de Mgr A. Renard au Card. Suenens, s. d., 2 p. (il demande qu'on parle plus des prêtres dans le De Ecclesia).

0953 + Enveloppe de Mgr Renard avec la version ms. de la réponse du Card. Suenens.

0954 + Réponse du Card. Suenens à Mgr A. Renard, 10.1.1963, 1 p. (on va essayer de souligner l'aspect "sacerdoce" dans le De Ecclesia).

0955 Lettre de G. Thils au Card. Suenens, 14.1.1963, 1 p. (il communique le résultat de la réunion du 13.1.1964 tenue à Louvain avec Mgr E. De Smedt, G. Philips et Y. Congar au sujet de corrections à apporter au texte "Philips" sur le De Ecclesia) [texte non ajouté].

0956 Lettre de G. Philips au Card. Suenens, 23.1.1963, 2 p. (il envoie les corrections au schéma De Ecclesia élaborées par Mgr E. De Smedt, Y. Congar, G. Thils et lui-même; il n'a pas encore de nouvelles sur les indications de la Comm. de coordination; les théologiens allemands rédigent également un texte; il participera à leur réunion à Mayence les 26 et 27.1.1963, avec Y. Congar et E. Schillebeeckx).

0957 + Correctiones ad textum a cœtu internationali theologorum Romae, 26 mensis novembris 1962, propositum, s. d., 5 p. [il est à remarquer que G. Philips appelle son texte : a cœtu internationali theologorum propositum] + double.

0958 Lettre de Mgr M. Larrain au Card. Suenens, 29.1.1963, 1 p. (il envoie un schéma "Constitutionis Ecclesiae", rédigé par des évêques chiliens et un groupe de théologiens) [sur cette lettre : projet de réponse ms. Suenens].

0959 + Réponse du Card. Suenens à Mgr M. Larrain, 11.2.1963, 1 p. (il remercie et envoie les directives de la Comm. de coordination pour le De Ecclesia et dit qu'il y aura un schéma unique sur le De Ecclesia ad extra).

0960 + Annotationes genericae in Schema Constit. dogmaticae De Ecclesia, a nonnullis episcopis ex Republica Chilensi, janv. 1963, XI p. + 89 p.

0961 Lettre de G. Philips au Card. Suenens, 30.1.1963, 1 p. (il envoie son rapport sur la réunion des théologiens allemands à Mayence les 26-27.1.1963).

0962 + Conventus Theologorum Germaniae, G. Philips, 26-27.1.1963, 2 p. (l'assemblée, avec Mgr H. Volk, A. Grillmeier, K. Rahner, O. Semmelroth, R. Schnackenburg, J. Ratzinger, Y. Congar, E. Schillebeeckx, P. Smulders, et G. Philips, a discuté du schéma De Ecclesia préparé par A. Grillmeier; G. Philips trouve le texte trop long, d'un latin imparfait et il ne traite pas de la sacramentalité de l'épiscopat ni de la diffusion missionnaire de l'Église; un immense travail serait nécessaire pour pouvoir l'employer comme texte conciliaire) + double.

0963 Lettre de G. Philips au Card. Suenens, 1.2.1963, 1 p. (il envoie copie d'une lettre de J. Daniélou et demande des indications pour y répondre).

0964 + Copie dactylographiée d'une lettre de J. Daniélou à G. Philips, 29.1.1963, 1 p. (il a envoyé des notes de travail, rédigées par les experts de l'épiscopat français, sur la collégialité et la sacramentalité de l'épiscopat; il n'y a aucun projet d'un De Ecclesia derrière; les évêques français s'inspirent du Schéma "Philips"; il a été désagréablement surpris en apprenant par Y. Congar l'existence d'un projet allemand dû à Grillmeier, qu'il trouve très inférieur au projet "Philips"; il voudrait que les évêques allemands renoncent à ce projet).

0965 Progression proposée pour un Schéma de l'Église, 4.2.1963, 13 p. [le texte est daté de Strasbourg : il vient probablement de Mgr L.-A. Elchinger]

Réunion des Évêques allemands à Munich, 5-6.2.1963

0966 Lettre de R. Ceuppens à Mgr J.-B. Musty, 10.1.1963, 1 p. (le Card. Suenens demande à Mgr Musty de bien vouloir répondre à l'invitation du Card. Doepfner et d'assister à cette réunion).

0967 Lettre de Th. Cogels au Card. Doepfner, 24.1.1963, 1 p. (au nom du Card. Suenens, il communique la participation de Mgr Musty qui sera probablement accompagné d'un théologien de Louvain).

0968 Lettre de M. Defregger aux Pères conciliaires de l'Allemagne et de l'Autriche, 25.1.1963, 1 p. (il envoie pour la réunion du 5-6.2.1963 les Annotationes criticae ad schema De Ecclesia, rédigées par O. Semmelroth).

0969 + Annotationes criticae ad schema De Ecclesia, O. Semmelroth, s. d., 6 p.

0970 Nota praeliminaria, s. d., 2 p. (une introduction aux Annotationes criticae et à l'Adumbratio Schematis).

0971 + Carte de visite du Card. Doepfner.

0972 Adumbratio Schematis Constit. dogmaticae De Ecclesia, s. d., 36 p. + Notae, 11 p.

0973 + Copie (autre dactylographie), s. d., 21 p. + Notae 9 p. + Nota praeliminaria, 1 p.

0974 Quaedam Annotationes de tentamine quodam schematis De Ecclesia, s. d., 7 p. (des notes explicatives sur le texte "allemand" du De Ecclesia) + double [autre dactylographie], s. d., 9 p.

0975 Réunion des évêques allemands à Munich, les 5 et 6 février 1963, Mgr J.-B. Musty, s. d., 5 p. (Mgr J.-B. Musty, délégué par l'épiscopat belge à cette réunion, en donne un rapport circonstancié).

0976 Lettre du Card. Léger au Card. Suenens, 8.2.1963, 2 p. (il a été malade en décembre; il prendra part aux activités de la Commission De Fide; il demande qui est à Rome le porte-parole autorisé du Card. Suenens; le schéma sur l 'Église doit tenir le centre de leurs préoccupations).

0977 + Réponse du Card. Suenens au Card. Léger, 15.2.1963, 1 p. (il envoie le rapport de la Comm. de coordination; A. Prignon est son "procureur théologique" et donnera des renseignements ainsi que Mgr A.-M. Charue; le Card. König tiendra une réunion le 20.2.1963 à Rome pour harmoniser le travail; l'essentiel est d'adapter les grandes lignes du schéma "Philips-Thils").

0978 + Brouillon ms. Suenens de cette lettre, s. d., 2 p.

0979 Lettre du Card. Suenens à A. Prignon, 15.2.1963, 1 p. (il demande de prendre contact avec le Card. Léger et envoie copie de sa réponse; il est prêt à venir à Rome mais il attend une indication).

0980 + Copie de la lettre du Card. Suenens au Card. Léger, 15.2.1963, 1 p.

0981 Lettre de Mgr A.-M. Charue au Card. Suenens, 11.2.1963, 1 p. (il a appris avec joie que le Card. Suenens a la tutelle du De Ecclesia; il envoie copie des remarques qu'il a envoyées à Rome; le 4ème chapitre du De Revelatione a été approuvé définitivement).

0982 + Adnotationes ad Schema De Ecclesia, 11.2.1963, 7 p.

0983 + "A tempore Concilii Vaticani primi....", Mgr A.-M. Charue, s. d., 3 p. (une intervention écrite sur les images bibliques de l'Église).

0984 Lettre de H.-M. Féret au Card. Suenens, 12.2.1963, 1 p. (il envoie, à la demande de Mgr L.-A. Elchinger, ses observations) [sur la lettre: brouillon ms. Suenens de la réponse].

0985 + Réponse du Card. Suenens à H.-M. Féret, 15.2.1963, 1 p. (il remercie et demande d'envoyer ces notes à Mgr G. Garrone).

0986 + Observations de théologie et d'opportunité pastorale sur le Schéma conciliaire De Ecclesia et De Beata Maria Virgine, H.-M. Féret, 2.2.1963, 33 p.

0987 Lettre de G. Philips au Card. Suenens, 20.2.1963, 1 p. (il remercie pour les documents envoyés; le 22.2.1963, il partira à Rome pour la Commission théologique).

0988 Lettre du Card. P. T. Doi au Card. Suenens, 22.2.1963, 1 p. (il envoie copie des desiderata des évêques japonais sur le De Ecclesia).

0989 + Desiderata pro Schemate "De Ecclesia", signé par 10 évêques japonais, 22.2.1963, 1 p. et 10 p.

0990 + Réponse de Th. Cogels au Card. P. T. Doi, 28.2.1963, 1 p. (accusé de réception).

0991 Lettre de Mgr D. Mannix au Card. Suenens, 22.2.1963, 1 p. (il envoie ses remarques sur le De Ecclesia; n'ayant pu se rendre au Concile, il a cependant eu des nouvelles sur le rôle du Cardinal Suenens).

0992 + Animadversiones generales, Mgr D. Mannix, 22.2.1963, 9 p.

0993 + Réponse du Card. Suenens à Mgr D. Mannix, 5.3.1963 (il remercie).

0994 Lettre (ronéotypée) des évêques néerlandais au Card. Cicognani, 22.2.1963, 12 p. (leurs remarques sur le De Ecclesia).

0995 Lettre de Mgr A.-M. Charue au Card. Suenens, 25.2.1963, 2 p. (il fait rapport concernant les réunions sur le De Revelatione – la question des deux sources – et sur le De Ecclesia : la composition de la sous-commission des 7; on s'est réuni deux fois chez le Card. König; il tâche de faire admettre le texte "Philips" comme texte de base) [deux erreurs typographiques dans le texte : Philippe = Philips; Comblain = Comblin].

0996 Lettre de Mgr A.-M. Charue au Card. Suenens, 27.2.1963, 2 p. (il donne rapport des discussions difficiles sur le De Revelatione : le Card. Ottaviani a reconnu qu'il était facilement passionné; le Card. E. Ruffini a attaqué le Card. Bea en son absence...; pour le De Ecclesia, on est parvenu à faire admettre le texte "Philips" comme texte de base et à mettre G. Philips à la tête d'un groupe de periti pour faire le travail).

0997 Lettre de Mgr M. Baudoux au Card. Suenens, 1.3.1963, 2 p. (il envoie des remarques sur le De Ecclesia).

0998 + De Ecclesia et De Beata Maria Virgine, Animadvertenda quaedam praebita a Revmo Dno Mauritio Baudoux, 20.2.1963, 11 p.

0999 + Propositio de Secretariatu pro problematibus mundi hodierni condendo, 25.1.1963, 1 p. et 2 p. (une proposition de la Conférence épiscopale canadienne).

1000 + Réponse du Card. Suenens à Mgr M. Baudoux, 4.3.1963, 1 p. (il remercie et donne des informations sur le De Ecclesia : on a comme base un schéma "Philips-Thils", remanié par des théologiens français et allemands).

1001 Lettre de Mgr A.-M. Charue au Card. Suenens, 4-5.3.1963, 3 p. (il donne rapport sur les réunions de la Commission mixte pour le De Revelatione : interventions des Card. J. Lefebvre et de A. Bea; le soir du 5.3.1963, la Commission théologique devra se prononcer sur le texte "Philips". Le Card. Ottaviani a dit au Card. Ruffini que c'était de la poésie).

1002 Lettre de Mgr A.-M. Charue au Card. Suenens, 14.3.1963, 2 p. (il donne rapport des débats à la Commission théologique sur le texte "Philips" : tout s'est terminé d'une façon inespérée et le Card. Ottaviani a remercié G. Philips; le schéma satisfait aussi Y. Congar et K. Rahner).

1003 Lettre de G. Philips au Card. Suenens, 23.3.1963, 1 p. (il envoie le texte officiel du schéma De Ecclesia, cap. I et II; plus tard il transmettra quelques remarques pour la discussion en séance [de la Comm. de coordination]).

1004 + Schema Const. dogmaticae De Ecclesia, Caput I et II, 17 p.

1005 Lettre du Card. Léger au Card. Suenens, 4.4.1963, 2 p. (il craint des lenteurs; il propose que G. Philips devienne secrétaire-adjoint de la Commission théologique afin de contrecarrer l'influence de S. Tromp).

1006 + Réponse du Card. Suenens au Card. Léger, 10.4.1963, 1 p. (il avertit G. Philips pour la réunion de mai; il transmet les directives adoptées en ce qui concerne les chap. II et IV [du De Ecclesia]; il croit qu'il sera important de bien préciser le sens de la collégialité épiscopale en renforçant un texte qui est valable comme compromis mais qui peut encore gagner en précision).

1007 Lettre du Card. Léger au Card. Suenens, 28.5.1963, 3 p. (il fait l'éloge de l'équipe de Louvain et surtout de G. Philips; il avait préparé pour le pape un dossier demandant la constitution d'une "Commission de permanence du Concile"; il demande de veiller au schéma sur la liberté religieuse; il a demandé au Card. König que G. Philips soit le rédacteur du chapitre "De Sanctitate in Ecclesia"; il envoie des notes qu'il avait préparées pour l'audience chez le pape, qui n'a pas eu lieu à cause de la maladie du pape) [notes non jointes].

1008 Lettre de G. Philips à R. Ceuppens, 10.9.1963, 2 p. (il envoie pour le Card. Suenens la nouvelle disposition des chapitres De Ecclesia, après l'introduction d'un nouveau chapitre De Populo Dei; il demande que le Cardinal envoie un exemplaire au Secrétariat du Concile à Rome).

1009 + De Ecclesia, Nova Ordinatio capitum, G. Philips, s. d., 6 p.

1010 Lettre du Card. Suenens au Card. Browne, 16.9.1963, 1 p. (il envoie le texte de G. Philips au Card. Browne).

1011 De Ecclesia – "Nota : Mutationes signantur linea marginali", s. d., 5 p. [notes mss non identifiées] (une nouvelle disposition des chapitres après l'introduction du De Populo Dei) [un document antérieur à celui qui a été envoyé par G. Philips à R. Ceuppens le 10.9.1963], + double.

1012 Annotationes de théologie et d'opportunité pastorale sur le nouveau Schema Constit. dogmaticae De Ecclesia, Pars I, H.-M. Féret, 14.7.1963, 14 p. [avec dédicace ms. Féret au Card. Suenens, 4.8.1963].

1013 Schema "De Ecclesia", J. Comblin, s. d., 9 p. (un schéma rédigé par J. Comblin).

1014 + Fines Decreti De Ecclesia atque orientationes exinde hauriendae, s. d., 1 p.

1015 Secrét. Général de l'Épiscopat, Études et Documents, n° 4, Le mystère de l'Église, Y. Congar, G. Philips, J. Daniélou, 8.2.1963, 10 p. [l'introduction – sans nom d'auteur – à ce texte donne la position des Français vis-à-vis du texte "Philips" et "allemand", dont on dit par erreur qu'il comporte neuf chapitres, au lieu de cinq].

1016 Secrét. Général de l'Épiscopat, Études et Documents, n° 9, Rétrospective et Réflexion sur la défense et la critique du schéma "de Ecclesia" dans les séances du 1er au 7 décembre 1962, G. Martelet, 30.4.1963, 15 p.

1017 Secrét. Général de l'Épiscopat, Études et Documents, n° 13, Les deux premiers chapitres du schéma "De Ecclesia", Y. Congar, 11.7.1963, p.1-5 [note ms. Suenens : TB = Très Bien], + "Observations sur le schéma de Décret "De Œcumenismo", p. 5-7.

1018 M. Geday, "Œcuménisme et Église visible", dans une revue non-identifiée, p. 5-39 (avec préface de Maximos IV, 5.2.1963, 1 p.).

1019 Y. Congar, Observations sur le Schéma de la Constitution De Ecclesia, dans *DOC*, 1-2.7.1963, 9 p. [texte identique au n° 1017].

CAPUT I. DE ECCLESIAE MYSTERIO

1020 Nota explicativa de constructione capitis Primi + Adumbratio Schematis Constit. dogmaticae De Ecclesia, 27.2.1963, 1 p. et 8 p. (schéma proposé par G. Philips à la sous-commission des experts – avant-dernière version) [notes mss A. Prignon].

1021 4. De Ecclesia ut Mystico Corpore Christi, s. d., 2 p. (note ms. A. Prignon : "correction acceptée de Mystico Corpore").

1022 Adumbratio Schematis Constit. dogmaticae De Ecclesia, 1.3.1963, 1 p. et 22 p. (le Chapitre I du texte du 27.2.1963 retravaillé, rédaction après lecture aux periti; le Caput II avant lecture aux periti) [notes mss A. Prignon : "Schema Mgr Philips"; il est possible que ce texte était ajouté à la lettre de A. Prignon au Card. Suenens du 8-10.3.1963, cfr. Generalia n° 0754].

1023 Quelques remarques sur le premier chapitre du schéma De Ecclesia, s. d., 3 p.

1024 Cap. II De membris Ecclesiae militantis eiusdemque necessitate ad salutem, s. d., 41 p. (une critique de ce chapitre du schéma préparatoire, dont le contenu se réfère au chap. I du texte "Philips").

1025 Lettre du Card. Bea au Card. Suenens, 13.2.1963, 2 p. (il envoie un projet de texte, qu'il a rédigé, pour le chap. I du De Ecclesia et un document avec des observations de "Foi et Constitution").

1026 + Ad schema Constitutionis "De Ecclesia", Caput I De Natura Ecclesiae, s. d., 10 p. [par erreur, il est noté sur le texte : par Dr Lukas Vischer].

1027 + "Es ist nicht ganz einfach...", L. Vischer, 18.1.1963, 9 p. (des remarques sur le De Ecclesia et sur le De Œcumenismo).

[Ces deux documents ont été retrouvés séparés de la lettre du Card. Bea; la reconstitution est très probable]

1028 + Réponse du Card. Suenens au Card. Bea, 19.2.1963, 1 p. (il remercie et envoie son rapport sur le De Ecclesia devant la Comm. de coordination).

1029 + projet ms. Suenens de cette lettre, s. d., 1 p.

1030 Du Règne de Dieu à l'Église, L. Cerfaux, s. d., 13 p. (une note demandée à L. Cerfaux pour la rédaction du chapitre I du De Ecclesia; probablement de février-mars 1963).

CAPUT II. DE CONSTITUTIONE HIERARCHICA ECCLESIAE

1031 Schema De Ecclesia, Caput IIum, p. 5a, inde a linea 34, 13.3.1963, 1 p. (un nouveau texte au sujet du pouvoir collégial du pape et des évêques dans les conciles œcuméniques).

1032 Caput 2: De Constitutione hierarchica Ecclesiae et in specie De Episcopatu, s. d. [mais de mars 1963], 10 p. (projet de texte) [note ms. A. Prignon : "après discussion des experts et transmis directement à la Commission avec l'accord des 7 évêques").

1033 Réflexion théologique sur la Collégialité de l'Épiscopat, Mgr R. Piérard, 24.2.1963, 4 p.

1034 + Emendationes aliquae ab episcopo Cataluensi propositae in I et II capitibus "de Collegialitate episcopatus" a D.D. Thils et Hamer feliciter elaboratis, Mgr R. Piérard, 25.2.1963, 2 p.

1035 Lettre de Mgr É. Guerry au Card. Suenens, 7.2.1963, 1 p. (il envoie des remarques sur le schéma "Philips" faites par les évêques de la 2ème Région apostolique avec la collaboration de J. Daniélou).

1036 + Observations sur le nouveau schéma proposé par la note 1 des "Études et Documents", La collégialité de l'Épiscopat, s. d., 5 p.

1037 + Réponse du Card. Suenens à Mgr É. Guerry, 11.2.1963, 1 p. (il remercie et espère que les membres de la Commission théologique recevront copie des directives de la Comm. de coordination).

1038 + Réponse de Mgr É. Guerry au Card. Suenens, 14.2.1963, 1 p. (il croit utile d'établir un lien organique avec la Commission théologique).

1039 Secrét. Général de l'Épiscopat, Études et Documents, n° 1, La collégialité de l'Épiscopat, J. Colson, Chr.-J. Dumont, G. Thils, J. Hamer, J. Daniélou, 15.1.1963, 7 p.

1040 Secrét. Général de l'Épiscopat, Études et Documents, n° 2, La sacramentalité de l'Épiscopat, J.[sic] Martimort, J. Daniélou, J. Lécuyer, 25.1.1963, 6 p.

1041 Secrét. Général de l'Épiscopat, Études et Documents, n° 17, Collégialité et sacramentalité de l'Épiscopat, B.-D. Dupuy, Chr.-J. Dumont, J. Hamer, 31.7.1963, 9 p.

De Diaconatu

1042 "In Capite primo...", Card. Fr. Spellman, 1963, 4 p. (remarques sur le schéma : il s'oppose au diaconat permanent).

1043 Lettre de J. Hornef au Card. Suenens, 8.1.1963, 6 p. (il envoie un texte et plaide pour la restauration du diaconat).

1044 + Réponse de R. Ceuppens à J. Hornef, 23.1.1963, 1 p. (il remercie au nom du Card. Suenens).

1045 Lettre de Th. Cogels à J. Hornef, 20.9.1963, 1 p. (il remercie au nom du Card. Suenens pour la documentation reçue).

1046 Gefährdet das Diakonat die Mitarbeit der Laien in der katholischen Kirche?, J. Hornef, 28.7.1963, 10 p. (publié dans *Die Allgemeine Sonntagszeitung*, Nummer 30).

1047 Dr J. Hornef, "Brauchen wir auch den jungen hauptberuflichen Diakon?", dans une revue non-identifiée, s. d., p. 170-180.

1048 Concilio Tridentino, Diaconorum Officio, Congregazione Generale del 6 luglio 1563, s. d., 1 p. + double.

CAPUT III. DE POPULO DEI ET SPECIATIM DE LAICIS

1049 De Laicis, 9.3.1963, 6 p. (note ms. A. Prignon : "Projet de la sous-commission théologique").

1050 Caput II, De Populo Dei, s. d., 7 p. (projet de texte, après l'introduction de ce chapitre spécial).

1051 Caput IV, De Laicis, s. d., 5 p. (projet de texte après l'introduction d'un chapitre spécial sur le De Populo Dei).

1052 Note sur le Document actuel De Laicis, s. d., 1 p. (des remarques sur le schéma du 22.4.1963, très probablement de G. Thils) + double.

1053 + III. De Laicis, s. d., 13 p. (nouveau projet de texte et motivation) + double.

CAPUT IV. DE VOCATIONE AD SANCTITATEM IN ECCLESIA

1054 Caput IV. De vocatione ad sanctitatem in Ecclesia et de professione consiliorum evangelicorum, s. d., 9 p. (projet de texte pour la Commission théologique).

1055 Caput IV. De iis qui consilia evangelica profitentur, s. d., 2 p.

1056 + Caput IV. De Religiosis, s. d., 4 p. [notes mss de G. Thils].

1057 Note sur le Document actuel De Statibus perfectionis, s. d., 3 p. [selon les notes mss, de G. Thils] + 2 doubles.

1058 Secrét. Général de l'Épiscopat, Études et Documents, n° 18, Le Chapitre IV du Schéma De Ecclesia, J. Daniélou, 31.7.1963, 4 p.

DE BEATA

1059 Schema Constit. dogmaticae De Beata Maria Virgine Matre Ecclesiae, T P V, 22.4.1963, 36 p.

1060 Lettre de R. Laurentin au Card. Suenens, 17.1.1963, 1 p. (G. Thils et Y. Congar lui ont demandé d'envoyer au

Cardinal un avant-projet pour l'intégration du schéma marial au De Ecclesia).

1061 + Premier Avant-Projet sur la réintégration du chapitre marial dans le schéma De Ecclesia, 5 p.

1062 Lettre de R. Laurentin au Card. Suenens, 15.7.1963, 1 p. (il envoie une note complémentaire sur le schéma marial; il éditera un livre *La Question mariale*).

1063 + Note sur le Schéma marial de mai 1963, R. Laurentin, s. d., 4 p.

1064 Lettre du Card. Suenens à C. Balič, 25.7.1963, 1 p. (il remercie pour l'envoi du volume "De Scriptura et Traditione" et l'étude "Circa schema constitutionis dogmaticae de Beata Maria Virgine").

1065 Lettre de É. Dhanis au Card. Suenens, 18.9.1963, 1 p. (il envoie le texte demandé par le Cardinal; une révision de ce texte avec R. Laurentin, G. Philips et de Aldema serait désirable).

1066 + De Mysterio Mariae in Ecclesia, É. Dhanis, s. d., 8 p. et 3 p. de Notes.

1067 Secrét. Général de l'Épiscopat, Études et Documents, n° 5, Le schéma "de Beata Maria Virgine", R. Laurentin, 11.2.1963, 10 p. [un premier projet de ce texte a été envoyé au Card. Suenens le 17.1.1963, cfr. n° 1060].

De Ecclesiis orientalibus

1068 Schema Decreti De Ecclesiis orientalibus, T P V, 22.4.1963, 19 p. + double.

1069 Schema Decreti De Ecclesiis orientalibus, s. d., 14 p. (version ronéotypée du texte du 22.4.1963).

1070 Animadversiones in Schema Decreti De Ecclesiis orientalibus, Card. Fr. Spellman, 1963, 1 p.

1071 Lettre de Th. Cogels à S. Antonoff, 3.4.1963, 1 p. (le Card. Suenens remercie pour le rapport "Problemata Orientis et Occidentis et Concilium anni MCMLXII").

De Œcumenismo (+ De Religionibus non christianis)

1072 Schema Decreti De Œcumenismo, T P V, 22.4.1963, 26 p.

1073 Emendationes a Concilii Patribus scripto exhibitis..., T P V, 1963, 32 p.

1074 Schema Decreti De Œcumenismo, Caput IV, T P V, 1963, 4 p. (De catholicorum habitudine ad non christianos et maxime ad Iudaeos).

1075 De Œcumenismo, 12.3.1963, 14 p. et 8 p. Notae (projet de texte).

1076 O. Cullmann, "Collecte œcuménique et communauté des biens dans l'Église primitive", dans *Pax Romana*, 1961, 6, p. 7-9 [avec dédicace de O. Cullmann au Card. Suenens, probablement de 1963].

De Episcopis

1077 Schema Decreti De Episcopis ac de Diœceseon regimine, s. d., 33 p.

1078 Animadversiones in Schema Decreti De Episcopis ac de Diœcesium regimine, Card. Fr. Spellman, 1963, 1 p.

1079 "Schema Decreti De Episcopis et de Diœceseon regimine. Ad Caput I. Principia fundamentalia hoc in capite proposita mihi placent", Card. Fr. Spellman, s. d., 2 p.

1080 Annotations de théologie et d'opportunité pastorale sur le Schema Decreti De Episcopis ac de Diœcesium regimine, H.-M. Féret, 31.7.1963, 20 p.

1081 Quelques remarques sur les annotations du R. P. Féret, L. Anné, s. d., 4 p.

1082 Lettre (circulaire) de 10 évêques aux Pères conciliaires, 1963, 1 p. (ils demandent des remarques au sujet des réflexions jointes).

1083 + Quelques thèmes de réflexion, s. d., 4 p.

1084 Questions fraternelles présentées aux Pères J. Lécuyer et J. Daniélou (rapporteurs du "De munere regiminis") et aux Pères G. Thils et J. Hamer (rapporteurs de Théologie de la Collégialité), Mgr Helder Camara, 1963, 1 p. (il pose des questions au sujet du statut des évêques auxiliaires).

1085 Lettre de F. Boulard au Card. Suenens, 24.12.1962, 1 p. (il envoie des notes élaborées ensemble avec des évêques) [notes non jointes].

1086 Lettre de Mgr J. Dammert Bellido au Card. Suenens, 7.2.1963, 1 p. (il a appris la nouvelle de la constitution d'un Grand Conseil International de Cardinaux autour du pape; il formule des critiques) [note ms. Suenens : "Information erronée"].

1087 + Réponse de R. Ceuppens à Mgr J. Dammert Bellido, 1.3.1963, 1 p. (selon le Card. Suenens, l'information est erronée).

1087bis "Les journaux des 17 et 18 janvier...", s. d. [mais de 1963], 1 p. (un commentaire sur ce communiqué de l'Agence CIP concernant la formation d'un Grand Conseil International de Cardinaux).

1088 Lettre de Mgr T. van Valenberg au Card. Suenens, 9.2.1963, 1 p. (il demande que le Concile n'oublie pas de traiter du De rationibus inter Episcopos et Sacras Romanae Curiae Congregationes).

1089 + Réponse du Card. Suenens à Mgr T. van Valenberg, 18.2.1963, 1 p. (il fera son possible pour cette question importante).

1090 Lettre de R. Ceuppens à Mgr M. Larrain, 11.3.1963, 1 p. (les bruits sur la création d'un Grand Conseil International autour du pape sont dénués de tout fondement).

De Cura animarum

1091 Schema Decreti De Cura animarum, T P V, 1963 [version ronéotypée avec pagination par chapitre].

1092 Schema Decreti De Cura animarum, T P V, 22.4.1963, 126 p. + double.

1093 Caput III. De associationibus fidelium in genere, s. d., 2 p. (un texte corrigé du schéma).

1094 "Ex toto hoc schemate, difficultates molestae oriuntur...", Card. Fr. Spellman, s. d., 2 p. [les remarques se réfèrent au texte ronéotypé, cfr. n° 1091].

1095 Animadversiones in Schema Decreti De cura animarum, Card. Fr. Spellman, s. d., 2 p. [ses remarques se réfèrent au texte imprimé, cfr. n° 1092].

1096 De parœciarum provisione, divisione et unione, s. d., 3 p. (des suggestions).

1097 De obligationibus parochorum, s. d., 4 p. (des suggestions).

1098 De pastorali parochorum officio, juillet 1963, 3 p. (un projet de texte envoyé par le Card. Doepfner) + double.

1099 À propos du "Centrum Orientationis et Coordinationis pastoralis", [très probablement de] F. Boulard, 8.7.1963, 2 p. (une note sur un Centre pastoral auprès du Saint-Siège).

1100 Lettre du Card. Suenens à F. Boulard, 15.7.1963, 1 p. (il remercie pour la lettre du 9.7.1963 et pour la note à propos du Centre. Il suggère que l'épiscopat français reprenne ces observations à son compte) [la lettre est probablement celle qui accompagne la note du 8.7.1963, cfr. n° 1099].

De Religiosis

1101 Schema Constitutionis De Statibus perfectionis adquirendae, T P V, 22.4.1963, 39 p. + 2 doubles.

1102 Schema De Religiosis, 9.3.1963, 24 p. (projet de schéma de la Commission de Religiosis) [notes mss Suenens].

1103 Folium adnexum. De modo procedendi Commissionis in schemate exarando et de ipsius schematis rationibus, 9.3.1963, 3 p.

1104 Über Sinn und Aufbau des Caput V "De statibus...", s. d., 2 p. + traduction latine, s. d., 3 p.

1105 Die Stände der Nachfolge Christi auf dem Weg der Evangelischen Räte, s. d., 5 p. (projet allemand pour une partie du schéma) + traduction latine, s. d., 5 p.

1106 Lettre de Mgr G. Huyghe au Card. V. Valeri, 10.1.1963, 1 p. (il demande de lui communiquer d'urgence les dates pour les réunions de la Commission conciliaire des Religieux).

1107 Lettre de Mgr G. Garrone, adressée e.a. au Card. Suenens, 11.2.1963, 1 p. (comme Président de la commission – française – de coordination des deux clergés, il envoie de la documentation [non jointe]).

1108 + Réponse de Th. Cogels à Mgr G. Garrone, 2.3.1963, 1 p. (il remercie au nom du Card. Suenens).

1109 Lettre de Mgr G. Huyghe au Card. Suenens, 9.7.1963, 1 p. (il envoie copie d'une lettre adressée à des membres de la Commission conciliaire pour les Religieux).

1110 + Lettre de Mgr G. Huyghe à des membres de la Commission, 9.7.1963 (il envoie des remarques sur le schéma et demande des suggestions).

1111 + Animadversiones quoad Schema De Statibus perfectionis adquirendae, s. d., 7 p.

1112 + Note relative à l'envoi de ces animadversiones, s. d., 1 p. (les 6 personnes à qui il a envoyé ces notes).

1113 A. Mc Cormack, "A new Age in the Life of Religious", dans *The Month*, juin 1963, p. 327-331. (une recension du livre du Card. Suenens : *The Nun in the World*).

De Institutione sacerdotali

[Les schémas envoyés le 22.4.1963 sur le De Sacrorum alumnis formandis et le De Scholis catholicis sont déjà nettement distincts; toutefois la Commission conciliaire est restée unitaire. Ce qui a comme conséquence que les lettres et les notes se rapportent souvent aux deux schémas].

1114 Schema Constitutionis De Sacrorum alumnis formandis, T P V, 22.4.1963, 20 p.

1115 Schema Constit. De Sacrorum alumnis formandis, recognitum a Subcommissione competenti, 28.2.1963, 13 p.

1116 Schema Constit. De Sacrorum alumnis formandis, 7.3.1963, 13 p. (nouvelle version tenant compte des directives de la Comm. de coordination).

1117 Comm. de Seminariis, de Studiis et de Educatione catholica, Novus textus proponitur de formatione specifice pastorali, s. d., 3 p.

1118 Animadversiones in Schema Constitutionis De Sacrorum alumnis formandis, Card. Fr. Spellman, 1963, 1 p.

1119 Observaciones sobre el Esquema "De Sacrorum alumnis formandis" y Modificaciones que se proponen, Comision episcopal de Seminarios, s. d., 5 p. et 6 p.

1120 Lettre de Mgr D. Hurley au Card. Suenens, 15.1.1963, 2 p. (il envoie une copie des textes qu'il a envoyés à la Commission; il est heureux que le Card. Suenens et le Card. Doepfner sont membres de la Comm. de coordination).

1121 + Schema Constit. De Sacrorum alumnis formandis, Mgr D. Hurley, s. d., 14 p.

1122 + Animadversiones et Proposita super schemate Constit. De Vocationibus ecclesiasticis fovendis, Mgr D. Hurley, s. d., 1 p.

1123 + Animadversiones et Proposita super schemate Constit. De Sacrorum Alumnis formandis, Mgr D. Hurley, s. d., 3 p.

1124 Lettre de Mgr D. Hurley au Card. Suenens, 18.3.1963, 4 p. (il donne son opinion sur le travail de la Commission et sur le schéma; il faudrait nommer des bons experts, comme le Père P. Dezza; le P. A. Mayer est bon; il faudra revoir le schéma sur les universités et les écoles catholiques : comme experts, il suggère e.a. A. Dondeyne, J. Courtney Murray, Y. Congar, K. Rahner; il faut que la Comm. de coordination déclare que ce schéma ne satisfait pas et tenir alors une autre réunion avec les nouveaux periti; il envoie ses remarques sur le De Sacrorum alumnis formandis).

1125 + Periti attached to Commission on seminaries, school and universities, s. d., 1 p. (la liste des experts actuels).

1126 + Comments on the Schema, Mgr D. Hurley, s. d., 7 p.

1127 Lettre [incomplète] de R. Izard au Card. Suenens, 16.7.1963, 2 p. (il envoie de la documentation du Centre national des Vocations; et donne son opinion sur le schéma De Sacrorum alumnis formandis) [sur la lettre : projet ms. de réponse du Card. Suenens].

1128 + De vocationibus ecclesiasticis fovendis, R. Izard, 30.1.1963, 8 p.

1129 Lettre de A. Mayer au Card. Suenens, 29.7.1963, 1 p. (il envoie des notes au sujet des schémas sur les séminaires et les écoles catholiques; et il transmet deux documents sur une nouvelle organisation des études ecclésiastiques [ces derniers documents ne sont pas joints]).

1130 + Quaedam notae Secretariae de schematibus I. De Sacrorum alumnis formandis, II. De scholis catholicis, 15.7.1963, 12 p.

1131 Secrét. Général de l'Épiscopat, Études et Documents, n° 15, De Sacrorum alumnis formandis, J.-M. Le Blond, 24.7.1963, 6 p.

De Educatione christiana

[Voir la note ci-dessus au sujet du De Institutione sacerdotali].

1132 Schema Constit. De Scholis catholicis, T P V, 22.4.1963, 31 p. + double.

1133 Schema Constit. De Scholis catholicis et studiis academicis, III Pars, De studiorum universitatibus, 26.2.1963, 4 p. (projet de texte de la sous-commission).

1134 Schema Constit. De Scholis catholicis, 28.2.1963, 8 p. (projet de texte de la sous-commission).

1135 Schema Constit. De Scholis catholicis, 21.2-2.3.1963, 14 p. (texte de la Commission).

1136 Alligatum I Instructionum "De Sacrorum alumnis formandis" et "De Scholis catholicis", ...prima lineamenta adumbrata, 7.3.1963, 3, 3 et 8 p.

1137 Alligatum II Normae quae ad Codicem Juris Canonici spectare videntur, 7.3.1963, 3 p.

1138 "Permulta in nova forma schematis Constit. De Scholis catholicis...", Card. Fr. Spellman, s. d., 3 p. (ses remarques).

De Revelatione

1139 Schema Constit. dogmaticae De divina Revelatione, T P V, 22.4.1963, 16 p.

1140 Schema Constit. dogmaticae De Revelatione divina, s. d., 10 p. + double [version ronéotypée du texte précédent; p. 3 : note ms. Suenens].

Remarques sur le schéma préparatoire

1141 Animadversiones generales circa schemata 1um et 2um "De Fontibus Revelationis et De Deposito fidei pure custodiendo", a quodam coetu Patrum Americae Latinae propositae, s. d., 2 p.

1142 Iudicium generale de Schemate I De Fontibus Revelationis, s. d., 3 p.

1143 Observationes...circa "Vota Pontificii Instituti Biblici ad parandum Concilium Vaticanum II", J. Toral Moreno (Mexico), 11.1.1963, 5 p. [dédicace ms. Toral Moreno au Card. Suenens].

1144 "Quia impossibile apparet Concilium omnia schemata tractare....", s. d., 9 p. (un nouveau projet du De Revelatione proposé par les présidents des Conférences épiscopales d'Autriche, Belgique, France, Allemagne, Hollande) [note ms. Suenens : "contre-propositions pour le schéma initial"].

1145 + copie : même document avec des corrigenda et 1 p. de Emendanda.

1146 Emendationes ad 1um Schema, s. d., 5 p.

1147 Propositio : "Super duos fontes Revelationis est unica origo, scilicet Verbum Dei", s. d., 4 p. + double.

La lettre des 19 cardinaux au sujet de quelques publications d'exégèse moderne

1148 Notice ms. du Card. Suenens, sur la farde : "19 cardinaux envoient à Jean XXIII une attaque en règle contre le Cal Liénart, Suenens, Doepfner et Mgr De Smedt à travers leurs censeurs accusés de faiblesse; Jean 23 n'y attache aucune importance et me dit que je ne dois pas perdre mon temps à répondre, pour lui c'est une affaire classée").

1149 Lettre du Card. Ottaviani aux membres de la Commissio mixta "De Revelatione", 5.12.1963, 1 p. (il transmet le dossier que le Card. Cicognani lui a envoyé).

1150 + Lettre du Card. Cicognani au Card. Ottaviani, 4.12.1963, 1 p. (il transmet à la Commission mixte un dossier).

1151 + Lettre de 19 cardinaux à Jean XXIII, 24.11.1962, 5 p. (ils demandent l'affirmation de quelques principes doctrinaux sur l'exégèse et mentionnent 4 publications dangereuses à leurs yeux, e.a. de J. de Fraine, F. Neirynck et H. Schlier) [parmi les signataires : S. Wyszynski, J. Siri, G. Agagianian, G. Urbani, I. Antoniutti].

1152 Lettre de Mgr E. De Smedt au Card. Suenens, 19.12.1962, 1 p. (il envoie une copie de la réponse de L. Cerfaux, qui a été montrée à Mgr A. Descamps et G. Thils).

1153 + "Lorsqu'elle sera du domaine public, la 'Lettre des dix-neuf cardinaux', ne pourra que susciter la stupeur...", L. Cerfaux, s. d., 6 p. (réfutation de la lettre).

1154 Lettre de S. Lyonnet au Card. Suenens, 22.12.1962, 1 p. (à la demande des Card. König et Léger, trois professeurs de l'Institut Biblique ont rédigé une réponse à la lettre des 19 cardinaux; il envoie le texte).

1155 + Animadversiones in normas quae membris Commissionis Mixtae propositae sunt ad novum Schema "De divina Revelatione" conficiendum, s. d., 10 p.

1156 Lettre de Mgr E. De Smedt au Card. Suenens, 26.1.1963, 1 p. (il envoie le projet de sa réponse à la lettre des 19 cardinaux).

1157 + "Liceat mihi filiali modo animum paternitati tuae aperire..", Mgr E. De Smedt, s. d., 2 p. (une défense ferme de F. Neirynck).

1158 Carte de Mgr E. De Smedt au Card. Suenens, 7.3.1963, 1 p. (il envoie copie de sa réponse aux 19 cardinaux).

1159 + "Liceat mihi filiali modo...", Mgr E. De Smedt, 2.2.1963, 2 p. (lettre avec la défense de F. Neirynck).

1160 + Animadvertenda in his quae in Epistula dicuntur circa F. Neirynck, F. Neirynck, s. d., 3 p. (une note rédigée par F. Neirynck à la demande de Mgr E. De Smedt).

1161 Lettre du Card. Doepfner au Card. Suenens, 22.3.1963, 1 p. (il envoie sa réponse aux 19 cardinaux et prend la défense de H. Schlier).

1162 + Lettre du Card. Doepfner aux 19 cardinaux, 20.3.1963, 6 p.

Quelques documents sur les travaux de la Commission mixte (février-mars 1963)

[Il est utile de consulter à ce sujet les lettres de Mgr A.-M. Charue au Card. Suenens, classées De Ecclesia, Generalia n° 0981, 0995, 0996, 1001 et les lettres de A. Prignon au Card. Suenens, de la même période et classées Generalia n° 0752-0754].

1163 Caput Primum – De Verbo Dei revelato in Ecclesia, 25.2.1963, 2 p. [note ms. A. Prignon : "formule proposée par la sous-commission des IV"].

1164 Formulae propositae ab Exc. D. A.-M. Charue, Ep. Namurc., s. d., 1 p. [note ms. A. Prignon].

1165 Caput I. De divina Revelatione, s. d., 1 p. [note ms. A. Prignon : "Mgr Charue II"].

1166 Caput I. De divina Revelatione, s. d., 1 p. (même texte, avec beaucoup de notes mss de A. Prignon).

1167 "Christus Dei Filius Evangelium suum...", s. d., 1 p. (texte proposé par le Card. Cicognani; une demi-page de notes mss de A. Prignon) + double.

1168 De fontibus Revelationis, De habitudine inter S. Script. et S. Trad., Formulae propositae, s. d., 1 p. (texte de la Comm. mixte).

1169 De divina Revelatione, Nota : Mutationes signantur linea marginali, s. d., 4 p. (des remarques sur un projet de texte et des emendationes) + double.

1170 "Nova forma schematis, omnibus perpensis, valde placet..", Card. Fr. Spellman, s. d., 1 p. (remarques sur le texte ronéotypé).

1171 Annotationes sur le De Revelatione, H.-M. Féret, 28.8.1963, 1, 2 et 67 p.

1172 De Scriptura sacra et Traditione, s. d., 2 p. (note historique).

1173 De Fide historica evangeliorum, s. d., 2 p. (note historique et théologique).

1174 Note de Travail sur la doctrine des "Sources" au Concile de Trente, J. Ermel, s. d., 40 p. + 8 p.

1175 + projet de ce texte, 35 p.

1176 Lettre de Mgr J. Wright au Card. Ottaviani, 1.3.1963, 1 p. (il ne peut être présent à la réunion de la Commission cette semaine et donne quelques suggestions sur le De Revelatione).

1177 + Carte de visite de Mgr J. Wright.

1178 + Text of Bishop Wright's Christmas Sermon, dans *Pittsburgh Catholic*, 27.12.1962, p. 9.

1179 + Réponse de Th. Cogels à Mgr J. Wright, 25.3.1963, 1 p. (le Card. Suenens remercie de la copie de la lettre et de la lettre pastorale).

1180 Secrét. Général de l'Épiscopat, Études et Documents, n° 3, Tradition et Écriture, H. Holstein, P. Feiner, Y. Congar, J. Daniélou, 29.1.1963, 10 p.

1181 Secrét. Général de l'Épiscopat, Études et Documents, n° 14, Le Schéma "De Revelatione", Y. Congar, 11.7.1963, 8 p. et 2 p.

1182 Het Kindsheidsevangelie, s. d., 1 p. (une notice bibliographique).

De Apostolatu laicorum

1183 Schema Decreti De Apostolatu laicorum, T P V, 22.4.1963, 48 p. + double.

1184 Schema Decreti De Apostolatu laicorum, s. d., 29 p. et 10 p. de Notae [version ronéotypée du texte imprimé du 22.4.1963].

1185 Schema Constit. De Apostolatu laicorum, s. d., 32 p. et 8 p. de Notae + p. 12-15 : Caput VI [une version antérieure au texte précédent].

1186 "Sine dubio Concilium solemne invitamentum...", Card. Fr. Spellman, s. d., 3 p. (ses remarques sur le texte ronéotypé).

1187 Quelques propositions concernant l'Apostolat des laïcs sollicitées par plusieurs évêques, Secrétariat international de la JOC, février 1963, 32 p.

1188 L'"Action catholique" dans le monde, février 1963, 8 p. [avec carte de Mgr J. E. Petit, évêque de Menevia].

1189 Lettres du Card. Suenens aux membres de la Commission pour l'Apostolat des laïcs [15 lettres], 27.2.1963, 1 p. (il réfute par une note les critiques qui furent faites à son intervention à la Commission centrale [préparatoire] et il envoie son article : "L'unité multiforme de l'Action catholique" dans *Nouv. Rev. Théol.*, janv. 1958) [cfr. les documents classés Période préconciliaire, n° 0151-0155].

1190 + À propos de la terminologie : Action Catholique. Note sur les pages 12-17 "De Emendatione Schematis : De Apostolatu laicorum", Card. Suenens, s. d., 3 p. [la note qui était jointe aux lettres].

1191 Lettre de Mgr Th. Morris au Card. Suenens, 16.3.1963, 1 p. (il dit que dans les pays anglo-saxons, on n'emploie presque plus le terme "Action catholique"; il envoie une nouvelle version de la Pars II, cap. II et III du schéma [texte non joint]).

1192 + Réponse du Card. Suenens à Mgr Th. Morris, 11.4.1963, 1 p. (il le remercie pour ses efforts).

1193 Lettre de Mgr E. Nécsey au Card. Suenens, 18.3.1963, 1 p. (il répond à la lettre du Card. Suenens du 27.2.1963 : il n'a pu assister à la réunion de la Commission en mars mais il a envoyé des remarques écrites dans le sens désiré par le Cardinal).

1194 Lettre de Mgr F. Charrière et de Mgr A. Castelli au Card. Suenens, 28.9.1963, 2 p. (ils annoncent que les O.I.C. ouvrent un secrétariat à Rome pendant la 2ème Session, en contact étroit avec le COPECIAL : la responsable Mlle R. Goldie tiendra sa documentation et ses locaux à la disposition des Pères du Concile).

1195 + L'Action des catholiques au plan international, texte élaboré en vue de la préparation du Concile Œcuménique, avril 1961, 16 p. + double.

1196 Conférence des Organisations Internationales Catholiques, Liste des membres du Groupe spécial ayant été composé en vue de la préparation du Concile Œcuménique, s. d., 1 p. (une liste de 16 noms).

De Libertate religiosa (= Caput V. De Œcumenismo)

1197 Lettre du Card. Bea et de J. Willebrands au Card. Suenens, 21.3.1963, 2 p. (il donne l'histoire du texte à partir des discussions à la Commission centrale; la Commission mixte créée par le pape n'a pas fonctionné; si on inclut le De Libertate dans le De Ordine internationali, le Secrétariat demande à collaborer au texte).

1198 + Decretum De Libertate religiosa, s. d., 12 p. (le texte revu et corrigé après la session de juin 1962).

1199 Note de Th. Cogels pour le Card. Suenens, 23.3.1963, 1 p. (l'évêque de Bruges a envoyé un texte par express).

1200 + De Libertate religiosa, s. d., 11 p. + p. 7bis (ce texte est une nouvelle version de celui envoyé par le Card. Bea).

1201 Lettre de Mgr J. F. Arrighi au Card. Suenens, 22.5.1963, 1 p. (il envoie la dernière rédaction du texte; il demande ce que la Comm. de coordination a décidé à ce sujet).

1202 + "Mater Ecclesiae omnes et singulos homines...", 16.5.1963, 6 p. (dernière rédaction du De Libertate religiosa).

1203 Lettre de J. De Wil à J. Willebrands, 7.8.1963, 1 p. (le Card. Suenens le recevra à l'archevêché le 10.8.1963).

1204 Lettre du Card. Suenens à J. Willebrands, 12.8.1963, 1 p. (la Comm. de coordination a décidé que le De Libertate religiosa doit être rattaché au De Œcumenismo et ne doit pas être soumis à la Commission théologique).

1205 + Carte de visite de J. Willebrands.

1206 + Projet ms. Suenens de cette lettre, 1 p.

1207 Lettre du Card. Suenens à J. Willebrands, 17.8.1963, 1 p. (après le départ de J. Willebrands, il précise sa réponse du 12.8.1963 : il ne faut pas "soumettre" le texte à la Commission théologique mais il peut y avoir un examen en Commission mixte).

1208 + Projet ms. Suenens de cette lettre, 1 p.

1208bis Mgr R. Garcia y Garcia de Castro, La justa Libertad religiosa, s. d. [mais après l'élection de Paul VI et avant l'ouverture de la 2e Session], 30 p.

De Missionibus

1209 Schema De Missionibus, 1963, 29 p. [texte ronéotypé de la Commission].

1210 Lettre de A. Seumois au Card. Suenens, 1.5.1963, 1 p. (on n'a pas pu améliorer substantiellement l'ancien schéma; avec quelques évêques, on a décidé de composer un autre schéma).

1211 + Schema De Missionibus, s. d., 15 p.

1212 Animadversiones in Schema De Missionibus, Card. Fr. Spellman, s. d., 4 p. (ses remarques sur le schéma ronéotypé).

1213 Animadversiones in Schema Decreti XVIII : De Missionibus, O. Degrijse, s. d., 7 p.

1214 Lettre de Placidus a S. Joseph au Card. Suenens, 5.2.1963, 1 p. (il envoie une note).

1215 + (Syro-)Malabarenses et Propagatio Fidei apud non-Christianos Indiae, s. d., 3 p.

1216 + Réponse de Th. Cogels à Placidus a S. Joseph, 11.2.1963, 1 p. (le Card. Suenens le remercie).

1217 Lettre de H. Standaert au Card. Suenens, 13.3.1963, 1 p. (il envoie un document de Mgr B. Mels).

1218 + Problème missionnaire de base, Mgr B. Mels et Mgr F. Scalais, 23.2.1963, 5 p.

1219 Lettre de J. Jadot au Card. Suenens, 21.3.1963, 1 p. (au nom des Directeurs des O.P.M. de France, Allemagne, Suisse et Belgique, il demande de présenter le schéma De Missionibus seulement après le De Ecclesia et le De Episcopis; il attire l'attention sur l'utilisation des ressources de la Propagation de la Foi).

1220 + Les subsides extraordinaires de la Propagation de la Foi de 1955 à 1962, 12.3.1963, 2 p.

1221 Lettre de Mgr O. Sevrin au Card. Suenens, 25.4.1963, 2 p. (il envoie copie de sa lettre au Card. Agagianian et donne quelques suggestions pour le schéma).

1222 + Lettre de Mgr O. Sevrin au Card. Agagianian, 6.4.1963, 3 p. (il explique pourquoi il a voté non placet à la Commission du 29.3.1963).

1223 + De vita Ecclesiae in missionibus, s. d., 11 p. (ébauche d'un nouveau texte).

1224 + Lettre de J. Masson au Card. Suenens, 1.5.1963, 2 p. (il critique le schéma et envoie un article).

1225 + J. Masson s.j., "Problèmes missionnaires à l'échelle du Concile", dans *Bulletin de l'U.M.C.*, n° 150, avril 1963, p. 2-12.

1226 Lettre de Mgr O. Sevrin au Card. Suenens, 28.5.1963, 2 p. (il parle du problème de la cession aux Orientaux de certains territoires de mission actuellement du rite latin en Inde).

1227 + "In vastissimis diœcesibus Indiae...", s. d., 2 p. (note à ce sujet).

1228 Lettre du Père Fr. Legrand au Card. Suenens, 8.7.1963, 1 p. (il a rencontré le Père D. Grasso et lui a dit que le Card. Suenens désire un nouveau schéma; D. Grasso demande ce que la Comm. de coordination a décidé sur le De Missionibus).

1229 Demi-feuille volante, s. d., 1 p. (une note qui parle de la peur de certains évêques missionnaires, critiques du Schéma, que la Propagande leur coupe les subsides).

De Presbyteris

1230 Schema Decreti De Clericis, T P V, 22.4.1963, 27 p. + double.

1231 Schema Decreti "De Clericis", 5.3.1963, 2 p. et 19 p. (projet de texte de la Commission).

1232 De Catechetica Populi christiani Institutione, 10.3.1963, 14 p. (projet de texte de la Commission).

1233 "Caput Primum de Vitae Sacerdotalis Perfectione....", Card. Fr. Spellman, s. d., 5 p. (des remarques sur le schéma).

1234 Animadversiones in Schema Decreti De Clericis, Card. Fr. Spellman, mai 1963, 2 p.

1235 Animadversiones ad Schema Decreti IX : De Clericis, O. Degrijse, s. d., 2 p. (un plaidoyer pour le diaconat permanent).

1236 "Nachdem die 1. Phase des Konzils....", un groupe de prêtres autrichiens, 5.1.1963, 2 p. (au sujet du célibat sacerdotal) [le même groupe avait écrit en sept. 1962, cfr. Période préconciliaire, n° 0511].

1237 Lettre de R. Clément au Card. Suenens, 2.8.1963, 1 p. (il envoie une note).

1238 + Célibat ecclésiastique, R. Clément, 2.6.1963, 8 p.

1239 Lettre de Chr. Mangan au Card. Suenens, 24.9.1963 (il envoie une note sur le célibat).

1240 + "One of the objects of the Second Vatican Council...", s. d., 4 p. (un plaidoyer pour la possibilité de prêtres mariés).

De Ecclesia in mundo huius temporis

GENERALIA

1241 Ecclesia Christi : lumen gentium, s. d., 1 p. (une liste des 17 schémas et les 6 chapitres du schéma XVII).

1242 De praesentia Ecclesiae in mundo hodierno, s. d., 2 p. (une liste d'évêques et d'experts pour chaque chapitre du schéma XVII, probablement une proposition du Card. Suenens, cfr. FPrignon n° 168].

1243 De Ecclesiae Principiis et Actione ad Bonum Societatis promovendum, Card. Fr. Spellman, s. d., 3 p. (des remarques sur le texte).

1244 Consultation d'experts laïcs, s. d., 3 p. (une note sur les modalités de cette consultation et une liste de 2 pages avec des experts possibles pour les chapitres 2 à 6).

1245 L'Église et le Monde, s. d., M.-D. Chenu, s. d., 7 p. [note ms. Suenens : "envoyé par P. Chenu. Bien"].

1246 + L'Église et le Monde, M.-D. Chenu, 4 p. [le même article que celui publié dans *DOC* n° 52].

1247 Observations à propos d'un nouveau projet pour le schéma XVII, s. d., 4 p.

1248 L'Église, lumen gentium. Suggestions pour la réformation du schéma XVII, s. d., 20 p.

1249 Remarques sur le Schéma n° 17, s. d., 17 p.

1250 Propositions en vue de la révision demandée du Schéma XVII, s. d., 3 p.

1251 Lettre de Mgr Ch. Himmer au Card. Suenens, 17.1.1963 [par erreur, il est écrit : 1962], 2 p. (il envoie deux documents).

1252 + Vatican II et ceux qui sont loin, M. Hua, 2 p. (Vatican II doit se préoccuper de ceux qui sont loin du Christ).

1253 + Lettre de Mgr A. Ancel au Card. Cicognani, 15.1.1963, 4 p. (il demande la création d'un Secrétariat ad extra comme demandé par le Card. Suenens; il rappelle la supplique, au nom de beaucoup d'évêques, qu'il lui avait portée avec Mgr Ch. Himmer).

1254 Lettre de Fr. Houtart au Card. Suenens, 18.1.1963, 1 p. (il transmet une missive de Mgr Helder Camara; il envoie un texte au sujet du "Secrétariat ad extra").

1255 + La Fonction de l'Église face au monde, Fr. Houtart, 6 p. + double.

1256 Lettre de Mgr Helder Camara à Fr. Houtart, 30.1.1963, 1 p. (il remercie pour le texte "La Fonction de l'Église face au monde" et envoie quelques remarques).

1257 + La Fonction de l'Église face au monde, Suggestions fraternelles, Mgr Helder Camara, s. d., 3 p.

1258 Lettre de R. Ceuppens à A. Prignon, 19.2.1963, 1 p. (il transmet une copie de la lettre adressée à Mgr L.-A. Elchinger).

1259 + Lettre du Card. Suenens à Mgr L.-A. Elchinger, 19.2.1963, 1 p. (la date ultime pour l'achèvement des schémas est fixée au 10 mars; ce délai ne suffira pas pour le schéma XVII; il peut adresser ses remarques à A. Prignon, chargé de coordonner le travail).

1260 Lettre de A. Glorieux au Card. Suenens, 2.3.1963, 2 p. (il rend compte des travaux pour le schéma XVII à partir du 5.2.1963; le Card. Fr. Spellman est mécontent parce que rien n'est conservé sur le mariage comme sacrement).

1261 + Réponse du Card. Suenens à A. Glorieux, 5.3.1963, 1 p. (il donne des directives pour le schéma; e.a. il faudra parler de la personne humaine, de la liberté religieuse, du mariage – pour ce chapitre, faire appel à B. Häring, J. Fuchs et L. Anné –, des problèmes sociaux et internationaux – ici, faire appel à H. de Riedmatten) + double.

1262 Lettre de A. Glorieux au Card. Suenens, 4.3.1963, 1 p. (il envoie des premiers textes, avant toute retouche).

1263 Lettre de Mgr Ch. Himmer au Card. Suenens, 17.3.1963, 1 p. (il envoie une lettre de Mgr A. Ancel au Card. Cicognani).

1264 + Copie [dactylographiée par l'évêché de Tournai] d'une lettre de Mgr A. Ancel au Card. Cicognani, 11.2.1963, 4 p. (il demande que le Concile parle de l'évangélisation du monde moderne et il insiste sur l'évangélisation des pauvres).

1265 Lettre de A. Glorieux au Card. Suenens, 22.3.1963, 1 p. (il rend compte des travaux sur le schéma XVII et pose le problème de la consultation des laïcs : le principe en est admis, la réalisation n'est pas facile).

1266 Lettre de R. Ceuppens à A. Prignon, 2.4.1963, 1 p. (il envoie, au nom du Card. Suenens, deux exemplaires du De Communitate Gentium et du De Ordine sociali : un pour lui et l'autre pour J. Medina).

1267 Lettre de A. Glorieux au Card. Suenens, 6.5.1963, 1 p. (il envoie le schéma, rédigé entre le 24 et le 27 avril, mais les chapitres 3 et 5 manquent; il y aura une autre session plénière de la Commission mixte le 20.5.1963).

1268 + Schema De Ecclesiae praesentia et actione in mundo hodierno : 1, 4, 3, 4 et 8 p.

1269 + Réponse de Th. Cogels à A. Glorieux, 16.5.1963, 1 p. (il remercie au nom du Cardinal).

1270 Lettre de Mgr M. Baudoux au Card. Suenens, 17.5.1963 (il lui envoie 7 vœux des évêques canadiens; les envoyer au Secrétariat du Concile est quasi inutile puisqu'il paraît que Mgr Felici n'en tient aucun compte; il remercie pour sa Relatio sur le De Ecclesia).

1271 + Conférence catholique canadienne, Votum de secretariatu pro problematibus mundi hodierni condendo, 1963, 3 p.

1272 + Réponse du Card. Suenens à Mgr M. Baudoux, 21.8.1963, 1 p. (tout a été remis en question par la mort du pape; jusqu'ici, il ignore les intentions de Paul VI) [par erreur, le Cardinal parle d'une lettre du 15.5.1963 au lieu du 17.5.1963].

1273 Lettre de A. Prignon au Card. Suenens, 29.5.1963, 1 p. (il envoie une note sur le schéma XVII et enverra le rapport de L. Vischer).

1274 + Nota de Schemate XVII ad usum Em.mi Card. Suenens, G. Philips, Y. Congar, Ch. Moeller, 28.5.1963, 6 p. [note ms. A. Prignon] (ils suggèrent une révision complète du schéma).

1275 + Lettre [ronéotypée] de L. Vischer à Mgr E. Guano, 18.4.1963, 12 p. (au sujet du schéma XVII) [note ms. Ch. Moeller : "distribué le 17.5.1963"] + double.

1276 + 5 Annexes (4, 5, 2, 4 et 2 p.) + double.

1277 Lettre de H. de Riedmatten au Card. Suenens, 2.9.1963, 1 p. (Fr. Houtart l'a encouragé à envoyer la note jointe; il est à la disposition pour le schéma XVII) [la Commission

X = probablement la Commission pontificale pour l'étude des problèmes de la population, de la famille et de la natalité].

1278 + Note à propos du travail futur sur le Schéma XVII, s. d., 1 p. (il donne des suggestions et désire un chapitre sur l'information).

1279 Secrét. Général de l'Épiscopat, Études et Documents, n° 7, Sur l'ordre moral, B. Häring, 28.3.1963, 8 p.

1280 Secrét. Général de l'Épiscopat, Études et Documents, n° 12, L'Église et la Société politique, G.-M. Cottier, 15.5.1963, 7 p.

LA PREMIÈRE PARTIE DOCTRINALE, DIT "TEXTE DE MALINES" (SEPTEMBRE 1963)

[Voir aussi la lettre de A. Glorieux au Card. Suenens du 10.7.1963, Commission de coordination n° 0903 : on peut y remarquer que, dès le début, le statut de ce texte n'est pas clairement défini; d'où les difficultés ultérieures].

Correspondance

1281 Lettre de J. De Wil à A. Prignon, 5.8.1963, 1 p. (il lui envoie une lettre pour Y. Congar; la réunion se tiendra à Malines à une date à fixer par A. Prignon et G. Philips).

1282 + Lettre du Card. Suenens à Y. Congar, 5.8.1963, 1 p. (invitation à cette réunion).

1283 Lettre de J. De Wil à G. Philips, 5.8.1963, 1 p. (il envoie une lettre pour K. Rahner; la date de la réunion est à fixer avec A. Prignon).

1284 + Lettre du Card. Suenens à K. Rahner, 5.8.1963, 1 p. (invitation à cette réunion).

1285 Lettre de G. Philips au Card. Suenens, 8.8.1963, 1 p. (il envoie une note sur les vœux collectifs de l'Épiscopat belge [cfr. Generalia n° 0685]; il prévoit la réunion à Malines au début de septembre; il ira à Fulda avec Mgr J.-B. Musty le 26 et 27 août; il met au point les corrections pour le De Ecclesia et le De Revelatione).

1286 Lettre de Y. Congar au Card. Suenens, 11.8.1963, 1 p. (il sera présent et remercie pour l'invitation et la confiance).

1287 Lettre de R. Ceuppens à G. Philips, 21.8.1963, 1 p. (il transmet une lettre de K. Rahner).

1288 + Lettre de K. Rahner au Card. Suenens, 14.8.1963, 1 p. (il remercie pour l'invitation et donne des indications pour la date).

1289 Lettre de Y. Congar au Card. Suenens, 29.8.1963, 1 p. (il envoie une petite note en vue de la réunion des 7-8-9 septembre) [note non jointe mais cfr. *infra* n° 1297].

1290 Lettre de A. Prignon à R. Ceuppens, 30.8.1963, 1 p. (la réunion commencera le 6.9, et non le 7.9, à cause de K. Rahner; il attend : Cerfaux, Philips, Thils, Moeller, Delhaye, Dondeyne, Congar, Rahner et éventuellement Tucci; il envoie un rapport pour le Card. Suenens [non joint]).

1291 Lettre de G. Philips à R. Ceuppens, 31.8.1963, 2 p. (de retour de Fulda, il règle des questions pratiques pour la réunion du 6.9.1963 à 10h.).

1292 Lettre de A. Prignon à R. Ceuppens, 2.9.1963, 1 p. (le P. R. Tucci assistera à la réunion; des dispositions pratiques).

1293 Lettre de R. Ceuppens au Card. Suenens, 3.9.1963, 3 p. (R. Ceuppens donne des nouvelles de l'archevêché pendant les vacances du Card. Suenens; au point 2, il dit que tout s'arrange pour la réunion en vue du schéma XVII).

1294 Lettre de G. Philips à R. Ceuppens, 15.9.1963, 12 p. (il envoie un texte qu'on discutera le 17.9.1963) [texte non joint].

Documents

1295 *Farde avec titre ms. du Card. Suenens (sur le texte de Malines)*

1296 Note sur le schéma 17 à élaborer, s. d., 2 p. [note ms. Suenens : "texte rédigé par le Card. Suenens et envoyé aux théologiens

Rahner, Philips, Dondeyne, Delhaye, Congar, pour préparer le texte" – note, assez imprécise, datant probablement du temps de la rédaction de *Souvenirs et Espérances*] + double.

1297 + Animadversiones generales super Schemate "De praesentia et actione Ecclesiae in mundo hodierno", Y. Congar, 17.5.1963, 1 p.

1298 + De praesentia efficaci Ecclesiae in mundo hodierno, Card. A. Liénart, 4.7.1963, 1 p. [original dans Comm. de coordination, n° 0905] + double.

1299 Adumbratio Schematis XVII. De activa Praesentia Ecclesiae in mundo aedificando, 22.9.1963, 12 p. et 1 p. Notae [note ms. G. Philips : "textus correctus"].

1300 Adumbratio Schematis XVII. De activa Praesentia Ecclesiae in mundo aedificando, s. d., 19 p. (autre dactylographie du texte précédent) [note ms. Suenens : "texte présenté par moi du Schéma 13"] + 2 doubles.

1301 Feuille volante de H. Frateur pour R. Ceuppens, 30.8.1963, (A. Prignon a téléphoné pour avancer la réunion du 7 au 6.9.1963).

1302 Commission du Concile, s. d., 2 p. (notes de R. Ceuppens avec des dispositions pratiques pour le voyage et le logement des théologiens invités).

PROŒMIUM ET CAPUT I. DE ADMIRABILI VOCATIONE HOMINIS SECUNDUM DEUM

1303 Proœmium generale, s. d., 3 p.

1304 Caput Primum. De admirabili vocatione hominis secundum Deum, s. d., 6 p. (projet de texte).

1305 Nota illustrativa et praeliminaria, H. Lio, 18.2.1963, et Constitutio dogmatica De ordinatione personae humanae secundum fundamentalia principia et applicationes, 20.2.1963, 10 p. (un texte élaboré par H. Lio après la réunion d'une petite commission le 13.2.1963 avec les

Card. F. Cento et M. Browne, S. Tromp, A. Glorieux, P. Pavan, R. Sigmond, J. Hirschmann et H. Lio).

1306 Lettre de J. Daniélou au Card. Suenens, 14.2.1963, 2 p. (sur la suggestion de P. Goossens, il envoie un texte.).

1307 + De admirabili hominis vocatione, J. Daniélou, s. d., 7 p.

1308 Emendationes propositae ad schema Patris Daniélou, Ch. Moeller, 5.3.1963 [note ms. A. Prignon].

1309 Secrét. général de l'Épiscopat, Études et Documents, n° 16, Premier chapitre du Schéma XVII, Ph. Delhaye, 24.7.1963, 8 p.

CAPUT II. DE PERSONA HUMANA IN SOCIETATE

1310 Caput II. De Persona humana in societate, s. d., 9 p. (projet de texte).

1311 b) De persona humana in societate, s. d., 6 p. (autre projet de texte).

CAPUT III. DE MATRIMONIO, FAMILIA ET PROBLEMATE DEMOGRAPHICO

1312 Caput III. "De matrimonio, familia et problemate demographico", s. d., 5 p. (texte d'une sous-commission?) + 2 doubles.

1313 C) De matrimonio et familia, s. d., 3 p.

1314 De Matrimonio christiano (seu de dignitate et ordinatione personae humanae in societate coniugali), s. d., 9 p. [note ms. Suenens : "Da rimandare"].

1315 "7. (De Cooperatione internationali quoad incrementum populationis humanae)", s. d., 3 p. (proposition de texte).

1316 Chapitre I. Du mariage et de la famille, s. d., 10 p. [selon corrections mss, probablement de L. Anné].

1317 Caput III. De matrimonio et familia, s. d., 2 p. (probablement de L. Janssens) + double [autre typographie].

De matrimonio christiano. Textes du Prof. L. Janssens

1318 De matrimonio, s. d., 20 p. (L. Janssens a tenu compte des remarques d'un groupe de travail).

1319 De matrimonio christiano, s. d., 8 p. (L. Janssens signe au nom d'un comité).

1320 + De matrimonio christiano, L. Janssens, s. d., 9 p. [même texte, autre typographie; note ms. Suenens : "Adumbratio synthesis de qua in textu"] + double.

1321 Lettre de H. de Riedmatten au Card. Suenens, 15.1.1963, 2 p. (il faudra prendre des positions claires au sujet du problème démographique, e.a. à cause des débats à l'ONU) [cette lettre fait suite à celle du 7.1.1963, cfr. n° 0840].

1322 Lettre de Mgr M. Lefebvre au Card. Suenens, 1.2.1963, 1 p. (il envoie des notes d'une association de pères de famille) [réponse ms. Suenens sur la lettre].

1323 + Concile. Note sur la famille, 13.1.1963, 3 p.

1324 + L'ordre de la création et la famille, 13.1.1963, 2 p.

1325 + Feuille volante (citation reprise au *Semeur*, mai 1962, n° 15).

1326 + Réponse du Card. Suenens à Mgr M. Lefebvre, 6.2.1963 (il conseille de communiquer cette note au Card. F. Cento).

1327 Lettre de P. de Locht au Card. Suenens, 27.2.1963, 5 p. (à la demande du Cardinal, il donne ses réflexions et souhaits concernant la position à prendre au sujet de la morale conjugale).

1328 Lettre de Mgr J.-B. Musty à R. Ceuppens, 18.3.1963 (Mgr A.-M. Charue, revenu de Rome, a confirmé le résultat positif de la Commission de théologie; il demande de donner au Cardinal un texte de Mgr J. Reuss, auquel a collaboré J. Hirschmann, pour le chap. III du schéma XVII).

1329 Lettre de Mgr L.-A. Elchinger au Card. Suenens, 19.3.1963, 2 p. (il envoie un texte de G. Martelet, qu'il recommande comme peritus à faire nommer; il croit que le Cardinal possède également un texte de Mgr J. Reuss sur la morale conjugale).

1330 + Mariage, Amour et Sacrement, G. Martelet, 3-13.3.1963, 29 p.

1331 Lettre de Mgr J. Reuss au Card. Suenens, 21.3.1963, 2 p. (il donne des nouvelles au sujet d'un projet de texte de H. Lio pour le Chap. III; avec J. Hirschmann, il a fait un autre texte mais craint qu'il ne soit pas accepté; il l'envoie au Cardinal en vue de la prochaine réunion de la Comm. de coordination; il est en contact avec Mgr L.-A. Elchinger) [texte non joint]).

1332 Lettre de C. Mertens au Card. Suenens, 10.4.1963, 1 p. (il envoie un article) [réponse ms. Suenens sur la lettre].

1333 + C. Mertens s.j., "Régulation des naissances : Pour une pastorale d'ensemble", dans *Nouv. Rev. Théol.*, 85, février 1963, 2, p. 176-188.

1334 + Réponse de Th. Cogels à C. Mertens, 17.4.1963, 1 p. (le Cardinal lui demande d'envoyer son article à A. Glorieux pour les membres de la Commission pour le schéma XVII, et à NN.SS. M. Larrain et Helder Camara).

1335 Lettre de Mgr L.-A. Elchinger au Card. Suenens, 10.9.1963, 1 p. (il envoie deux notes, rédigées en collaboration par deux théologiens français et allemand au sujet de la morale conjugale; il transmet son rapport de la réunion des évêques allemands à Fulda) [textes non joints].

1336 "L'usage des progestogènes ne relève pas...", L. Janssens, s. d., 8 p. (une note dactyl. au sujet de la "pilule") [note ms. Suenens : "Pr. Janssens. Louvain"].

1337 Secrét. Général de l'Épiscopat, Études et Documents, n° 10, Mariage et Chasteté, E.-M. Labourdette, 8.5.1963, 4 p.

1338 Secrét. Général de l'Épiscopat, Études et Documents, n° 11, Mariage, Amour et Sacrement, G. Martelet, 8.5.1963, 11 p. [cet article est le même que celui envoyé par Mgr L.-A. Elchinger au Card. Suenens le 19.3.1963, cfr. *supra* n° 1330].

CAPUT IV. DE CULTURA HUMANA

1339 Caput IV. De cultura et progressu, s. d., 4 p. (projet d'un texte).

1340 De cultura et progressu technico, s. d., 6 p. [notes mss A. Prignon : "projet de la sous-commission"; note ms. Ch. Moeller].

1341 À la demande de Mgr McGrath, remarques faites sur le schéma de la Culture et du progrès, Ch. Moeller, 12.3.1963, 2 p.

1342 Secrét. Général de l'Épiscopat, Études et Documents, n° 8, L'Église et la Culture, H. de Riedmatten, 30.3.1963, 10 p.

CAPUT V. DE ORDINE ECONOMICO ET DE IUSTITIA SOCIALI

1343 e) De ordine œconomico et de iustitia sociali, s. d., 11 p. (projet d'un texte).

1344 Caput V. e) De ordine œconomico et de iustitia sociali, s. d., 8 p. (projet d'un texte).

1345 Schéma des questions sociales, s. d., 3 p. (une liste ms. d'experts pour les questions sociales – 7 noms – et les questions internationales – 7 noms) [notes mss Suenens].

1346 Lettre de J.-L. Fyot au Card. Suenens, 15.1.1963, 3 p. (il remercie d'avoir reçu son projet de schéma sur les Principes de la vie économique et sociale; il traite de la problématique du sous-développement et du devoir des nations favorisées).

CAPUT VI. DE COMMUNITATE GENTIUM ET PACE

1347 F.) De Communitate gentium et pace, s. d., 5 p. (un projet de texte).

1348 Caput VI. F.) De Communitate gentium et pace, s. d., 5 p. (projet de texte) [note ms. Suenens au n° 3 : "Ici, libertas religiosa, Bea"].

1349 Schéma sur la Vie internationale, s. d., 1, 12 et 1 p. (critique du schéma et un nouveau projet).

1350 Lettre de J. Larnaud et de F. Russo au Card. Suenens, 5.3.1963, 1 p. (ils remercient pour l'audience et envoient un texte; ils croient que les questions internationales seront traitées dans une partie indépendante du schéma sur l'Apostolat des laïcs).

1351 + Présence de l'Église au monde spécialement dans les organisations internationales, 5.3.1963, 3 p. + double.

1352 + Aliqua proposita de labore christiano in campo vitae internationalis, 25.2.1963, 1 p. + double.

1353 Lettre de Th. Cogels à J.-Y. Calvez, 19.6.1963, 1 p. (le Card. Suenens le remercie pour son article "Rapports de l'Église et de l'État").

De Matrimonii Sacramento

1354 Schema Decreti De Matrimonii Sacramento, T P V, 19.7.1963, 27 p. + 2 doubles.

1355 Schema Decreti De Matrimonii Sacramento, s. d., 34 p. (projet de texte de la Commission De Sacramentorum disciplina).

1356 Archiepiscopi Smyrnensis RR. DD. Joseph Descuffi, Super Divortio in ecclesiis dissidentibus, 4.5.1963, 3 p.

1357 + Animadversiones RR. DD. Joseph Descuffi, Archiepiscopi Smyrnensis, Supplementum super nullitate ob divortium ad unionem cum Ecclesia orientali fovendam, 21.5.1963, 1 p.

1358 + Animadversiones RR. DD. Joseph Descuffi, Archiepiscopi Smyrnensis, De Consensu matrimoniali, 21.5.1963, 1 p.

1359 Lettre de R. Ceuppens à Mgr J. Descuffi, 31.7.1963, 1 p. (le Card. Suenens le remercie de sa lettre du 14.7.1963 et de la note sur Divortium propter adulterium [textes non-joints]).

Réforme de la curie

1360 Lettre de A.-G. Martimort au Card. Suenens, 9.7.1963, 2 p. (après une conversation avec R. Etchegaray, il envoie une note sur la Réforme de la curie qu'il devrait retravailler : après un an de travail conciliaire, le mal lui paraît plus profond).

1361 + La Réforme de la Curie romaine, A.-G. Martimort, août 1961, 37 p.

1362 "I° Le Concile porte déjà ses fruits....", s. d., 2 p. (une note, peut-être de Mgr Helder Camara – selon les corrections mss –, sur la réforme de la curie à dater après avril 1963).

Varia

1363 Lettre de Th. Cogels à M.-D. Chenu, 8.5.1963, 1 p. (le Card. Suenens remercie pour son article "Un Concile pastoral").

1364 Lettre de J. De Wil à E. Barnabei, 12.8.1963, 1 p. (le Card. Suenens remercie et félicite pour l'interview qu'il a pu donner à la RAI le 9.8.1963).

1365 Lettre de Th. Cogels à H.-M. Féret, 20.9.1963, 1 p. (le Card. Suenens remercie pour les annotations reçues).

1366 Conversations avec le Cardinal Suenens, s. d., 10 p. (une interview avec le Cardinal après la 1ère Session).

1367 "Church of Christ, Light of the Nations", W. Abbott in *Religious News Service*, 28.2.1963, p. 4-5 (une interview avec le Card. Suenens).

1368 Lettre (circulaire) de G. Ceriani aux Évêques, 1.8.1963, 1 p. (il envoie les statuts du Centrum Orientationis et Coordinationis Pastoralis et demande des observations).

Deuxième Session conciliaire

Generalia

Coadunatio Delegatorum ex nonnullis Conferentiis episcopalibus

1369 Lettre de Mgr P. Veuillot à Mgr A. Dell'Acqua, 28.10.1963, 1 p. (il remet le compte rendu de la dernière réunion des représentants des Conférences épiscopales) + double.

1370 + "Vingt évêques....", signé par 21 évêques, 28.10.1963, 5 p. (rapport de cette réunion) + double, 4 p. [les signatures manquent].

1371 + Liste des Pères du Concile participant à la réunion hebdomadaire de la "Domus Mariae", s. d., 2 p. + double.

1372 + le même rapport [non signé, autre dactylographie], 28.10.1963, 3 p.

1373 Blessure sacrée, touchée par main de fils, [selon le style et les corrections mss très probablement de Mgr Helder Camara], s. d., 3 p. (un texte plaidant pour la pauvreté de l'Église et des évêques).

1374 "L'Archevêque de Malines fit pendant..." [avec note ms. Suenens : "Lettre de l'Ambassade de Belgique à Rome" – à ce moment l'ambassadeur auprès du St Siège était P. Poswick], s. d., 2 p. (texte au sujet du discours in aula du Card. Suenens sur Jean XXIII; et quelques renseignements sur le rôle du Cardinal Suenens dans les 5 Propositions) + double.

1375 Lettre de A. Prignon au Card. Suenens, 4.10.1963, 3 p. (il donne plusieurs informations au Cardinal, e.a. de la part de G. Philips : la division en 5 chapitres du De Ecclesia est pratiquement décidée; le De Beata serait intégré dans le De

Ecclesia; un incident avec un évêque oriental à qui on a voulu interdire de parler en français in aula; G. Philips a l'impression que fondamentalement le texte du De Ecclesia est accepté par la tendance adverse) [au verso de la p. 3, note ms. Suenens : "quid patriarche – remettre texte [celui de Malines, cfr. n° 1300] à Cento-Browne"].

1375bis Lettre du Card. Suenens à Paul VI, 11.10.1963, 2 p. (il demande que F. Duff soit nommé auditeur laïc; il envoie copie de son discours sur Jean XXIII, préparé pour le 28.10.1963).

1376 Lettre de R. E. Larkin au Card. Suenens, 20.10.1963, 3 p. (il propose un nouveau plan du Concile en 4 schémas).

1377 Lettre de R. R. Cammann au Card. Suenens, 26.10.1963, 1 p. (il demande que F. Duff soit nommé auditeur laïc) [note ms. de Mgr P. Schoenmaeckers].

1378 Lettre de Mgr Helder Camara au Card. Suenens, 22.11. 1963, 1 p. (il recommande au Cardinal la nomination comme expert de 4 prêtres brésiliens).

1379 The Church and Poverty, dans *DOC*, n° 77, 11.10.1963, 4 p.

Commission de coordination, Modérateurs

[Ces fardes contiennent, outre les comptes rendus des réunions, divers problèmes qui ont été traités par les Modérateurs, la Comm. de coord. et le Conseil de Présidence]

AUDIENCES ET RÉUNIONS DES MODÉRATEURS, RÉUNIONS DE LA COMMISSION DE COORDINATION AVEC LES MODÉRATEURS ET LA PRÉSIDENCE

1380 Lettre à Paul VI, [probablement du Card. G. Lercaro au nom des Modérateurs], 1.10.1963, 1 p. (les Modérateurs demandent audience pour parler e.a. du De Ecclesia et du De Beata).

Audience des Modérateurs chez le pape, 3.10.1963

1381 "I. Relazione sugli sviluppi del Concilio...", 3.10.1963, 1 p. (note des Modérateurs concernant les points à traiter avec le pape : e.a. le rôle des Modérateurs et leurs rapports avec la Commission doctrinale, le De Ecclesia, le De Beata, la qualificatio theologica des textes conciliaires).

1382 "Le texte du 'De Beata' sera rattaché...", Card. Suenens [note ms.], s. d., 1 p. (conclusions de l'audience sur la place du De Beata dans le De Ecclesia?).

1383 Lettre de Mgr Ph. Nabaa à Mgr Felici, 2.10.1963, 2 p. (sur la place des Patriarches orientaux dans l'aula) [cette lettre a probablement été donnée au Card. Suenens pour qu'il en parle avec les autres Modérateurs et le pape].

1384 + enveloppe [avec note ms. : "audience du 3 octobre 1963"].

Audience des Modérateurs chez le pape, 10.10.1963

1385 "1) Relazione della Settimana...", [note ms. Suenens : "visite au S. Père le 10 oct. 63"], 1 p. (note des Modérateurs concernant les points à traiter avec le pape : e.a. la qualificatio theologica, la rencontre avec le président et le vice-président de la Commission doctrinale, le vote sur le chapitre II de la Liturgie).

1386 + Per la Commissione "De Doctrina", s. d., 2 p. (des sujets qui ont été discutés par les Modérateurs dans leur rencontre avec le président et le vice-président de la Commission doctrinale : e.a. la structure du De Ecclesia, la place du De Beata, la qualificatio theologica, le rythme de travail de la Commission et de ses sous-commissions).

1387 + "In nomine Sanctae et Individuae Trinitatis", s. d., 1 p. (projet de formule d'approbation par le pape des textes conciliaires).

1388 Note à propos de la structure du Schéma de Ecclesia à la suite de la réunion de la Commission de la foi, A. Prignon, s. d., 3 p. [note ms. Suenens :"1ère Réunion de la Commission théologique le 2 octobre"] (note sur la discussion dans la Commission doctrinale sur la division du De Ecclesia en 4 ou 5 chapitres et sur la place du De Beata) [cette note a été faite par A. Prignon pour le Card. Suenens].

1389 Ordine del Giorno per la Riunione congiunta del Consiglio di Presidenza, dei Moderatori e della Commissione di coordinamento indetta per il 23 ottobre 1963, s. d., 1 p. (le deuxième point de l'ordre du jour concerne les 5 Propositions).

1390 Lettre de Mgr Felici au Card. Suenens, 28.10.1963, 1 p. (invitation à la réunion de la Présidence, des Modérateurs et de la Comm. de coord. du 29.10.1963).

1391 Riunione degli Eminentissimi Moderatori, Ordine del giorno, 30.10.1963, 1 p. (l'orde du jour comporte e.a. un examen du rôle des Modérateurs dans les débats in aula).

1392 Pro-Memoria (per la seduta del 15 novembre 1963), 14.11.1963, 4 p. (note de Mgr Felici pour la réunion : des suggestions pour la fin de la Session et pour le travail de la 2ème Intersession).

1393 Proposte preliminari per la Relazione di S. Em. il Card. Lercaro, s. d., 1 p. (probablement une note de G. Dossetti pour la *relatio* que le Card. G. Lercaro devait tenir à la réunion du 15.11.1963).

1394 Elenchus Schematum Constitutionum et Decretorum de quibus disceptabitur in Concilli sessionibus, T P V, 1963, 3 p. [note ms. Suenens : "Réunion avec S. Père, 15 nov. 63"] (une liste des 17 schémas retenus).

1394bis Argomenti per la prolongazione ragionevole del Concilio, A. Prignon, s. d. [mais selon le n° 1599, de mi-novembre 1963], 2 p. [selon le FPrignon, n° 547, cette note a été rédigée pour le Card. Suenens qui la présenta au pape].

1395 Ordine del giorno per la seduta della Comm. di Coordinamento del 20 novembre 1963, 19.11.1963, 1 p. (ordre du jour envoyé par le Secrétaire général : e.a. avec la proposition d'élargir les Commissions conciliaires et de créer les fonctions de vice-président et de secrétaire-adjoint).

1396 + Pareri dell'Em.mo Card. Urbani, s. d., 2 p. (sur le travail des Commissions conciliaires durant l'Intersession et l'élargissement de ces Commissions; propose que la 3ème et dernière Session ait lieu en 1965).

Ordo Concilii

Farde

1397 Le proposte di modifiche procedurali, G. Dossetti, 23.10.1963, 4 p. (dans une note, il évalue les suggestions données dans les documents joints à la note).

1398 Lettre de Mgr L. Morrow aux Modérateurs, 19.10.1963, 1 p. (il envoie une page de suggestions).

1399 + Ordo ad quem tenentur Patres Concilii qui desiderant proponere emendationes schematum, s. d., 1 p.

1400 Memorandum quoad ordinem in Concilio Vaticano II observandum, J. Buckley, s. d., 5 p. (des suggestions pour accélérer le débat) + double.

1401 "Infrascriptus Aloisius M. Carli...", Mgr A. Carli, 12.10.1963, 2 p. (une note adressée au Conseil de Présidence avec des suggestions pour accélérer les travaux).

1402 "L'Ordo Concilii tratta...", Card. G. Urbani, 15.10.1963, 1 p. (des suggestions sur la manière de voter) [même document que le n° 1429].

1403 Proposte di modifiche all'Ordo Concilii, G. Dossetti [selon note ms. Suenens : Di = Dossetti], s. d. [mais du 28.10.1963, selon des indications dans le texte], 6 p. (les lenteurs sont dues non pas au nombre excessif des interventions in aula mais bien aux déficiences des organes de direction et des Commissions).

1404 "Ut fiat opportunitas pro disceptatione schematum per medium scriptum...", Mgr Th. Morris, 8.11.1963, 3 p.

(propose d'éditer régulièrement des feuilles avec les interventions des Pères).

1405 "Propositiones. Pour gagner du temps", Card. Suenens [ms. Suenens + des notes mss – non identifiées – en bas de la page], s. d. [mais après le 24.10.1963], 1 p. (6 propositions du Cardinal, suivies de notes d'un canoniste).

1406 "Il est difficile aux Pères du Concile...", s. d., 3 p. (un plan général pour le Concile) + double.

1407 Raisons pour accélérer, s. d., 2 p.

1408 + Comment accélérer, s. d., 2 p.

1409 Animadversiones et Proposita circa Modum Procedendi in Concilio Vaticano II, s. d., 3 p. (la note suggère e.a. de faire des groupes linguistiques).

1410 Lettre aux Modérateurs, "Patres Conciliares quorum nomina litteris his subscribuntur...", 15.10.1963, 1 p. (donne des suggestions pour le rôle et le travail des auditeurs laïcs).

1411 Lettre aux Modérateurs "Lors de la première session du Concile....", signée par 10 évêques dont NN. SS. P. Gouyon, F. Marty, A. Ancel, 19.10.1963, 2 p. (la lettre demande de respecter et de fixer l'ordre des interventions in aula).

1412 Lettre de Mgr Helder Camara au Card. Suenens, 21.10.1963, 2 p. (il fait des suggestions diverses pour accélérer le travail et pouvoir terminer le Concile avec la 3ème Session en septembre 1964).

1413 "Ad pedes Sanctitatis Tuae provoluti....", lettre signée par NN.SS. M. Lefebvre, G. de Proença Sigaud, A. de Castro Mayer, J. Prou, 24.10.1963, 3 p. (la lettre donne les raisons des modifications proposées en annexe) + double.

1414 + Proponatur Ratio nova procedendi in Congregationibus generalibus, s. d., 4 p. (des modifications pour l'Ordo Concilii concernant les art. 34, 57-61) + double.

1415 Lettre du Card. J. Frings au Card. Cicognani, 24.10.1963, 1 p. (il envoie le texte d'une intervention qu'il n'a pu faire la veille à la réunion de la Présidence, des Modérateurs et de la Commission de coordination).

1416 + Lettre du Card. J. Frings au Card. Cicognani, s. d., 2 p. (le Card. Frings donne des suggestions pour modifier les art. 58 et 60 de l'Ordo Concilii) [note ms. Suenens].

1417 Lettre de Mgr C. Greco au Card. Cicognani, 21.11.1963, 3 p. (pour éviter la multiplication des interventions in aula, il demande que le Secrétariat du Concile et la presse attachent la même importance aux interventions écrites).

1418 Lettre de Th. Šagi Bunić au Card. Suenens, s. d., 2 p. (il suggère que le Service de Presse du Concile traite les interventions écrites de la même manière que celles prononcées in aula).

1419 Lettre du Card. J. Frings (adressée aux Eminentissimi et Excellentissimi Domini), s. d., 2 p. (plusieurs suggestions pour accélérer le travail; la 3ème Session devrait être la dernière) + double.

De Qualificatione theologica Decretorum conciliarium

1420 Nota sul valore dogmatico dei Decreti conciliari, Mgr C. Colombo, s. d., 7 p.

1421 + Carte de visite de Mgr A. Dell'Acqua au Card. Suenens, 29.11.1963, 1 p. (il transmet la note de Mgr C. Colombo sur ordre du pape).

1422 De Qualificatione theologica Decretorum conciliarium, s. d., 1 p. (formule proposée par Mgr C. Colombo : la formule de la Commission théologique avec quelques ajoutes).

1423 "Ante omnia Patribus Conciliaribus declaratio...", s. d., 2 p. (une note au sujet des qualifications théologiques possibles) [de G. Dossetti? Du Card. Lercaro? : cfr. p. 2 : "a nobis Moderatoribus declarabitur"].

1424 Lettre du Card. Ottaviani au Card. Agagianian, 30.10.1963, 1 p. (il transmet, à la demande des Modérateurs, une formule, approuvée par la Commission théologique, au sujet de la valeur dogmatique des textes conciliaires).

Formula approbationis finalis

1425 De formula solemni, qua sanciuntur et approbantur decreta Concilii, Card. Doepfner, 9.11.1963, 1 p. (il donne une formule et en indique les raisons).

1426 Sulla Formula dell'Approvazione finale nelle Sessioni pubbliche, s. d., 3 p. [de G. Dossetti? : la formule présentée est la même que celle donnée par le Card. Doepfner].

La procédure des votes

1427 Remarques sur la Procédure des votes, F. Boulard et A.-G. Martimort, s. d., 3 p.

1428 + Carte de visite de F. Boulard au Card. Suenens, 11.10.1963, 1 p. (il envoie ces réflexions comme importantes et urgentes).

1429 "L'Ordo Concilii tratta delle votazioni...", Card. G. Urbani, 15.10.1963, 1 p. (il propose des modifications aux articles 37, 2 et 60, 3 de l'Ordo Concilii) [note ms. Suenens; même document que le n° 1402].

1430 "A proposito del problema sollevato circa il modo di votare....", s. d., 5 p. [selon les corrections mss, probablement de G. Dossetti] (des suggestions pour les votes futurs, après le vote sur le De Liturgia).

1431 Lettre de Mgr R. Gauci au Secrétaire du Concile, 17.10.1963, 1 p. (il propose une révision de l'art. 37, 2 de l'Ordo Concilii).

La réforme des Commissions conciliaires

1432 Mémorandum sur les Commissions conciliaires, s. d. [mais après le 8.11.1963], 3 p. (mémorandum adressé au pape avec des critiques virulentes surtout contre le Président de la Commission théologique, le Card. Ottaviani; on demande une nouvelle élection des présidents, vice-présidents et secrétaires des Commissions).

1433 Lettre de 4 évêques (dont Mgr J. Zoa et Mgr J. Blomjous) au Saint-Père, 22.10.1963, 1 p. (ces évêques qui écrivent au nom des Évêques d'Afrique et de Madagascar demandent des réformes dans les Commissions conciliaires, des nouveaux présidents et secrétaires) + double.

1434 Lettre de 7 évêques au pape, 25.10.1963, 1 p. (on demande de renouveler les présidents et les secrétaires des Commissions).

1435 Lettre de 9 évêques au pape, s. d., 1 p. (au nom des évêques – anglophones – d'Afrique et de Madagascar, ils demandent une adaptation des Commissions conciliaires).

1436 "Beatissime Pater, Infrascripti Patres Conciliares....", s. d., 1 p. (projet de lettre – non signée – de membres de la Commission théologique pour demander le remplacement du Card. Ottaviani).

Varia

1437 Pro-Memoria sull'Ufficio Stampa, s. d., 5 p. (une note de l'Ufficio Stampa avec des suggestions pour améliorer son service, maintenant qu'il est clair que le secret des débats conciliaires n'est pas observé).

1438 "Salvo meliore iudicio...", Mgr G. Kempf, s. d., 1 p. (des remarques au sujet du Pro-Memoria sull'Ufficio Stampa).

1439 Lettre de 5 évêques (dont Mgr F. Scalais et Mgr J. Zoa) au pape, 23.10.1963, 1 p. (ils demandent au nom des évêques d'Afrique et de Madagascar que des religieuses et des frères puissent assister aux travaux du Concile).

1440 Lettre de Mgr A. Carli aux Modérateurs, 4.11.1963, 1 p. (il demande que le secret soit observé quant au résultat des votes et quant au nom des intervenants in aula).

1441 "Il nous paraît regrettable...", s. d., 1 p. (une suggestion pour que les auditeurs laïcs expriment dans des messages périodiques leur vivante adhésion de foi à l'enseignement renouvelé du Magistère) [note ms. Suenens :"communiqué aux auditeurs le 17 oct. 1963 en substance"].

De Liturgia

Emendationes a Patribus conciliaribus postulatae a Commissione conciliari De sacra Liturgia examinatae et propositae, T P V, 1963

1442 Caput II : De sacrosancto Eucharistiae mysterio, 32 p.

1443 Caput III : De ceteris Sacramentis et de Sacramentalibus, 29 p.

1444 Caput IV : De Officio divino, 38 p.

1445 Caput V : De Anno liturgico, 20 p.

1446 Caput VII : De Musica sacra, 21 p.

1447 Capite VI et VIII : De Arte sacra deque sacra Supellectile, 21 p.

Modi a Patribus conciliaribus propositi a Commissione conciliari De sacra Liturgia examinati, T P V, 1963

1448 Procemium – Caput I : De Principiis generalibus ad sacram Liturgiam instaurandam atque fovendam, 39 p.

1449 Caput II : De sacrosancto Eucharistiae Mysterio, 23 p.

1450 Caput III : De ceteris Sacramentis et de Sacramentalibus, 26 p.

1451 Caput IV : De Officio divino, 28 p.

1452 Capita V-VI-VII : De Anno liturgico, De Musica sacra, De Arte sacra deque sacra Supellectile, 28 p.

1453 De sacra Liturgia ut fonte vitae Ecclesiae, 17.11.1963, 2 p. (remarques au sujet de l'expensio modorum du Chap I, n° 10).

1454 Vote du schéma sur la liturgie, A.-G. Martimort, 2 p. (donne des suggestions pour le vote et présente un modus à l'art. 63, a).

1455 Lettre de J. Carreras de Nadal au Card. A. Larraona, s. d., 2 p. (demande de prévoir dans l'Ordo missae un temps substantiel pour l'action de grâces).

De Instrumentis Communicationis socialis

1456 Schema emendatum Decreti de Instrumentis Communicationis socialis, T P V, 1963, 58 p. + double.

1457 Decretum De Instrumentis Communicationis socialis, T P V, 1963, 15 p. [note ms. Suenens : "1960 – 164" : le résultat du vote].

1458 Quelques Commentaires au sujet du Décret proposé "De Instrumentis Communicationis", J. Cogley, R. Kaiser, M. Novak, 16.11.1963, 1 p. (une critique sévère du projet du Décret par 3 journalistes; leurs considérations sont recommandées par J. Courtney Murray, J. Daniélou, J. Mejia et B. Häring) + double.

1459 Lettre de Mgr J. Reuss à "Eminentiae Vestrae" [probablement le Card. Suenens ou les Modérateurs], 19.11.1963, 1 p. (transmet un document au nom de 90 Pères dont les Card. J. Frings, B. Alfrink, P. Gerlier, J. Lefebvre, qui demande d'ajourner le vote sur ce Décret jusqu'à la prochaine Session, afin de pouvoir l'améliorer).

1460 + "Commissioni De Fidelium Apostolatu....", 17.11.1963, 1 p. [avec note ms. de Mgr J. Reuss] (demande d'ajourner le vote et d'améliorer substantiellement le texte).

1461 Lettre de Mgr J. Reuss au Conseil de Présidence et aux Modérateurs, 27.11.1963, 2 p. (il se plaint de l'attitude de Mgr Felici qui l'avait empêché le 25.11.1963 de distribuer des feuilles aux Pères sur le parvis de la basilique de Saint-Pierre).

1462 Lettre de 18 Pères (dont NN.SS. J. Reuss, E. De Smedt) au Card. Tisserant, 29.11.1963, 1 p. (ils protestent contre la déclaration du Card. Tisserant, président du Conseil de

Présidence, du 25.11.1963 qui interdisait la distribution de feuilles sur le parvis de Saint-Pierre).

1463 Lettre de Mgr J. Reuss aux Modérateurs, 30.11.1963, 1 p. (il demande un geste de réconciliation de Mgr Felici pour l'incident du 25.11.1963).

1464 Lettre de Mgr Felici à Mgr J. Reuss, 30.11.1963, 2 p. (au sujet de l'incident du 25.11.1963, Mgr Felici écrit une lettre d'explication et propose une entrevue).

1465 + Lettre de Mgr Felici à Mgr P. Nordhues, 30.11.1963, 2 p. (Mgr Felici donne des explications sur l'incident du 25.11.1963 dans lequel Mgr P. Nordhues était également impliqué).

1466 + Carte de visite de Mgr Felici au Card. Suenens, 2.12.1963, 1 p. (il transmet la copie des deux lettres).

1467 *Revue Internationale du Cinéma*, n° 77-78, déc. 1963-janv. 1964, Numéro spécial : Décret sur les Moyens de Communication sociale, 24 p.

De Ecclesia

GENERALIA

1468 Emendationes a Concilii Patribus scripto exhibitae super Schema Constit. dogmaticae De Ecclesia, Pars I, T P V, 1963, 47 p.

1469 Emendationes a Concilii Patribus scripto exhibitae super schema Constit. dogmaticae De Ecclesia, Pars II, T P V, 1963, 19 p.

1470 Note sur les décisions de la Commission De Fide, A. Prignon [selon notes mss], 9.10.1963, 3 p. (A. Prignon résume pour le Card. Suenens les décisions de la Commission au sujet de l'insertion du Chapitre sur le Peuple de Dieu et sur la place du De Beata).

1471 Réflexions sur l'ordonnance du schéma De Ecclesia, s. d., 3 p. (des suggestions sur le De Ecclesia).

1472 Lettre de Ch. Moeller au Card. Suenens, 10.10.1963, 1 p. (il envoie 4 notes [une note manque] au Cardinal).

1473 + Signification pastorale du nouveau chapitre II, De populo Dei, Ch. Moeller, 10.10.1963, 1 p. (il montre que ce thème est biblique, que le sacerdoce des fidèles s'y rattache, que le diaconat y trouve sa place, que cette image de l'Église parle beaucoup plus aux Réformés que celle de Corps du Christ).

1474 + De Ecclesiis particularibus, novus paragraphus caput II, post n° 17, ante n° 8, un membre de la Commission orientale, 10.10.1963, 1 p. + double.

1475 + Extractus e "De Ritibus Orientalibus" "De Personis" Romae 1957, 3 p. (des extraits du "De Personis" oriental sur les droits des Patriarcats) + double.

CAPUT I. DE ECCLESIAE MYSTERIO

1476 "En exposant les buts du Concile du IIe Concile du Vatican....", s. d., 5 p. (une intervention in aula – ? – critiquant le chapitre I et demandant un exposé plus adapté à la mentalité actuelle).

CAPUT II. DE CONSTITUTIONE HIERARCHICA

[Ce chapitre deviendra le chapitre III au cours de la 2e Session].

1477 "In pag. 27, linea 13 et ss. legitur...", Mgr D. Staffa, 8.10.1963, 2 p. (intervention in aula).

1478 "Fide credimus omnia quae de Summo Pontifice....", Mgr A.-M. Charue, 7.10.1963 [mais prononcé in aula le 8.10.1963], 3 p. + double.

1479 "Dubium motum est utrum in Traditione....", Mgr J. Heuschen, 8.10.1963, 7 p. (intervention in aula) + double.

1480 "Inter tot pulchre et optime dicta...", A. Fernandez, 10.10.1963, 4 p. (intervention in aula) + double.

1481 "Le nouveau schéma à notre avis....", s. d., 2 p. (une intervention in aula ou bien in scriptis?).

1481bis Remarques du Professeur Schmemann, orthodoxe, à propos de la Primauté romaine, 10.10.1963, 1 p. (6 remarques, très probablement transcrites par Ch. Moeller qui les aura transmises au Card.).

1482 Amendements et Remarques de S. Exc. Mgr Isaac Ghattas, s. d., 4 p. (des remarques surtout sur le De Ecclesia, le De Hierarchia episcopali et quelques remarques sur le De Ecclesiis orientalibus).

1483 Animadversiones in n. 16 Capitis II De Ecclesia : De Episcoporum collegialitate, C. Vagaggini, 5 p. (plaide pour une rédaction plus nette en faveur de la collégialité).

1484 + Carte de visite de A. Mayer pour le Card. Suenens, s. d., 1 p. (transmet le texte de C. Vagaggini).

1485 De episcoporum Collegio, Brevis conspectus ex orationibus a Patribus prolatis conflatus, ex Conferentia Episcopali Chiliensi, 17.11.1963, 6 p. (une étude sur la collégialité : les objections, sa nature, le fondement biblique) + double.

1486 De collegiali episcopatus ratione, Mgr D. Staffa, 1.11.1963, 8 p. (une étude sur la collégialité).

1487 + Carte de visite de Mgr D. Staffa.

1488 Épiscopat, Collégialité, Peuple chrétien, s. d., dans *DOC* n° 74, 8 p. [note ms. Suenens: TB=Très Bien].

1489 Transcription d'une conférence tenue par le Prof. Ratzinger au Centre Hollandais de Documentation, 14.11.1963, 10 p., dans *DOC* n° 135 (un plaidoyer pour la collégialité).

De Diaconatu

1490 Adnotationes Schematis Constit. dogmaticae De Ecclesia, Caput II, Card. Doepfner, 7.10.1963, 4 p. (intervention in aula).

1491 Animadversiones ad Schema Constit. dogmaticae De Ecclesia, Caput II, Card. J. Landazuri Ricketts, 8.10.1963, 3 p. (intervention in aula).

De diaconatu permanenti in Ecclesia, intervention in aula du Card. Suenens, 8.10.1963

1492 "Parlo al difesa di quanto nel n° 15 del capitolo è detto", G. Dossetti [selon note ms. de Suenens : "texte de Dossetti, écrit pour moi et utilisé pour mon intervention..."], s. d., 10 p. et 2 p.

1493 "Vellem loqui in favorem instaurationis diaconatus permanentis...", (le projet latin probablement de G. Dossetti), [avec des notes mss de Suenens et quelques notes mss de L. Declerck] 8.10.1963, 5 p.

1494 De diaconatu permanenti in Ecclesia, Card. Suenens, 8.10.1963, 5 p. (l'intervention in aula) + 2 doubles.

1495 Vers une restauration du diaconat permanent dans l'Église, Card. Suenens, 8.10.1963, 7 p. (projet de traduction française de son intervention).

1496 Lettre de N. Egender au Card. Suenens, 22.10.1963, 2 p. (il présente au Cardinal ses hommages comme nouveau prieur de Chevetogne et remercie pour son intervention sur le diaconat; il donne trois raisons pour la restauration du diaconat).

1497 Ad caput II Schematis "De Ecclesia", De Diaconatu restituendo, Mgr F. Seper, 9.10.1963, 2 p. (intervention in aula).

1498 + feuille volante ms. Suenens, s. d., 1 p. (des notes prises lors de cette intervention).

1499 "Inter quaestiones quarum hodierna Ecclesia...", Mgr B. Yago, 10.10.1963, 3 p. (intervention in aula).

1500 De Diaconatu permanente restaurando, Mgr I. Ziadé, s. d., 2 p. (intervention in scriptis).

1501 Feuille volante de Mgr J. Maurer au Card. Suenens, 10.10.1963, 1 p. (remercie pour ses paroles encourageantes et il va lui procurer le texte de son intervention).

1502 Lettre d'un auteur non identifié au Card. Suenens, 9.10.1963, 1 p. (plaidoyer pour la restauration du diaconat en Amérique latine).

1503 Mgr E. D'Souza, "Het diakonaat als aparte functie in de missielanden", dans *Tijdschrift voor Liturgie*, n° 43-44, 1959-1960, p. 428-430 (son intervention in aula) [note ms. Suenens : "Diaconat. Raisons pro et contra"].

1504 Restoration of the Diaconate, october 1963 dans *DOC* n° 83, 5 p. (traduction anglaise d'un texte espagnol) [l'auteur n'est pas mentionné].

Les 5 Propositions, votées le 30.10.1963

[N.B. : une partie des archives Suenens concernant cette question se trouve dans le FPrignon n° 459-474].

1505 Propositiones Congregationis generalis suffragiis subiciendae, T P V, 1963, 1 p. (la version des 4 propositions imprimée par la Typographie Vaticane et annoncée par le Card. Suenens le 15.10.1963, mais qui ne fut jamais distribuée).

1506 Propositiones Congregationis generalis suffragiis subiciendae, T P V, 1963 (les 5 Propositions, votées le 30.10.1963) [notes mss Suenens avec le résultat des votes].

Farde contenant des documents pour l'audience chez le pape

1507 Per Sua Eminenza il Cardinale Suenens, Per l'udienza odierna del S. Padre, s. d., 1 p. (énumère les documents de la farde et donne quelques conseils tactiques) [probablement, l'auteur est-il G. Dossetti].

1508 Lettre du Card. R. Silva Henriquez aux Modérateurs, 10.10.1963, 1 p. (demande au nom de 77 Pères un vote sur les problèmes principaux).

1509 + Elenchus Patrum, s. d., 3 p. (liste des Pères – de l'Amérique latine – qui ont signé la demande) + double.

1510 + Apographoum, la même lettre du Card. R. Silva Henriquez [mais non signée], 8.10.1963, 1 p.

1511 + Carte de visite du Card. R. Silva Henriquez.

1512 Lettre de Mgr M. Castellano à un Modérateur, 11.10.1963, 1 p. (il demande des votes clairs et distincts sur les problèmes controversés : diaconat, sacramentalité de l'épiscopat, collège épiscopal, les apôtres et Pierre fondement de l'Église).

1513 Lettre de Mgr A. Carli au Conseil de Présidence, 12.10.1963, 2 p. (il critique le fait que la Commission conciliaire est trop autonome et ne tient pas suffisamment compte des suggestions des Pères) [pour G. Dossetti – voir le document n° 1507 'Per l'udienza odierna del S. Padre' –, c'est un argument pour dire que la Commission théologique ne peut pas toute seule décider des amendements du texte].

1514 Pro Memoria, per l'Em. Sign. Cardinale A. Cicognani, 15.10.1963, 1 p. (une note de G. Dossetti [?] sur le sort du texte De Libertate religiosa, qui devrait être imprimé comme chapitre V De Œcumenismo, décision de la Commission de coordination du 3 et 4 juillet 1963).

1515 "Collégialité I. Utrum intendunt...", s. d., 2 p. (un premier projet des propositions) [notes mss de Suenens, de G. Thils, de G. Dossetti].

1516 Lettre de G. Dossetti à un des Modérateurs (ou à tous?), 15.10.1963, 1 p. (demande avec insistance de ne pas atténuer le texte des propositions sur l'épiscopat; il est sûr que le pape sera d'accord avec les propositions).

1517 Propositiones suffragiis Congregationis Generalis subiciendae, s. d., 1 p. (projet de texte).

1518 "Cum ex interventionibus Patrum non sit possibile extruere...", s. d., 1 p. (projet de texte pour annoncer le vote par les Modérateurs).

1519 Propositiones suffragiis Congregationis Generalis subiciendae, s. d., 3 p. (projet des propositions avec à la page 3 : alii textus possibiles).

Farde

1520 "Texte important", note ms. Suenens, s. d., 1 p. [probablement du temps de la préparation de *Souvenirs et Espérances*] [le Card. Suenens avait accepté que le Card. Siri formule lui-même la 3ème proposition comme alternative; le Card. Siri a donné ce texte mais pas comme alternative; alors le Card. Suenens l'a refusé].

1521 Lettre ms. du Card. G. Siri au Card. Suenens, 25.10.1963, 1 p. (il annonce que Mgr R. Calabria lui donnera le texte des propositions parce qu'il doit lui-même retourner dans son diocèse).

1522 Carte de visite de Mgr R. Calabria au Card. Suenens, 25.10.1963, 2 p. (par ordre du Card. Siri, il transmet le texte ci-joint).

1523 + Ex Propositionibus suffragiis Congregationis Gen. Subjiciendis, Tertia, s. d., 1 p. (un texte pour la troisième proposition. Dans le N.B. 1, il est dit que le texte ne doit pas être présenté comme une alternative) + double.

1524 Lettre de Mgr A. Carli au Modérateur de service, 25.10.1963, 1 p. (il demande qu'on distribue aujourd'hui le texte écrit des propositions sur lesquelles il faudra voter le lundi suivant).

1525 "Nota bene : Quoad votationem indicativam diei 30 octobris...", Card. Doepfner, 11.11.1963, 1 p. (le texte d'une déclaration que le Card. Doepfner a faite in aula au sujet de l'intention et de la valeur du vote du 30 octobre).

1526 Lettre de G. Benelli au Card. Suenens, 15.11.1963, 2 p. (G. Benelli, qui est auditeur à la nonciature d'Espagne, donne quelques réactions dans ce pays au sujet du vote du 30 octobre et du rôle du Card. Suenens; il suggère que le Cardinal fasse à la fin de la Session une déclaration pour défendre la primauté).

1527 + 2 feuilles mss Suenens, s. d. [probablement de 1988 pour situer cette lettre].

1528 "Clima teso a Concilio", article de journal de F.D.S. dans *Corriere della Sera*, du 24.10.1963, 1 p.

1529 "Les cinq votes successifs....", G. de Nantes, 31.10.1963, 4 p. (l'abbé G. de Nantes critique violemment les 5 propositions et le Card. Suenens).

CAPUT III. DE POPULO DEI ET SPECIATIM DE LAICIS

[Ce chapitre III est devenu le chapitre II au cours de la 2ème Session].

1530 Regale sacerdotium laicorum, Mgr E. De Smedt, 18.10.1963, 4 p. (intervention in aula).

De Spiritus sancti actione in laicis. Intervention in aula du Card. Suenens, 22.10.1963

1531 "Longe iure meritoque Concilium....", H. Küng, s. d., 5 p. (projet de texte demandé par le Card. Suenens à H. Küng) + 3 doubles.

1532 De Spiritus Sancti actione in laicis, s. d., 4 p. (projet de texte avec notes mss de Suenens, A. Prignon, Mgr P. Schoenmaeckers).

1533 "1. Spiritus Sanctus communitatem christianam...", s. d., 4 p. [la p. 3 manque] (un autre projet de texte de G. Thils [selon corrections mss]).

1534 De Spiritus Sancti actione in laicis, Card. Suenens, 22.10.1963, 6 p. (texte de l'intervention in aula) + 2 doubles.

1535 Télégramme de Mgr A. Ligutti au Card. Suenens, 22.10.1963, 1 p. (télégramme de félicitations).

1536 Lettre de Mother Mary Consolatrice au Card. Suenens, 26.10.1963, 1 p. (elle félicite le Cardinal pour sa proposition d'admettre des auditrices au Concile).

1537 + Réponse du secrétaire du Cardinal à Mother Mary Consolatrice, 6.11.1963, 1 p. (remerciements).

1538 Lettre de O. Cullmann au Card. Suenens, 28.2.1964, 2 p. (le Prof. Cullmann demande le texte de l'intervention sur les charismes; il prie pour le Concile et demande que le Card. Suenens, s'il en a l'occasion, le dise au pape).

1539 Lettre de W. Gabriel au Card. Suenens, 4.5.1965, 1 p. (il remercie pour l'envoi de son intervention).

1540 H. Küng, "The Charismatic Structure of the Church", dans *The Catholic World*, août 1965, p. 302-306. (avec une introduction où l'on souligne l'importance de l'intervention du Card. Suenens).

1541 Animadversio generalis de Capite III..., Mgr I. Ziadé, 22.10.1963, 3 p. (intervention in aula).

1542 Votum Rvdmi. P. Aniceti Fernandez, 24.10.1963, 6 p. (intervention in aula).

1543 Votum circa "Sensum fidei", Mgr P. Cantero Cuadrado, 24.10.1963, 4 p. (intervention in aula).

1544 Remarques des observateurs sur le schéma De Ecclesia, Séance du 22.10.1963, 7 p. (après une introduction de Ch. Moeller sur le chapitre III, plusieurs observateurs donnent leurs remarques).

1545 Remarques des observateurs sur le chapitre III du schéma De Ecclesia. Séance du mardi 29.10.1963, 6 p. (à la p. 4, éloge de l'intervention du Card. Suenens sur les charismes par V. Borovoj).

1546 Caput III : De Laicis in Ecclesia, s. d., 10 p. (un projet amendé de ce chapitre, élaboré pour la Commission doctrinale après les interventions in aula de la 2e Session).

1547 Rationes propter quas Caput "De Populo Dei" immediate post Caput I "De Mysterio Ecclesiae" ponendum aestimatur, G. Philips, 15.10.1963, 2 p. (G. Philips donne 6 raisons pour cette inversion) [note ms. Suenens : "Note remise au Saint Père pour éclairer celui-ci sur l'importance de l'inversion"].

1548 Lettre du chanoine A. Mathey [de la Direction des Œuvres, Dijon] au Card. Suenens, 18.11.1963, 3 p. (donne son impression au sujet du débat conciliaire sur les laïcs; envoie un texte de J. Mouroux; parle de la Légion de Marie en France).

1549 Lettre de Jean Guitton au Card. Suenens, s. d., 2 p. (il envoie des papiers pour la préparation d'un discours; il pense prendre la parole au Concile sur le sujet "Du laïc en tant que témoin") [la date est incertaine : le discours que le Card. Suenens prépare, est-ce celui sur les charismes ou bien celui prononcé à Florence sur la culture? Cfr. Varia n° 1679-1690].

1550 E. Schillebeeckx, De leken in het Volk van God, dans *DOC* n° 85, 18.10.1963, 7 p.

1551 La fonction du "Peuple chrétien" dans la Théologie orthodoxe, dans *DOC* n° 80-81, 21.10.1963, 8 p. et 5 p.

1552 Latin American Bishop calls Role of Layman a central Theme at Council, 24.10.1963, 1 p. dans *Divine World News Service* (communiqué de presse sur l'intervention de Mgr M. McGrath).

1553 Secrét. Général de l'Épiscopat, Études et Documents, n° 22, Réflexions sur le "De Laicis" du Schéma sur l'Église, H. Denis, 25.10.1963, 10 p.

1554 F. Haarsma, "Over de leken – negatief begin", article dans un journal néerlandais, s. d., 1 p.

CAPUT IV. DE VOCATIONE AD SANCTITATEM IN ECCLESIA

1555 Adnotationes ad disceptandum Caput IV..., Card. Doepfner, 27.10.1963 [prononcé le 29.10.1963], 10 p. (intervention in aula; une partie in scriptis).

1556 Animadversiones circa Caput IV Schematis De Ecclesia, O. Degrijse, s. d., 2 p. (intervention in scriptis) + double.

1557 Schema De Ecclesia, Caput IV, s. d., 5 p. (selon note ms. Suenens :"texte remis par moi in scriptis") + double.

1558 Votum Revdmi. P. Fr. Aniceti Fernandez... super Capite IV Schematis De Ecclesia, s. d., 9 p. (intervention in scriptis) + double.

1559 Remarks of the Observers on the scheme De Ecclesia, 5.11.1963, 5 p. (après une introduction du P. Lalande, les observateurs expriment leurs remarques).

1560 "To my mind, the intervention on Religious..." par "smjb", s. d., 2 p. (critique du chapitre IV).

1561 Note à propos du Chap. IV : De vocatione ad sanctitatem in Ecclesia, A. Prignon, s. d., 1 p. (une note de A. Prignon pour le Card. Suenens dans laquelle il répond à l'objection possible selon laquelle le texte du chap. IV a été élaboré par la seule Commission De Fide et non par une Commission mixte avec le De Religiosis).

1562 Lettre de E. Gambari au Card. Suenens, 25.10.1963, 1 p. (il envoie une note au sujet du Chap. IV; il remercie le Cardinal pour avoir souligné l'unité entre la sainteté et l'apostolat) [la note n'est pas incluse].

DE BEATA

1563 Emendationes a Concilii Patribus scripto exhibitae super Schema Constit. dogmaticae De Beata Maria Virgine Matre Ecclesiae, T P V, 1963, 44 p.

1564 Relationes circa Schema Constit. dogmaticae de Beata Maria Virgine, Matre Ecclesiae, T P V, 24.10.1963, 12 p. (les relationes des Card. F. König et R. Santos).

1565 De Virgini Mariae peculiari Schemate consecrando, Mgr J. M. Grotti, 27.10.1963, 4 p. (intervention in scriptis).

1566 Ad Em. et Rev. Moderatores... super Articulo 33 Ordinis Concilii Vaticani II, Para.7., Mgr J. Heenan, 16.10.1963, 1 p. (il demande l'intégration du schéma marial dans le De Ecclesia et il envoie un nouveau texte de Chr. Butler).

1567 + Elenchus Patrum... qui hunc textum probaverunt, s. d., 3 p. (102 Pères ont signé).

1568 + Note de Mgr D. Worlock, octobre 1963, 1 p. (une demande à des évêques pour approuver le texte de Chr. Butler).

1569 + Textus de Beata Maria Virgine propositus tamquam Epilogus ad Schema De Ecclesia loco Schemati De Beata Maria Virgine, Chr. Butler, s. d., 4 p.

1570 + Textus in lingua latina de novo versatus, Chr. Butler, s. d., 4 p.

1571 Lettre du Card. R. Silva Henriquez aux Modérateurs, 17.10.1963, 1 p. (il transmet au nom d'un groupe de Pères un nouveau schéma).

1572 + De Beata Maria Virgine Matre Dei et Matre Christi Fidelium, s. d., 5 p.

1573 + Carte de visite.

1574 Note de Mgr C. de Saboia Bandeira de Mello, 25.10.1963, 1 p. (il propose une nouvelle structure du De Ecclesia pour y intégrer le schéma De Beata).

1575 Animadversiones super Schema De B.ma Virgine Maria Matre Ecclesiae, par des Pères appartenant à l'Ordre des Servites, 4.10.1963, 30 p.

1576 De peculiari Constit. Schemate Beatae Mariae Virgini dicando, G. Roschini, 26.10.1963, 14 p. (un votum et des remarques sur le schéma).

1577 Responsiones ad Obiecta hinc inde proposita circa Doctrinam de B. V. Maria a Concilio Vaticano II promulgandam, N. Garcia Garcés, M. Llamera, B. Monsegu, 26.10.1963, 16 p. (ils s'opposent à l'intégration du schéma marial dans le De Ecclesia et défendent e.a. la médiation mariale, la corédemption, le titre Mater Ecclesiae; ils critiquent une note de R. Laurentin).

1578 De Beata Maria Virgine Matre Dei et Matre Hominum, M. Hua, s. d., 1 p. (il souligne que Marie joue un rôle à notre égard) [note ms. Suenens :"transmis par le P. Congar"].

1579 "Le texte proposé : 1° souligne...", s. d., 1 p. (envoi d'un texte où l'on explique dans quel sens subordonné le terme de Médiatrice peut être appliqué à Marie) + 2 doubles.

1580 + De Beata, s. d., 1 p. (le texte du paragraphe). + 2 doubles [dont un dans une autre typographie].

1581 Lettre de É. Dhanis au Card. Suenens, 6.10.1963, 2 p. (après le texte envoyé le 18.9.1963 [cfr. n° 1065], il envoie une nouvelle version, après avoir reçu les remarques de K. Rahner, O. Semmelroth et J. Alfaro. Il demande de soumettre son texte à G. Philips, G. Thils et R. Laurentin).

1582 + De Mysterio Mariae in Ecclesia, s. d., 8 p. et 4 p. de Notes (le nouveau projet de texte de É. Dhanis) + double [quelques notes mss de É. Dhanis] + double.

1583 Lettre de C. Balič au Card. Suenens, 11.10.1963, 1 p. (il présente son votum).

1584 + Réponse d'un secrétaire à C. Balič, 17.10.1963, 1 p. (accusé de réception).

1585 + Circa Schema Constit. dogmaticae De Beata Maria Virgine Matre Ecclesiae, Votum de C. Balič, T P V, 4.10.1963, 32 p.

1586 Lettre de A. Montà au Card. Suenens, 24.10.1963, 1 p. (il demande de lui transmettre des nouveaux projets du schéma marial).

De Œcumenismo

[N.B. Le De Libertate religiosa, qui, à la 2ème Session est encore le chapitre V du De Œcumenismo, est classé *infra*; même remarque pour le De Religionibus non-christianis].

1587 Relatio super Schema Decreti De Œcumenismo, T P V, 1963, 36 p. (les relationes sont faites par le Card. A. Cicognani, le Card. A. Bea, Mgr J. Martin, Mgr G. Bukatko, Mgr E. De Smedt) [notes mss Suenens].

1588 Observationes ad Primum Caput Schematis De Œcumenismo, A. Fernandez, 26.11.1963, 6 p. (intervention in scriptis) + double.

1589 Lettre de J. Guitton au Card. Suenens, 27.11.1963, 3 p. (il envoie le projet de son intervention; les mots au crayon sont des corrections de Mgr A. Dell'Acqua).

1590 + "Pères vénérables, Je puis vous donner...", J. Guitton, s. d., 4 p. (le projet de son intervention, prononcée le 3.12.1963) [avec des corrections mss Guitton au stylo rouge qui viennent de Mgr A. Dell'Acqua].

1591 Meeting of the Observers, Tuesday, November 12, 1963, 4 p. (des remarques et impressions des observateurs sur le schéma De Œcumenismo).

1592 Chr.-J. Dumont et E. Lanne, Le Concile s'apprête-t-il à rendre possible ou impossible un dialogue avec les Églises orthodoxes?, note publiée par le Secrétariat national [français] pour l'Unité des Chrétiens, octobre 1963, 4 p.

1593 Lettre de Maximos IV à Paul VI, 22.11.1963, 4 p. (il plaide pour un Code spécial de droit canonique pour les Églises orientales et pour que cette question ne soit pas traitée au Concile).

1594 L. Oersy, "The Complex Question of Mixed Marriages", 1963, 23 p. [article qui a été d'abord publié dans *The Heythrop Journal*, octobre 1963].

De Episcopis

1595 Animadversiones Em.mi D. Jacobi Card. Lercaro, 8.11.1963, 4 p. (intervention in aula).

1596 + Intervento del Card. Lercaro, 8.11.1963, 4 p. (même texte imprimé).

Intervention du Card. Suenens sur la limite d'âge, 12.11.1963

1597 "Aliqua de episcopis ob ingravescentem aetatem", G. Dossetti, 5 p. (projet de texte) [note ms. Suenens : "Texte proposé à moi par Dossetti. Je l'ai refait"] + double [mais la p. 5 manque].

1598 Cessatio a munere, s. d., 4 p. mss par le Card. Suenens [avec corrections mss Dossetti] et 2 p. mss par G. Dossetti.

1599 Mes observations, note de A. Prignon, s. d., 2 p. (suggestions d'A. Prignon pour l'intervention; une brève note sur la formule de confirmation des décrets; il communique que Mgr E. De Smedt va préparer quelques points pour le Message aux prêtres; il rédigera dans les prochains jours une note sur la prolongation du Concile [cfr. n° 1394bis]).

1600 Cessatio a munere, s. d., 4 p. (projet de texte) [note ms. Suenens : "texte prononcé", ce qui n'est pas exact] + 2 doubles.

1601 Cessatio a munere, 12.11.1963, 5 p. (texte prononcé) + double.

1602 "Je voudrais parler en faveur de la limite d'âge...", s. d., 3 p. (traduction résumée de l'intervention) + 2 doubles.

1603 + enveloppe [avec note ms. Suenens].

1604 Emendatio Sch. "De episcopis ac de Diœcesium regimine", Caput II n° 11-15, Mgr J. Le Cordier, 12.11.1963, 3 p. (intervention in aula).

1605 "Mihi in intentione est...", Mgr A.-M. Charue, 12.11.1963, 2 p. (intervention in scriptis, donnée le 14.1.1963).

1606 Votum Revdmi. P. Fr. Aniceti Fernandez super Schemate "De Episcopis ac de Diœcesium Regimine", 6.11.1963, 5 p. (intervention in aula – la deuxième partie – et in scriptis, la première partie).

1607 "Iam inde ab epistola Clementis Romani...", s. d., 3 p. (intervention in scriptis?).

1608 Lettre du Card. R. Silva Henriquez aux Modérateurs, 11.11.1963, 1 p. (il demande au nom de plusieurs évêques qu'à la fin du débat trois questions d'orientation soient posées aux Pères).

1609 + Liste des 46 évêques latino-américains qui appuient cette demande, s. d., 2 p.

1610 Note à propos des observations de Monseigneur Carli sur le schéma De Episcopis, A. Prignon, s. d., 2 p. (A. Prignon montre que Mgr L. Carli n'accepte pas la sacramentalité et la collégialité de l'épiscopat) [notes mss Prignon].

1611 "Avant tout je dois vous demander pardon pour mon français...", E. Bonet [selon note ms. Suenens], s. d., 16 p. (texte d'une conférence à des évêques sur le schéma De Episcopis).

1612 Lettre de Mgr C. Van Melckebeke au Card. Suenens, 16.11.1963, 2 p. (il ne partage pas l'opinion de Mgr J. B. Velasco qui voudrait qu'on érige des diocèses personnels dans la diaspora chinoise).

De Religiosis

1613 Lettre de G. Dayez au Card. Suenens, 27.11.1963, 1 p. (il envoie des desiderata au nom de supérieures de Belgique et de France, bénédictines, carmélites et dominicaines; il pense que ces problèmes doivent plutôt être traités par le nouveau Code).

1614 + Desiderata de "Monastères unissant la vie contemplative aux œuvres apostoliques", s. d., 1 p. (e.a. sur la clôture, les droits des Ordinaires, les droits des Supérieures majeures).

De Institutione sacerdotali

1615 Lettre du Card. J. Pizzardo et de A. Mayer au Card. Suenens, 21.10.1963, 1 p. (le Card. J. Pizzardo apprend par *L'Osservatore Romano* que le Card. Suenens va donner une conférence sur la formation des séminaristes; il en demande le texte qui pourrait être utile pour la Commission des Séminaires; il propose de lui envoyer éventuellement les remarques écrites des Pères sur le schéma).

1616 + Projet de réponse du Card. Suenens, s. d. [mais du 29.10.1963 selon la lettre de A. Mayer au Card. Suenens, voir 2ème Intersession n° 1881], 1 p. (le Card. Suenens répond qu'il n'a fait qu'une allusion à la problématique des séminaires lors d'une autre conférence; il ne dispose pas d'un texte écrit; il sera heureux de recevoir les interventions écrites des Pères) [ce projet de réponse est rédigé par Mgr P. Schoenmaeckers; notes mss de lui] [la même feuille contient également un projet de réponse à une invitation pour une réunion à la Congrégation des Rites, le 16.11.1963].

1617 + un autre projet de réponse, s. d., 1 p. [notes mss Mgr P. Schoenmaeckers].

De Religionibus non-christianis

1618 Télégramme de P. Philippson au Card. Suenens, 24.10.1963, 2 p. (le président et le Consistoire central israélite de Belgique espèrent que le Concile prendra position dans le problème des rapports du catholicisme et du judaïsme, afin que les discriminations dont les juifs ont souffert dans le passé soient éliminées).

De Apostolatu laicorum

1619 Pro-Memoria sur le "De Apostolatu Laicorum", A. Glorieux, 19.11.1963, 1 p. (A. Glorieux demande que le schéma sur les laïcs soit au moins présenté à la fin de la 2e Session avec une discussion de 2 à 3 jours pour que la révision du schéma puisse se faire dans de bonnes conditions).

1620 De Laicorum Apostolatu organizato hodie in orbe terrarum diffuso, T P V, 1963, 88 p. (documentation rassemblée par le COPECIAL pour les Pères conciliaires).

De Libertate religiosa (= De Œcumenismo, Caput V)

1621 Schema Decreti De Œcumenismo, Caput V, T P V, 1963, 11 p.

1622 Lettre du Card. Bea au Card. Suenens, 9.10.1963, 1 p. (il envoie une note et le texte du De Libertate religiosa et insiste pour que le texte soit pris en considération par les Pères selon les décisions de la Commission de coordination de juillet 1963).

1623 + Note sur le Schéma "De Libertate religiosa" présenté par le Secrétariat pour l'unité des chrétiens, 26.9.1963, 2 p. (historique du texte entre le 20.6.1962 et le 11.7.1963; et demande que le texte soit imprimé au plus vite) + double.

1624 + Caput V De Libertate religiosa, s. d., 6 p. (le projet de texte) + double.

1625 "Kard. Bea heeft een brief geschreven aan Kard. Cicognani...", s. d., 1 p. (annotation d'une communication – téléphonique? – de J. Willebrands, où il dit que le Card. Bea a écrit une lettre au Card. Cicognani dans laquelle il communique que le Secrétariat pour l'Unité a décidé de considérer le texte sur le De Libertate comme le 4ème chapitre du De Œcumenismo afin de pouvoir garder le contrôle du texte. Mgr Felici est d'accord. Mais J. Willebrands craint qu'on exigera que le texte passe encore devant la Commission doctrinale, ce qu'il voudrait éviter) [note en néerlandais sur papier du Pontificio Collegio Belga; probablement à dater de la 2ème Session].

De Missionibus

1625bis Lettre de Fr. Legrand au Card. Suenens, 21.10.1963, 1 p. (il envoie le chapitre sur l'évangélisation, rédigé par D. Grasso, X. Seumois et lui-même à la demande du Card. Agagianian; il joint une page avec des remarques personnelles) + De Gentium evangelizatione, s. d., 3 p. + Suggestions faites par le Père Legrand, 15.10.1963, 1 p.

De Presbyteris

Nuntius Patrum Concilii ad universos catholicae Ecclesiae sacerdotes

1626 Nuntius..., T P V, 1963, 8 p. (projet de texte) [quelques notes mss Suenens].

1627 Nuntius..., T P V, 1963, 8 p., avec au verso de la 1ère page un message de Mgr A. Renard au Card. Suenens, 2.12.1963, 1 p. (il envoie les modifications proposées par les évêques français, signées par le Card. A. Liénart) [ces modifications sont annotées – ms. A. Renard – sur le texte latin].

1628 Projet d'un Message des Pères du Concile à tous les Prêtres de l'Église catholique dispersés à travers le monde, s. d., 6 p. [ce projet provient très probablement de quelques évêques français] + 2 doubles.

1629 Lettre de Mgr W. Conway au Card. Suenens, 9.11.1963, 2 p. (il transmet au Cardinal quelques idées concernant une lettre aux prêtres).

1630 Lettre de Mgr L. van Kessel au Card. Suenens, s. d., 3 p. (il soulève plusieurs objections concernant ce "nuntius" quant à la procédure et quant au contenu).

1631 "Sanctissime Pater, Archiepiscopi et episcopi infra-scripti....", 21.11.1963, 4 p. (cette lettre – non signée – demande de dispenser du célibat les prêtres qui se sont mariés).

1632 De caritate Ecclesiae cum sacerdotibus qui a recta via defecerunt, I. Nabuco, s. d., 4 p. (un plaidoyer pour une pratique de dispense du célibat).

1633 Lettre de Mgr J.-M. Ogez au Card. Suenens, 24.10.1963, 2 p. (il plaide pour la possibilité d'un clergé marié aussi dans l'Église latine).

1634 Lettre de M.-D. Epagneul au Card. Suenens, 2.11.1963, 2 p. (il fait la suggestion de nommer parmi les periti quelques prêtres engagés dans l'apostolat paroissial).

1635 "Any priest worthy of the name "Father" has a special place...", s. d., 1 p. (une feuille détachée d'un texte plus long : une préface pour un livre sur le sacerdoce?).

1636 "Le célibat des prêtres", article dans *L'Homme nouveau*, s. d. [mais de fin novembre 1963], 1 p.

De Ecclesia in mundo huius temporis

1637 Schéma proposé de iure belli et pacis, s. d., 16 p. + double.

1638 Directoire pratique de iure belli et pacis, s. d., 4 p.

1639 Lettre de Mgr Helder Camara au Card. Suenens, 18.11.1963, 1 p. (il envoie une note de quelques scientifiques chrétiens qui demanderont une entrevue avec le Cardinal).

1640 + Note adressée aux Pères du Concile par quelques scientifiques de France relative aux armements atomiques, à leur fabrication et à leur usage éventuel, s. d., 7 p. + double.

1641 + 5 Annexes, s. d., (4, 3, 5, 6, 10 p.) + double.

1642 + Notes adressées aux Pères du Concile par quelques physiciens de France, s. d., 5 p. (texte légèrement modifié).

1643 Annexe. Note importante au sujet de l'armement nucléaire, s. d., 6 p.

1644 Annexe I, II, III, IV, V, s. d., 4, 5, 2, 4, 2 p. (des notes concernant l'attitude du Conseil Œcuménique des Églises sur le désarmement, la stratégie du développement, la liberté religieuse...).

1645 Propositions concernant la guerre et la paix, J. Goss, s. d., 1, 2, 2 et 14 p. + double.

1646 Lettre de J. Gremillion au Card. Suenens, 3.10.1963, 1 p. (il envoie à la demande de Fr. Houtart la note ci-jointe).

1647 + Council expected to clarify Church's Position concerning World Population Expansion, W. Moran dans *N.C.W.C. News Service*, 26.9.1963, 4 p.

1648 Lettre de Th. Hesburgh au Card. Suenens, 16.10.1963, 1 p. (il envoie son rapport sur la Conférence à Vienne de l'Agence atomique internationale).

1649 + Recommendations, s. d. [note ms. Suenens: 16.10.1963], 4 p. (sur la présence de l'Église dans la vie internationale actuelle et les organes à prévoir).

1650 + Réponse du Card. Suenens à Th. Hesburgh, 6.11.1963, 1 p. (il remercie pour la note intéressante).

1651 Lettre du Card. Suenens au Card. Cicognani, 25.10.1963, 1 p. (il envoie deux copies du texte, fait à Malines, de la première partie du schéma XVII; il dit que ce texte est simplement une étude rédigée dans le but d'aider la Commission mixte à faire elle-même un schéma définitif; il demande de transmettre une copie aux Cardinaux Browne et Cento).

1652 + Projet ms. de cette lettre (+ feuillet avec l'adresse du Card. Cicognani ms. A. Prignon), s. d., 1 p.

1653 Lettre de A. Glorieux au Card. Suenens, 9.11.1963, 1 p. (à la demande du Cardinal, il transmet les noms des membres de la Commission mixte du schéma XVII qui ont travaillé aux différents chapitres; il a continué ses instances auprès du Secrétariat général du Concile pour que la Commission de coordination reprenne la question).

1654 + Periti pro Schemate XVII "De praesentia Ecclesiae...", A. Glorieux, s. d., 1 p. (liste de 20 periti).

Réforme de la curie

1655 Progetto di una risoluzione da presentare al Concilio riguardo al discorso del S. Padre alla Curia Romana (21.9.1963), s. d., 2 p. (une demande au pape pour que les évêques soient associés à la réforme de la curie; et qu'une résolution en ce sens soit brièvement discutée et votée au Concile).

1656 + Schema Consulti Concilii de quaestione reformationis Curiae Romanae, s. d., 2 p. (traduction latine du texte précédent) + double.

1657 "Beatissime Pater, Infrascripti Patres....", s. d., 1 p. (projet d'une lettre pour demander la réforme du Saint-Office).

1658 Discours en italien du pape à la curie romaine, dans *L'Osservatore Romano*, 22.9.1963, p. 1-2.

1659 "End of the Curia", par J. Sheerin dans *Catholic News*, 31.10.1963, 1 p.

1660 "La 63ème Congrégation générale du Concile, Débat mouvementé sur la Curie et la collégialité épiscopale", dans *La Libre Belgique*, 9-10.11.1963, p. 5.

Discours du Cardinal Suenens en commémoration de Jean XXIII, 28.10.1963

1661 Lettre du Card. Cicognani au Card. Suenens, 7.9.1963, 3 p. (il demande au nom du pape de tenir ce discours).

1662 Télégramme du Card. Cicognani au Card. Suenens, 17.9.1963, 1 p. (le discours peut se faire en français et durer 45 minutes).

1663 Texte du discours du Card. Suenens, 28.10.1963, 14 p. [il est à noter que A. Prignon a pris une grande part dans la rédaction de ce texte].

1664 Lettre de Mgr G.-M. Coderre au Card. Suenens, 28.10.1963, 2 p. (il remercie pour le discours et aussi pour avoir distribué le texte in aula).

1665 Lettre de M. Falco au Card. Suenens, 28.10.1963, 1 p. (il demande un texte avec signature).

1666 Lettre de G. Sarasso, 28.10.1963, 1 p. (il demande une copie du discours).

1667 Lettre de A. Schiano au Card. Suenens, 28.10.1963, 1 p. (félicitations).

1668 Lettre de L. Capovilla au Card. Suenens, 29.10.1963, 1 p. (il remercie avec émotion).

1669 Lettre de Mgr M. Larrain au Card. Suenens, 29.10.1963, 1 p. (il remercie pour un discours qui fait du bien à tous et donne la vraie orientation au Concile).

1670 Lettre de Mgr E. Zoghby au Card. Suenens, 29.10.1963, 1 p. (il dit son admiration pour le discours; il tient à la disposition des Modérateurs des copies de sa brochure à distribuer aux Pères).

1671 Télégramme de Mgr T. Mancini au Card. Suenens, 29.10.1963, 1 p. (remerciements).

1672 Lettre de Mgr A. Vuccino au Card. Suenens, 30.10.1963, 1 p. (une lettre de remerciement du premier évêque consacré par Jean XXIII).

1673 Lettre de Mgr W. Conway au Card. Suenens, 1.11.1963, 1 p. (il remercie pour le discours et pour l'allusion qui y a été faite à l'Irlande).

1674 Lettre de G. Langendörfer à l'archevêché de Malines, 31.10.1963, 1 p. (il remercie pour l'envoi du discours).

1675 Lettre de Mgr N. Jubany Arnau au Card. Suenens, 14.11.1963, 1 p. (il remercie pour le discours et envoie le texte de sa conférence sur Jean XXIII).

1676 Lettre de Mgr J. Fulton Sheen au Card. Suenens, s. d., 1 p. (il félicite pour le discours et remercie pour son 'leadership').

1677 Feuille de Mgr H. Argaya, s. d., 1 p. (il félicite pour le discours).

1678 Carte de visite de Mgr A. Ataun, s. d., 1 p. (félicitations).

Varia

Conférence du Card. Suenens sur la culture. Florence, 29.11.1963

1679 Lettre de Mgr E. Florit au Card. Suenens, 18.10.1963, 1 p. (il demande aussi au nom de la F.U.C.I. que le Cardinal fasse une conférence sur la présence de l'Église dans le monde moderne).

1680 Télégramme de G. La Pira au Card. Suenens, 30.10.1963, 1 p. (il félicite pour le discours sur Jean XXIII et demande de venir donner la conférence à Florence).

1681 Lettre de G. La Pira au Card. Suenens, 30.10.1963, 1 p. (le maire de Florence confirme son télégramme).

1682 + transcription dactylographiée de cette lettre ms.

1683 Lettre de Mgr E. Florit au Card. Suenens, 13.11.1963, 1 p. (il demande que le sujet de la conférence soit : Présence de l'Église dans la culture moderne).

1684 Lettre de G. Dossetti au Card. Suenens, 24.11.1963, 4 p. (il envoie au Cardinal des suggestions pour sa conférence et un texte de Don Panikkar).

1685 "Non credo che voi vi aspettiate..." s. d., 29 p. (le texte italien de la conférence avec des notes mss de Suenens).

1686 Lettre de Ch. Moeller au Card. Suenens, 18.12.1963, 1 p. (il félicite pour la conférence et pose des questions au sujet de l'objet de l'apostolat des laïcs; il insiste sur la réforme de la curie et la mise en place d'un organe central autour du pape).

1687 "Il Cardinale Suenens parlerà dell'atteggiamento della Chiesa di fronte al mondo che cambia", dans *Giornale del Mattino*, 29.10.1963, p. 2.

1688 "La Chiesa di oggi di fronte alla pluralità delle culture", texte de la conférence du Card. Suenens dans un journal italien du 1.12.1963, p. 3 + double.

1689 "Rinnovamento della Chiesa in un mondo che cambia", dans *Giornale del Mattino*, 30.11.1963, p. 1 (l'exposé du Card. Suenens à Florence).

1690 "La Chiesa e l'evoluzione del mondo contemporaneo", coupure de presse dans *L'Avvenire d'Italia*, 30.11.1963.

1691 Conférence de S. Em. le cardinal Giacomo Lercaro aux Évêques d'Afrique et de Madagascar, s. d. [fin de la 2ème Session], 8 p.

1692 Lettre de A. Andrew au Card. Suenens, 20.11.1963, 1 p. (demande une contribution pour un programme de la BBC sur le Concile).

1693 Lettre du Card. Cicognani au Card. Suenens, 28.10.1963, 1 p. (il demande une contribution pour un monument funéraire de Jean XXIII).

1694 + Réponse du Card. Suenens au Card. Cicognani, 23.11.1963, 1 p.

1695 + brouillon ms. Suenens de cette réponse, 2 p.

1696 Lettre de Mgr Helder Camara au Card. Suenens, 22.11.1963, 1 p. (il communique que Mgr E. Sales et Mgr J. Tavora ont demandé au pape l'autorisation pour des religieuses de donner la communion dans le cadre d'une grande expérience pastorale).

1697 Feuille de Mgr J. Heenan au Card. Suenens, s. d., 1 p. (il lui transmet une note de Mgr Th. Roberts).

1698 Mémorandum de Th. Hesburgh à Mgr P. Marcinkus, 20.11.1963, 3 p. (sur l'organisation de la Fédération des Universités catholiques).

1699 + Feuille : Referred to L. J. Card. Suenens for your information.

1700 I° Testi biblici circa la "volontà salvifica universale", s. d., 9 p.

1701 Ordo Missae iuxta ritum malankarensem, s. d., 2 p.

1702 Divina Liturgia iuxta ritum Ecclesiae Antiochenae Maronitarum, 26.11.1963, 4 p.

1703 Limericks inspired by some incidents at the 1963 Sessions of the Second Vatican Council, Mgr J. O' Loughlin, s. d., 2 p. (des vers humoristiques).

1704 Council Limericks, s. d., 1 p.

1704bis J. Grootaers, "Een Sessie met gemengde gevoelens", tiré-à-part de *De Maand*, n° 10, 1963, p. 590-607 [note ms. de Suenens sur les 5 Propositions].

Deuxième Intersession

Generalia

1705 "De 11h. à 11h.30, excellente audience au sommet...", s. d., 1 p. (une page dactylographiée d'un compte rendu d'une audience du Card. Suenens chez le pape : le Cardinal félicite le pape pour son discours aux évêques italiens; il lui remet la 4ème version du Schéma XVII) [document incomplet – selon *L'Osservatore Romano*, cette audience du Card. Suenens a eu lieu le 19.4.1964] + double.

Correspondance de A. Prignon avec le Card. Suenens

1706 Lettre du 1.2.1964, 1 p. (il communique que la réunion des cardinaux a eu lieu hier sous la présidence du Card. Tisserant; Mgr A.-M. Charue part content; G. Philips devra ralentir son activité; il envoie deux notes).

1707 + Lettre du Card. Cicognani au Card. Ottaviani, 23.1.1964, 2 p. (il communique des instructions de la Commission de coordination au sujet du De Ecclesia et du De Revelatione) [notes mss de A. Prignon; même document au n° 1793].

1708 + Animadversiones circa n° IX Litterarum Apostolicarum, Motu Proprio "Sacram Liturgiam" d. 25.1.1964, J. Medina, s. d., 3 p. (une critique du Motu Proprio) [notes mss Prignon].

1709 Lettre du 1.5.1964, 2 p. (l'article du Prof. L. Janssens sur la morale conjugale commence à susciter des remous à Rome et en Amérique; le prologue du Schéma XVII est terminé; A. P. n'a pas reçu de réactions au sujet des suppressions demandées par le Cardinal dans les notes du De laicorum apostolatu).

1710 Lettre du 17.5.1964, 3 p. (il donne quelques nouvelles, e.a. la constitution – secrète – d'une commission pour la réforme de la curie; d'après J. Jadot, le schéma des Missions ne serait pas soumis au Concile mais remplacé par une douzaine de propositions;

il vient de recevoir le texte du Schéma XVII; on attend toujours la nomination de l'évêque de Gand).

1711 Lettre du 22.5.1964, 1 p. (il communique que l'interview du Cardinal, donnée à Boston [sur le Birth Control], suscite des réactions; la commission pour la réforme de la curie est confirmée; toujours pas d'évêque à Gand).

1712 Lettre du Card. Suenens à Paul VI, 23.1.1964, 3 p. (lettre écrite à la fin de l'Octave pour l'Unité; le Cardinal écrit e.a. : "Le Vatican II n'a de sens que dans la continuité du Vatican I et toute opposition entre l'un et l'autre est impensable. Une collégialité qui impliquerait une 'cogestion' quelconque de près ou de loin irait à l'encontre de la pensée du Seigneur et de la Tradition").

1713 Lettre de Mgr Helder Camara au Card. Suenens, 3.2.1964, 1 p. (il remercie pour les informations sur le Schéma XVII; il demande la nomination du Père L.-J. Lebret comme expert; il répond à la question posée par le Cardinal : si la 3ème Session doit être la dernière : théoriquement il y a des avantages; mais pratiquement ce n'est pas possible, il y a encore trop de matières à traiter; il envoie au Cardinal une copie de sa lettre au Card. A. Meyer).

1714 + Lettre de Mgr Helder Camara au Card. A. Meyer, 27.1.1964, 3 p. (il écrit sur le rôle des États-Unis – et du Card. Meyer – pour le Concile et pour l'Amérique latine).

1715 Lettre du Card. Doepfner au Card. Suenens, 7.2.1964, 2 p. (il annonce une réunion des évêques allemands pour l'étude des documents conciliaires; il envoie trois textes; il est déçu par le Motu Proprio "Sacram Liturgiam).

1716 + Anlage 2. De Statibus perfectionis adquirendae, 13.1.1964, 1 p. + double.

1717 + Anlage 3. De Sacrorum Alumnis formandis, 13.1.1964, 3 p. + double.

1718 + Réponse du Card. Suenens, 13.2.1964, 1 p. (il remercie pour les notes, annonce la réunion de la Commission de coordination pour le 10.3.1964; il partage sa consternation pour le Motu Proprio sur la Liturgie) [même document au n° 1748].

1719 + brouillon ms. Suenens, 1 p.

1720 Lettre du Card. Suenens à Mgr J. J. Weber, 19.2.1964, 1 p. (il a bien reçu la lettre du 13.2.1964 et est d'accord avec le texte, qu'il fera parvenir aux évêques de Belgique; il propose une nouvelle rencontre le 24 octobre).

1721 Lettre du Card. Doepfner au Card. Suenens, 20.3.1964, 1 p. (il invite le Cardinal ou son représentant à la réunion des évêques de langue allemande au sujet du Concile).

1722 Lettre de Th. Cogels à A. Prignon, 2.4.1964, 1 p. (le Cardinal arrive à Rome le 15.4.1964 pour 3 à 4 jours; il désire une audience chez le pape).

1723 Lettre de Mgr Felici aux Pères Conciliaires, 11.5.1964 (il envoie 9 schémas de textes conciliaires qui devront être discutés à la 3ème Session).

1724 Lettre du Card. Suenens à Paul VI, 2.6.1964, 2 p. (il demande une audience; il donne des détails sur son voyage aux États-Unis et sur ses contacts à l'Université protestante de Chicago; il justifie son interview à Boston [cfr. la lettre de A. Prignon du 22.5.1964, n° 1711] sur le Birth Control).

1725 Lettre de Mgr Helder Camara au Card. Suenens, 7.6.1964, 1 p. (la 4e Annexe du Schéma XVII lui semble bonne; il croit qu'on aura des problèmes à propos du Birth Control; il invite le Cardinal au Brésil).

1726 Lettre de R. Etchegaray au Card. Suenens, 26.6.1964, 1 p. (il envoie le compte rendu de Mgr L.-A. Elchinger sur la réunion des évêques de langue allemande).

1727 + Compte rendu de Mgr Elchinger sur la session de travail conciliaire des évêques d'expression allemande, 19-21.5.1964, 19.6.1964, 12 p.

1728 Lettre du Card. R. Silva Henriquez au Card. Suenens, 28.6.1964, 2 p. (il propose que la discussion du schéma XVII se fasse au début de la 3ème Session; il demande si les Propositiones suffragandae peuvent encore être sérieusement modifiées).

1729 + Réponse du Card. Suenens, 6.8.1964, 2 p. (il essaiera de faire avancer le schéma XVII; pour les Propositions, il faut bien organiser les interventions et les motions).

1730 Lettre du Card. Suenens au Card. R. Cushing, 7.7.1964, 1 p. (il remercie pour les remarques au sujet de sa conférence pour les religieuses à Boston; il souhaite le revoir à la prochaine Session, où le cardinal R. Cushing défendra la liberté de conscience, les juifs, la collégialité et, il l'espère, l'adaptation de la vie religieuse et des séminaires).

1731 Lettre de Th. Stransky au Card. Suenens, 1.8.1964, 1 p. (il envoie au nom de J. Willebrands une liste des observateurs).

Commission de coordination, Modérateurs

Réunion du 28.12.1963

1732 De argumentis proponendis Concilio Œcumenico in 3a sessione et in specie de argumentis majoris momenti seligendis ex Schematibus hucusque a Congregatione Generali nondum examinatis, Card. Doepfner, 28.12.1963, 21 p. (un plan pour pouvoir finir le Concile avec la 3ème Session) [p. 2, note ms. Suenens avec des arguments pour une 4ème Session].

1733 Pro-Memoria, Mgr Felici, s. d., 1 p. (un texte sur le travail des periti, texte arrêté à la réunion de la Comm. de coord. du 28.12.1963 et qui demande plus de discrétion aux periti).

1734 + Normae circa operam a peritis praestandam, T P V, 1964, 4 p. (le même texte en 5 langues).

1735 Lettre du Card. Marella au Card. Cicognani, 18.12.1963, 2 p. (il propose de fusionner les textes du De Episcopis ac de Diœcesium regimine et du De Cura animarum).

1736 Lettre du Card. Lercaro au Card. Suenens, 31.12.1963, 4 p. (il donne un compte rendu de la réunion du 28.12.1963 à laquelle le Card. Suenens n'a pas assisté; dans une audience, le pape, qui était très confiant, lui a dit que les 5 Propositions étaient une expérience positive, que les periti se comportaient parfois trop comme des journalistes, e.a. le P. Congar en critiquant le Décret sur les Moyens de communication sociale).

Réunion du 15.1.1964

1737 Adnotationes quoad Ordinem servandum in tertia periodo Concilii Vaticani II, s. d., 2 p. (quelques suggestions pour le déroulement des débats in aula).

1738 Appunto sugli argomenti da discutere nel terzo periodo del concilio, s. d., 3 p. (les conclusions et les propositions de la réunion du 28.12.1963 au sujet des différents schémas) [notes mss Suenens].

1739 Osservazioni generali, A. Prignon, s. d., 1 p.

1740 + Osservazioni particolari, A. Prignon, s. d., 1 p. et 5 p. (une note préparée par A. Prignon pour le Card. Suenens en vue de la réunion du 15.1.1964 : il trouve le "timing" – avec une seule dernière Session – irréaliste; et donne pour chaque schéma des remarques) [pour identifier l'auteur et la date, cfr. FPrignon n° 787, où manque la p. 5 des Osservazioni particolari].

1741 "Per superare le incertezze e le difficoltà nel lavoro...", s. d., 2 p. (une note qui demande des explications sur les décisions de la Comm. de coord. : e.a. le statut des "Propositiones", des "Annexa" etc.) [probablement à dater de la 2e Intersession; peut-être de G. Dossetti?].

1742 Lettre du Card. Cicognani au Card. Ottaviani, 23.1.1964, 2 p. (il communique les décisions de la Commission de coordination) [notes mss de A. Prignon qui a envoyé cette copie au Card.

Suenens le 1.2.1964. Cfr. *supra* Generalia, Correspondance de A. Prignon avec le Card. Suenens, n° 1707].

1743 Lettre de Mgr Felici au Card. Suenens, 25.1.1964, 1 p. (il envoie le compte rendu de la réunion du 15.1.1964).

1744 + Deliberazioni prese nella seduta del 15 Gennaio 1964 della Commissione di Coordinamento, Card. Cicognani et Mgr Felici, 15.1.1964, s. d., 6 p. (il y avait un accord pour terminer le Concile à la 3ème Session).

1745 Lettre de Mgr M. Pourchet au Card. Suenens, 26.1.1964, 1 p. (il transmet quelques suggestions d'un 'atelier' d'évêques français pour l'amélioration des méthodes du travail conciliaire) [réponse ms. Suenens].

1746 + Suggestions pour une amélioration des méthodes de travail conciliaire, Mgr M. Pourchet, s. d., 1 p. + double.

1747 + Réponse du Card. Suenens à Mgr M. Pourchet, 31.1.1964, 1 p. (il remercie et transmettra les suggestions à la Commission de coordination).

1748 Lettre du Card. Suenens au Card. Doepfner, 13.2.1964, 1 p. (il remercie pour les notes envoyées; il a regretté son absence; il y avait de la consternation à propos du Motu Proprio sur la Liturgie; la nouvelle réunion de la Commission de coordination se tiendra le 10 mars, à condition que la Commission théologique ait terminé son travail) [le même document que le n° 1718].

Réunion du 10.3.1964

1749 Lettre de Mgr Felici au Card. Suenens, 18.2.1964, 1 p. (il invite le Cardinal pour la réunion du 10.3.1964 et envoie des documents sur l'Ordo Concilii).

1750 + Vœu des Évêques de la Région apostolique de l'Ouest [France], Mgr P. Gouyon, 30.11.1963 [approuvé par les évêques de la Région apostolique le 21-23.1.1964], 1 p. (ils demandent que les schémas soient envoyés dans les plus brefs délais et que leur nombre ne soit pas réduit sans l'avis des Pères).

1751 + Notae in Schemate secundae Sessionis, Mgr E. Mason, s. d., 1 p. (quelques propositions pour accélérer le travail).

1752 + Lettre du Recteur de St-Louis des Français, R. Jacquard à Mgr P. Philippe, 24.1.1964, 3 p. (il donne des suggestions pour accélérer le travail).

1753 + "Modum in Concilio Œcumenico Vaticano II procedendi...", J. Buckley, 31.1.1964, 4 p. (des suggestions pour un travail plus efficace, e.a des Commissions conciliaires).

1754 + Memorandum quoad ordinem in Concilio Vaticano II observandum, J. Buckley, s. d., 5 p. (pour accélérer le travail, il propose e.a. une plus grande participation des Pères au travail des Commissions).

1755 + Sollemnes Concilii Declarationes, Mgr H. Argaya, 13.1.1964, 2 p. (quelques suggestions pour le travail conciliaire).

1756 Lettre de Th. Cogels à A. Prignon, 27.2.1964, 1 p. (le Card. Suenens arrivera à Rome le 9.3.1964 et partira le 14.3.1964).

1757 Per la riunione della Commissione di Coordinamento del 10 marzo 1964, Relazione sulla Procedura del III Periodo del Concilio Ecumenico Vaticano II, Card. F. Roberti, s. d., 6 p. (il croit qu'il ne faut pas modifier l'Ordo Concilii et donne des suggestions pour le déroulement des travaux) [notes mss Suenens].

1758 De labore Commissionum hucusque peracto, Secretaria Generalis, 9.3.1964, 1 p. (on envoie les relations sur l'état des travaux de diverses Commissions conciliaires).

1759 + Brevis Conspectus laboris Commissionis Plenariae "De Doctrina Fidei et Morum", s. d., 1 p.

1760 + Relazione sui lavori della Commissione, Commissio de Episcopis et diœcesium regimine, 5.3.1964, 3 p.

1761 + Nota, Commissio de Sacramentorum disciplina, R. Bidagor, 9.3.1964, 1 p.

1762 + Commission pour l'Apostolat des Laïcs, 8.3.1964, 2 p.

1763 + Appunto, Commissio de disciplina cleri et populi christiani, 9.3.1964, 2 p.

1764 + Relazione sul lavoro del Segretariato per l'Unione dei Cristiani durante il periodo 3 febbraio-7 marzo 1964, 8.3.1964, 7 p.

1765 + Appunti sull'attività della Commissione dei Seminari, degli Studi e della Educazione Cattolica, A. Mayer, 9.3.1964, 1 p.

1766 Animadversiones in Relationem Em.mi Francisci Card. Roberti, Card. Fr. Spellman, s. d., 1 p. (il n'accepte pas qu'il faille voter des schémas sans discussion).

1767 Propositum ad Modum procedendi in Concilio expediendum, Card. Fr. Spellman, s. d., 5 p. (des propositions pour accélérer le travail).

1768 Annotationes de negotiis Concilii Œcumenici Vaticani II in tertia periodo expeditius peragendis, Card. Doepfner, 3.3.1964, 10 p. (il donne des suggestions pour pouvoir finir le Concile à la 3ème Session, comme il a été décidé par la Commission de coordination avec l'approbation du pape).

1769 Memorandum on Parliamentary Procedure at Ecumenical Council Vatican II, J. Buckley, 24.1.1964, 4 p.

1770 + Adnotationes super modo procedendi in Concilio Œcumenico Vaticano II, J. Buckley, 31.1.1964, 4 p. [même document que celui envoyé par Mgr Felici le 18.2.1964, cfr. n° 1753].

1771 Notae de normis a Moderatoribus in negotiis suis observandis, Card. Doepfner, 11.3.1964, 4 p. (diverses propositions pour le rôle des Modérateurs, e.a. pour intervenir dans le travail des Commissions).

Réunion du 16.4.1964

1772 Relatio circa Schema Conciliare "De Religiosis" proferenda in sess. Commissionis de Concilii labor. coordinandis, Card. Doepfner, 15.4.1964, 3 p.

1773 Relatio circa Schema Conciliare "De pastorali Episcoporum munere i. Ec." proferenda in sessione Commissionis de Concil. lab. coordinandis, Card. Doepfner, 16.4.1964, 5 p.

1774 Nota de condendo "Regolamento interno", Card. Doepfner, 16.4.1964, 1 p. (une correction à la note jointe).

1775 + Adnotationes quoad ordinem servandum in tertia periodo Concilii Vaticani II, s. d., 2 p. (quelques amendements de l'Ordo Concilii pour accélérer les débats).

Réunion du 26-27.6.1964

1776 Elenchus Schematum, Constitutionum, Decretorum Propositionum et Voti de quibus deliberabitur in Sacrosancto Concilio, T P V, 1964, 3 p. (le programme de la 3ème Session avec les 13 schémas).

1777 Lettre du Card. Doepfner au Card. Cicognani, 2.6.1964, 5 p. (il propose un programme pour la 3ème Session et il conclut qu'il faudra une 4ème Session).

1778 + Suggestiones circa ordinem agendorum in tertiae Concilii periodi [sic], s. d., 2 p. (un calendrier détaillé pour la 3ème Session) + double (avec une modification pour le vote sur le De Eccclesia).

1779 Lettre de Mgr Felici au Card. Suenens, 6.6.1964, 1 p. (invitation à la réunion du 26 et 27 juin 1964 et envoi de l'ordre du jour).

1780 + Ordo agendorum in sessionibus dierum 26 et 27 iunii 1964, s. d., 1 p. + double.

1781 Lettre du Card. Suenens au Card. Lercaro, 17.6.1964, 1 p. (il ne pourra se rendre à la réunion de la Commission de coordination; et il a demandé à A. Prignon de prendre contact avec le Card. Lercaro).

1782 Lettre du Card. Suenens au Card. Cicognani, 21.6.1964, 1 p. (il envoie une brève note sur le schéma XVII) [la note manque].

1783 Farde : Commissio de Concilii laboribus coordinandis (diebus 26 et 27 iunii 1964) (avec des documents pour la réunion) [dans les archives manquent les chapitres VI et VII du De Ecclesia et le Kalendarium].

1784 + Ecclesia in mundo huius temporis, s. d., 24 p. [la p. 23 manque] (projet de texte n° 1-25).

1785 + Annexus II. De Matrimonio et Familia, 3.6.1964, 9 p. (projet de texte).

1786 + Relatio circa rationem qua schema elaboratum est, Mgr E. Guano, 16.6.1964, 6 p.

1787 + De Divina Revelatione, s. d., 16 p. (projet de texte).

1788 De historia, stilo, methodo et spiritualitate Schematis XVII, s. d., 2 p. (une note explicative du texte) [notes mss A. Prignon].

1789 + Ecclesia in mundo huius temporis, s. d., 13 p. (un projet de texte).

1790 + L'Église dans le monde actuel, s. d., 12 p. (traduction du texte latin précédent).

1791 Lettre du Card. Lercaro au Card. Suenens, 25.8.1964, 1 p. (il communique qu'il y a une réunion conjointe des Modérateurs, du Conseil de Présidence et de la Commission de coordination le 11.9.1964; pour préparer un point de vue commun des Modérateurs, il demande à rencontrer le Card. Suenens avant la réunion) [réponse ms. Suenens : projet d'un télégramme envoyé le 3.9.1964 : "serai Rome le 10 pour réunion des Modérateurs"].

1792 "Considerando l'attuale stato dei lavori....", s. d., 1 p. (dans la note, on prévoit qu'il est impossible de terminer avec la seule 3ème Session, et on demande que la 4ème Session soit précédée par un travail plus intense des Commissions conciliaires).

De Liturgia

Le Motu Proprio "Sacram Liturgiam" du 25.1.1964

[Certaines pièces de ce dossier sont des photocopies de documents dont l'original se trouve dans les archives du Secrétariat de la Conférence épiscopale belge à Bruxelles. Ainsi le dossier a été complété et est rendu intelligible. Voir également les n° 1708, 1715 et 1718].

1793 Animadversiones circa n° IX Litterarum Apostolicarum Motu proprio "Sacram Liturgiam", J. Medina, 25.1.1964, 3 p. (l'auteur compare le texte conciliaire au Motu Proprio et critique ce dernier texte) [notes mss A. Prignon – note envoyée par A. Prignon au Card. Suenens le 1.2.1964 – voir *supra* Generalia, n° 1708].

1794 Lettre d'A. Prignon au Card. Suenens, 6.2.1964, 2 p. (il a fait parvenir, sur les instructions de Mgr A.-M. Charue, un pro-memoria au Card. A. Larraona; le projet des évêques de Belgique – sur la liturgie – ne peut être promulgué sans 'recognitio' romaine; il tâchera de voir A. Bugnini et est prêt à aller à Bologne chez le Card. Lercaro).

1795 Lettre d'A. Prignon au Card. Suenens, 10.2.1964, 1 p. (il envoie le texte demandé et 2 textes de A.-G. Martimort; le projet du Motu Proprio, rédigé par le Card. Lercaro, a été modifié par Mgr Felici et ses hommes).

1796 + Lettre d'A. Prignon au Card. Suenens, 10.2.1964, 4 p. (dans cette lettre d'un ton très officiel, écrite à la demande du Card. Suenens [pour la transmettre au pape?], A. Prignon exprime les problèmes que le Motu Proprio a soulevés : déception devant la 'pauvreté' des concessions, divergence avec la Constitution au sujet des facultés des Évêques, conséquences pour l'esprit œcuménique).

1797 + Lettre de A.-G. Martimort à Mgr M. Larrain, 5.2.1964, 2 p. (il informe sur les graves difficultés du Motu Proprio).

1798 + Coupure de presse, "Rome pas d'accord pour la lecture en français de l'épître et de l'évangile", R. Cortel, dans *L'Aurore*, 5.2.1964, p. 15a.

1799 + Mémorandum de la Commission épiscopale de Liturgie, A.-G. Martimort, s. d., 2 p. (sur les difficultés de l'Ordonnance française qui n'est pas conforme au Motu Proprio, qui exige de soumettre les traductions à l'approbation du Saint-Siège).

1800 Lettre de A.-G. Martimort au Card. Suenens, 21.2.1964, 2 p. (il relate les événements et incidents des dernières semaines et souligne le double jeu du Card. A. Larraona).

1801 + Réponse du Card. Suenens à A.-G. Martimort, 26.2.1964, 1 p. (il remercie pour les renseignements et pour la note précédente).

1802 Lettre d'A. Prignon au Card. Suenens, 22.2.1964, 2 p. (il n'a plus de nouvelles au sujet du Motu Proprio; on dit que le pape a été mécontent et peiné de cette affaire; Mgr Felici semble avoir conservé toute son autorité; Mgr E. De Smedt arrive ce jour pour travailler sur le De Libertate religiosa).

1803 Lettre de R. Ceuppens à A. Prignon, 10.3.1964, 2 p. (il demande de rappeler au Card. Suenens 3 questions : 1° la réponse romaine à la demande de l'épiscopat belge. 2° Quelle procédure doit suivre l'épiscopat pour la ratification des ordonnances? 3° Est-ce que le rituel de la concélébration sera prêt avant le Jeudi Saint?).

1804 Note confidentielle sur les difficultés du Conseil exécutif de Liturgie avec la Congrégation des Rites, A.-G. Martimort, 27.6.1964, 3 p. (sur les difficultés et tensions entre le Consilium pour la Liturgie et la Congrégation des Rites).

De Ecclesia

1805 De Ecclesia, Textus propositus post discussiones Mart. 1964, T P V, 1964, 61 p.

1806 Schema Constit. De Ecclesia, T P V, 3.7.1964, 219 p. [à la p. 136, note ms. Suenens sur l'Action catholique] + double.

1807 Votum Pontificiae Commissionis de re biblica circa n° 22 Schematis Constit. De Ecclesia, T P V, B.-N. Wambacq, 2.6.1964, 4 p. (réponse à une demande de Mgr Felici).

1808 Caput VII (vel VI) De indole eschatologica vocationis nostrae ac nostra unione cum Ecclesia cœlesti, s. d., 4 p. [notes mss G. Philips].

1809 Relatio restricta quoad textum capitis V Const. "De Ecclesia" De Sanctitate et de Religiosis, H. Lio, 13.2.1964, 16 p.

1810 Chap I. De Episcopatus institutione et ratione, s. d., 3 p. et 1 p. de notes (projet de texte).

1811 + Essai : Les Apôtres et les évêques dans le Nouveau Testament et le christianisme primitif, L. Cerfaux, s. d., 9 p.

1812 + Chap II. Le Collège épiscopal et l'Église universelle, s. d., 3 p. et 4 p. de notes (projet de texte).

1813 + Chap III. Les Évêques résidentiels et l'Église particulière, s. d., 3 p. et 2 p. de notes (projet de texte).

1814 Pro memoria sur le schéma De Ecclesia, A. Prignon, s. d. [à dater entre février et mai 1964], 1 p. (une note pour le Card. Suenens sur l'état des travaux).

1815 De Consecrationis episcopalis effectibus (De Ecclesia, n° 14), G. Thils, s. d. [à dater de mars 1964, cfr. le même texte daté dans Période postconciliaire, De Ecclesia, n° 2824], 16 p. (G. Thils illustre e.a. par les interventions faites in aula que la consécration épiscopale donne non seulement la 'potestas ordinis' mais aussi 'saltem essentialiter et habitualiter potestas docendi et gubernandi') + double.

1816 Lettre ronéotypée de Gh. Lafont au Card. Suenens, 20.8.1964, 1 p. (il envoie des remarques et un projet de texte des chapitres V et VI du De Ecclesia).

1817 + Remarques sur les chapitres V et VI du Schéma sur l'Église proposé à la troisième Session du Concile, Gh. Lafont, 20.8.1964, 19 p. et 5 p. (projet de texe amendé).

1818 Lettre de Mgr F. Simons au Card. Suenens, 30.12.1963, 1 p. (il envoie deux observations sur le pouvoir juridique des Conférences épiscopales, pouvoir qui a son fondement dans la collégialité épiscopale).

1819 Lettre de Mgr A.-M. Charue au Card. Suenens, 13.4.1964, 1 p. (il expose son souhait pour le Prooemium du Chapitre V : y ajouter un mot sur la charité dans son rapport avec la sainteté chrétienne).

1820 Lettre du Card. Suenens au Card. J. Quintero, 4.5.1964, 1 p. (il demande que Mgr J. Henriquez, auxiliaire du Card. J. Quintero, puisse assister à la session de mai de la Commission doctrinale).

1821 + Projet de cette lettre, rédigé par A. Prignon, s. d., 1 p. [notes mss de Suenens et de A. Prignon].

1822 Secrét. Général de l'Épiscopat, Note I/64, Les grandes lignes de la théologie de l'Épiscopat au Concile du Vatican I, J. P. Torrell, 29.1.1964, 12 p.

1823 Secrét. conciliaire de l'Épiscopat, Études et Documents, n° 7, La Collégialité au Ve siècle, J. Lécuyer, 23.3.1964, 5 p.

1824 Secrét. conciliaire de l'Épiscopat, n° 10, Remarques sur le texte révisé de la Constit. "De Ecclesia", Y. Congar, 29.5.1964, 12 p.

1825 R. Dulac, "Comment la théorie de la Collégialité épiscopale conduisit, en 1790, à une Église schismatique", dans *La Pensée catholique*, n° 89, 1964, p. 39-48.

1826 J. Hornef, "Le Concile et le Diaconat", dans *Les Questions liturgiques et paroissiales*, n° 3, 1964, p. 241-250.

1827 Lettre pastorale de S. E. Mgr Guerry sur Les grands Problèmes du Concile, I. La Collégialité, 1964, 23 p.

1828 T. Jimenez Urresti, "Que es la Colegialidad episcopal?", dans *Ecclesia*, s. d., p. 17-20.

Les 13 Suggestions du pape au sujet du chapitre III du De Ecclesia (mai 1964)

1829 Lettre de Mgr Felici au Card. Ottaviani, 19.5.1964, 1 p. (il envoie au nom du pape des suggestions pour la révision du texte).

1830 + Suggerimenti per la Revisione del Capitolo dello Schema De Ecclesia, s. d., 2 p. (les 13 suggestions).

1831 + Pericopae revidendae, s. d., 7 p. (les 13 suggestions présentées dans le nouveau texte et en comparaison avec l'ancien texte).

1832 Relatio De suggestionibus Commissioni doctrinali propositis 5-6 iunii 1964, 7.6.1964, 6 p. [ce texte a été fait par G. Philips – notes mss A. Prignon].

DE BEATA

1833 Caput VI seu Epilogus, De Beata Maria Virgine Deipara in mysterio Christi et Ecclesiae, G. Philips et C. Balič, s. d. [à dater avant mars 1964], 7 p. (projet de texte) [notes mss Suenens].

1834 Caput ultimum seu Epilogus, De Beata Maria Virgine Deipara in mysterio Christi et Ecclesiae, s. d. [à dater après mars et avant juillet 1964], 9 p. (projet de texte).

1835 "50/ De Beata Virgine et Ecclesia/", s. d., 1 p. (un nouveau projet de texte au sujet de la médiation et de la corédemption) [selon le FPrignon n° 644, le texte est de G. Philips et du 5.6.1964].

1836 + Carte de visite de Mgr A.-M. Charue, s. d., 1 p. (il envoie au Card. Suenens le "texte moyen" accepté par Mgr P. Parente, G. Philips, C. Balič et S. Tromp).

1837 De Beata Maria Virgine Matre Christifidelium, s. d., 5 p. (un projet de texte).

1838 De Schemate De Beata Maria Virgine Matre Ecclesiae, s. d., 18 p. (des remarques "generalia " et "specialia" sur un projet du schéma).

1839 Circa Schema Constit. dogmaticae de Beata Maria Virgine Matre Ecclesiae, Votum, C. Balič, s. d., 22 p. (un aperçu de l'histoire du schéma et des remarques des Pères dans le débat de la 2ème Session; des suggestions pour adapter le texte) [écrit après novembre 1963].

1840 Lettre de Hilde Firtel ["envoy" de la Légion de Marie à Francfort] au Card. Suenens, 12.1.1964, 3 p. (elle raconte les changements dans la théologie mariale en Allemagne, en Hollande et en Belgique; elle a dû défendre le Card. Suenens, dont on disait que ses idées sur la Vierge avaient fait un tour de 180 degrés; dans une lettre, F. Duff a des expressions très dures pour le comportement des évêques allemands au Concile) [au revers de la 3ème page : notes mss Suenens : projet de réponse].

1841 Secrét. conciliaire de l'Épiscopat, Études et Documents, n° 3, Le Schéma "De Beata Maria Virgine", R. Laurentin, 19.2.1964, 7 p.

1842 Note ms. de Domenico Farias, s. d., 2 p. (des suggestions en anglais sur la Vierge, l'Église et l'eucharistie).

De Ecclesiis orientalibus

1843 Schema Decreti De Ecclesiis orientalibus, T P V, 27.4.1964, 40 p. + 2 doubles.

1844 Animadversiones Patrum Conciliarium linguae Germanicae et Scandiae, 19-22.5.1964, 2 p. (le schéma placet in genere, mais pas le texte sur les Patriarches).

1845 Observations faites par S. E. Mgr E. Zoghby, s. d., 17 p. (critique très dure du schéma du 27.4.1964; il propose d'intégrer le schéma dans le De Ecclesia).

1846 Quelques Considérations de Mgr M. Baudoux, 3.3.1964, 7 p. (il est opposé à un schéma distinct; il faut se dégager de toute tentative d'uniformisation; les orientaux devraient mieux s'entendre entre eux).

1847 Secrét. conciliaire de l'Épiscopat, Études et Documents, n° 11, Schema Decreti De Ecclesiis orientalibus, M.-J. Le Guillou, 13.6.1964, 5 p.

De Œcumenismo

[Les textes imprimés de la T P V contiennent également les textes sur le "De Iudaeis et de non-christianis" et sur le "De Libertate religiosa". La même observation vaut pour les remarques sur ces textes. Cfr. aussi *infra* De Libertate religiosa].

1848 Schema Decreti De Œcumenismo, T P V, 27.4.1964, 39 p. + 2 doubles.

1849 Schema Decreti De Œcumenismo, Declaratio altera De Iudaeis et de non christianis, T P V, 3.7.1964, 29 p. + double.

1850 Remarques concernant le schéma sur l'Œcuménisme, A. Vanistendael, s. d. [mais avant le 23.3.1964], 3 p. (9 remarques).

1851 + Carte de visite de A. Vanistendael, s. d., 1 p.

1852 + Réponse de Th. Cogels à A. Vanistendael, 23.3.1964, 1 p. (le Cardinal Suenens remercie).

1853 Annotationes circa Schema "De Œcumenismo" eiusque Appen. "De libertate religiosa" a Patribus Conciliaribus linguae Germanicae et Scandiae, 19-22.5.1964, 2 p.

1854 Secrét. conciliaire de l'Épiscopat, Études et Documents, n° 8, Le nouveau texte du schéma "De Œcumenismo", Y. Congar, 12.5.1964, 11 p.

De Episcopis

1855 "On m'a demandé de fixer quelques réflexions faites....", 14.2.1964, 1, 3 et 2 p. (des réflexions diverses surtout sur la limite d'âge des évêques et des curés; et des suggestions pour la mettre en pratique) [probablement, et selon des critères internes, ce texte est-il à attribuer à G. Benelli].

1856 Lettre de R. Etchegaray au Card. Suenens, 10.6.1964 (il envoie un texte traduit par lui).

1857 + La silhouette de l'évêque d'après Vatican II, Mgr M. Gonzalez Martin, s. d., 6 p.

1858 Secrét. conciliaire de l'Épiscopat, Études et Documents, n° 20, Le texte du schéma "De pastorali episcoporum munere in Ecclesia", W. Onclin, 17.8.1964, 14 p.

De Religiosis

1859 Schema Propositionum De Religiosis, T P V, 27.4.1964, 27 p. + double.

1860 Schema Propositionum De Religiosis, Appendix (continuatur), 1964, 40 p.

1861 Schema Decreti De Religiosis, 16.3.1964, 5 p. (nouveau projet de texte).

1862 De Schemate de statibus perfectionis acquirendae emendato, a Commissione de Religiosis proposito, s. d., 3 p. (un rapport sur le nouveau projet de schéma) [probablement du Card. Doepfner – rapport pour la Commission de coordination?].

1863 Propositiones Commissionis de Concilii laboribus coordinandis circa Schema "De statibus perfectionis adquirendae" a Commissione de Religiosis exaratum, s. d., 2 p.

(un projet des directives de la Commission de coordination) [décembre 1963-janvier 1964].

1864 Ratio procedendi in Schemate "De Statibus perfectionis adquirendae" reducendo a Subcommissione coordinatrice definita, Commissio Conciliaris "De Religiosis", 3.2.1964, 2 p. (une note sur le travail accompli et celui encore à faire).

1865 + Schema "De Statibus perfectionis adquirendae" juxta normas Commissionis "De Concilii laboribus coordinandis" die 15 Januarii 1964 datas, a Subcommissione coordinatrice "De Religiosis" sub forma Propositionum retractatum et rigorose abbreviatum, Titulo mutato, 7.2.1964, 4 p. (nouveau projet de texte).

1866 Observationes super Schema abbreviatissimum "De Statibus perfectionis adquirendae", s. d., 3 p. (des observations sur le texte précédent du 7.2.1964).

1867 Relatio de laboribus et ratione procedendi Commissionis conciliaris "De Religiosis", mars 1964, 33 p. [ce projet de texte est publié comme Relatio dans le Schéma, T P V, 27.4.1964, cfr. n° 1859].

1868 Relatio de Studio a Commissione conciliari "De Religiosis" peracto circa Patrum Concilii Observationes, s. d., 52 p. [ce projet de texte est publié comme Appendix des Schema Propositionum, T P V, 1964, cfr. n° 1860].

1869 Annotationes et Emendationes ad Schema Propositionum 'De Religiosis' a Patribus Conciliaribus linguae Germanicae et Scandiae, 19-22.5.1964, 5 p.

1870 Lettre du Card. Suenens à B. Besret, 20.6.1964, 1 p. (il remercie pour les notes et pour le texte sur le devoir d'apostolat; il espère que la communication – à des amis trappistes de Spencer – de la note sur la vie active et contemplative ne lui a pas causé des ennuis).

1871 Secrét. conciliaire de l'Épiscopat, Études et Documents, n° 16, "De Religiosis" Le texte des Propositions, B. Besret, 24.7.1964, 8 p.

De Institutione sacerdotali

1872 Schema Propositionum De Institutione sacerdotali, T P V, 27.4.1964, 43 p.

1873 Lettre de A. Mayer au Card. Suenens, 3.2.1964, 1 p. (il envoie un projet de texte et demande des remarques).

1874 + Schema Constit. De Alumnis ad Sacerdotium instituendis, Textus secundum animadversiones Patrum recognitus durante secunda Concilii periodo mensibus Octobris-Novembris 1963, s. d., 13 p.

1875 Lettre de A. Mayer au Card. Suenens, 24.2.1964, 1 p. (il envoie deux projets de texte des propositions; il demande lequel des deux le Cardinal préfère).

1876 + A. De Alumnis ad sacerdotium instituendis, 17.2.1964, 3 p.

1877 + B. De Alumnis ad sacerdotium instituendis, s. d., 6 p.

1878 Propositiones De Institutione sacerdotali, 9.3.1964, 4 p. (nouveau projet de la commission) [note ms. Suenens : "remis par Mayer le 11 mars 1964 au Coll. belge"].

1879 Propositiones desumptae ex schemate De Institutione Sacerdotali, 24.3.1964, 4 p. (nouveau texte de la Commission).

1880 Schema Constit. De Sacrorum Alumnis formandis, s. d., 4 p. (des remarques d'un évêque des États-Unis sur le projet de texte).

1881 Lettre de A. Mayer au Card. Suenens, 18.12.1963, 1 p. (il répond à la demande du Cardinal – du 29.10.1963, cfr. n° 1616 – d'envoyer les remarques des Pères sur le schéma; il annonce la réunion prochaine de la Commission pour le 3.3.1964 et demande des propositions).

1882 + Animadversiones generales, 16.9.1963, 16 p.

1883 + Animadversiones generales, Continuatio, 3.10.1963, 6 p.

1884 + Animadversiones ad Prooemium, ad Cap. I, 20.9.1963, 22 p.

1885 + Animadversiones ad Cap. II, III, IV, V, 25.9.1963, 51 p.

1886 + Animadversiones particulares ad n° 1-26, 5.10.1963, 15 p.

1887 + Animadversiones circa Appendices, 27.9.1963, 14 p.

1888 Adnotationes circa Schema Propositionum De Institutione sacerdotali a Patribus Conciliaribus linguae Germanicae et Scandiae, 19-22.5.1964, 15 p.

1889 Lettre de A. Mayer au Card. Suenens, 13.1.1964, 1 p. (il transmet quelques paragraphes du schéma qui traitent de la formation pastorale) [texte non joint].

1890 Lettre de R. Etchegaray au Card. Suenens, 30.1.1964, 1 p. (en accord avec Mgr G. Garrone, il transmet les notes jointes, qui doivent encore être soumises à l'épiscopat français).

1891 + Note de la Commission Episcopale [française] du Clergé et des Séminaires... concernant le schéma "De sacrorum alumnis formandis", s. d., 2 p. (critique assez fondamentale du texte).

1892 + Note de la Commission Episcopale du Clergé et des Séminaires concernant le Schéma "De Clericis", s. d., 1 p. (critique radicale).

1893 + Réponse du Card. Suenens à R. Etchegaray, 5.2.1964, 1 p. (il remercie et exprime son accord avec les critiques).

1894 Lettre de A. Mayer au Card. Suenens, 25.5.1964, 1 p. (il communique au Cardinal les remarques de B. Häring).

1895 + Lettre de B. Häring à A. Mayer, 19.5.1964, 2 p. (jugement globalement positif et des remarques concernant le n° 14 au sujet de "Angelico Doctore magistro").

1896 Secrét. conciliaire de l'Épiscopat, Études et Documents, n° 12, Les Propositions sur la formation sacerdotale et les écoles catholiques, Th. Camelot, 29.6.1964, 6 p. [texte incomplet].

1897 Instituto de Pedagogia sacerdotal Juan XXIII, s. d., 6 p. (un projet espagnol d'un institut de formation pour des professeurs de séminaire).

De Educatione christiana

1898 Schema Propositionum De Scholis catholicis, T P V, 27.4.1964, 32 p. + 2 doubles.

1899 "I. Principia quaedam in schematibus emendandis prae oculis habenda", Commissio de Seminariis, de Studiis et de Educatione catholica, 16.12.1963, 1 p. (une note avec des questions à la suite des directives de la Comm. de coord.).

1900 Secrét. conciliaire de l'Épiscopat, Études et Documents, n° 12, Le Schéma "De Scholis catholicis", Mgr A. Cazaux, 29.6.1964, 3 p. [incomplet – cfr. n° 1896].

De Religionibus non-christianis

1901 Lettre du Card. Suenens à J. Brauer, 7.7.1964, 2 p. (il espère que la Déclaration sur les Juifs restera suffisamment nette. Il fera un amendement disant que, à cause de nos péchés, nous sommes tous coupables de la mort du Christ).

De Revelatione

1902 Schema Constit. De divina Revelatione, T P V, 3.7.1964, 65 p. + double.

1903 Observationes ad Schema Constit. dogmaticae "De divina Revelatione", Consultores episcopatus Hispanici, mars 1964, 1 p. et 9 p.

1904 H. Schauf, "De Traditione Constitutiva ad mentem Catechismorum", tiré-à-part de *Seminarium*, n° 2, 1964, 11 p.

1905 Secrét. conciliaire de l'Épiscopat, Études et Documents, n° 13, Le Texte révisé du "De Revelatione", Y. Congar, 30.6.1964, 12 p.

De Apostolatu laicorum

1906 Schema Decreti De Apostolatu laicorum, T P V, 27.4.1964, 60 p. [textes soulignés par Suenens à la p. 14 – De Actione catholica, et aux p. 48-49 : Actio catholica et Legio Mariae] + 2 doubles.

1907 Schema Decreti "De Apostolatu laicorum", 2-12.3.1964, 11 p. et 4 p. Notae (projet de texte de la Commission).

1908 Adnotationes circa Schema Decreti De Apostolatu laicorum a Patribus Conciliaribus linguae Germanicae et Scandiae, 19-21.5.1964, 6 p.

1909 Remarques sur le schéma "De Laicis", s. d., 3 p.

1910 De Laico in Ecclesia et in Mundo, Suggestions en marge du schéma " De Apostolatu laicorum", s. d., 1 p. et 10 p.

1911 Lettre de M. A. Lücker au Card. Suenens, 17.12.1963, 3 p. (M. A. Lücker, auditrice allemande au Concile, propose d'augmenter le nombre des auditeurs; elle suggère de ne pas précipiter la création d'un secrétariat mondial pour l'apostolat des laïcs; elle joint des suggestions pour refaire le schéma sur les laïcs) + 2 doubles.

1912 + Proponitur ad Schema De Apostolatu laicorum, s. d., 1 p. + 2 doubles.

1913 + Réponse du Card. Suenens à M. A. Lücker, 3.1.1964, 1 p. (remerciements).

1914 Secrét. conciliaire de l'Épiscopat, Études et Documents, n° 14, Le schéma "De Apostolatu laicorum", J. Streiff et M. de Surgy, 2.7.1964, 6 p.

1915 Pope to Argentine Bishops, translation of the Spanish language message concerning Catholic Action, *NCWC News Service*, 12.6.1964, 6 p.

De Libertate religiosa

1916 Lettre du Card. Suenens au Card. Bea, 25.2.1964, 1 p. (il envoie les remarques de l'épiscopat belge).

1917 + Emendationes propositae, Episcopi Provinciae Belgicae, s. d., 2 p.

1918 + Lettre de Mgr E. De Smedt au Card. Suenens, 6.1.1964, 1 p. (il envoie au Cardinal les remarques des évêques belges et demande de les transmettre à Rome).

1919 + Lettre du Card. Suenens à Mgr E. De Smedt, 27.1.1964, 1 p. (il a bien reçu sa lettre et les Emendationes propositae et demande de faire signe quand tous les évêques auront marqué leur accord pour envoyer le texte à Rome).

1920 Libertas religiosa. De iure personae et communitatum ad libertatem in re religiosa, 5.3.1964, 7 p. (projet de texte).

1921 De Libertate religiosa. I. Synthesis principiorum doctrinalium II. Observationes super Caput V ("De libertate religiosa") decreti "De Œcumenismo" III. Nova redactio praedicti capitis, Consultores Hispanici Episcopatus, 10-24.1.1964, 18, 9 et 4 p. [note ms. "de la part de Elio" (= G. Benelli)] + double.

1922 Animadversiones in Schema Declarationis De Libertate religiosa, A. Fernandez, s. d. [mais après le 27.4.1964], 18 p. (critique fondamentale du texte, qui doit être retiré).

1923 "Pourquoi la 'Declaratio de Libertate religiosa' publiée en Appendice du Schéma de Œcumenismo appelle-t-elle une refonte plutôt que de simples retouches?", s. d., G. de Broglie, 2 p.

1924 Secrét. conciliaire de l'Épiscopat, Études et Documents, n° 1, De la Liberté religieuse, Th. Camelot, 31.1.1964, 15 p.

1925 Secrét. conciliaire de l'Épiscopat, Études et Documents, n° 2, La Liberté religieuse, J. Courtney Murray, 4.2.1964, 4 p.

De Missionibus

1926 Schema De Missionibus, T P V, 17.1.1964, 24 p.

1927 Schema Propositionum De Activitate missionali Ecclesiae, T P V, 3.7.1964, 19 p. + double.

1928 Schema Propositionum De Activitate missionali Ecclesiae, s. d., 7 p. (projet du texte imprimé, T P V, du 3.7.1964).

1929 + Relatio ad Propositiones, s. d., 12 p. (la relatio et une liste – p. 6 à 12 – des sous-commissions et de leurs membres).

1930 Schema "De Missionibus"', Réflexions et Suggestions, X. Seumois et le groupe des experts d'Afrique centrale, 29.1.1964, VII p.+ 39 p.

1931 "Mihi liceat praesentare Commissioni de Missionibus...", Mgr T. van Valenberg, 28.3.1964, 1 p. (10 Pères conciliaires, dont 9 supérieurs majeurs, envoient leurs remarques).

1932 + Schema De Missionibus, 30.3.1964, 24 p. [les pages 14-17 sont en double] (des remarques et un nouveau projet de texte).

1933 Lettre circulaire aux évêques allemands de Mgr A. Bolte, 6.4.1964, 1 p. (il envoie les remarques sur le schéma).

1934 + Adnotationes praeviae ad Schema "De Missionibus", s. d., 13 p. (schema non placet; des remarques générales et particulières).

1935 Propositio pro Prooemio de Missionibus, Réflexions inédites..., s. d., 2 p.

1936 Lettre de Mgr J. Guffens au Card. Suenens, 19.5.1964, 1 p. (il envoie des notes au sujet du schéma).

1937 + Notes concernant le Schéma "de Missionibus", Mgr J. Guffens, mars-mai 1964, 14 p. (des remarques sur le schéma mais aussi une annexe – p. 10-14 – sur le Congo et son accès à l'indépendance).

1938 Lettre de Mgr J. Guffens au Card. Suenens, 12.8.1964, 2 p. (le texte du schéma lui paraît assez terne; il envoie quelques modifications; il parle de la situation au Congo).

1939 + Modifications proposées, s. d., 12 p.

1940 + Pour information, s. d., 1 p.

1941 Secrét. conciliaire de l 'Episcopat, Études et Documents, n° 5, Le Schéma "De Missionibus", G. Martelet, 13.3.1964, 7 p.

1942 Secrét. conciliaire de l'Épiscopat, Études et Documents, n° 8, Le Schéma "De Missionibus", Mgr G.-M. Riobé et J. Greco, 20.4.1964, 7 p.

De Presbyteris

1943 Schema Propositionum De Sacerdotibus, T P V, 27.4.1964, 47 p. + 2 doubles.

1944 Adnotationes circa "Schema Propositionum De Sacerdotibus" a Patribus Conciliaribus linguae Germanicae et Scandiae, 19-21.5.1964, 4 p.

1945 "Pères, Ceux qui écrivent cette lettre....", un groupe de 15 prêtres ouvriers, juin 1964, 12 p. et 5 p. de notes annexes (une note de prêtres ouvriers restés au travail au sujet de leurs préoccupations apostoliques).

1946 The Priest and the Council, Mgr Helder Camara, s. d. [entre la 2ème et la 3ème Session], 3 p. (il expose la nécessité d'impliquer les prêtres dans le renouveau conciliaire).

1947 Secrét. conciliaire de l'Épiscopat, Études et Documents, n° 17, Le Schéma "De Sacerdotibus", Les trois Propositions "De vitae sacerdotalis perfectione", J. Lécuyer, 25.7.1964, 4 p.

De Ecclesia in mundo huius temporis

1948 Schema De Ecclesia in mundo huius temporis, T P V, 3.7.1964, 45 p. [sur la 1e p. : notes mss Suenens] + double.

1949 De Praesentia efficaci Ecclesiae in mundo hodierno, s. d. [probablement de la 2e Intersession], 66 p. (projet de texte).

1950 Ecclesia in mundo huius temporis, Textus emendatus, 15.4.1964, 16 p. (projet de texte).

1951 Annexe IV, La Vie économique et sociale, Sous-commission 5, 2.6.1964, 15 p. (projet de texte).

1952 Schema XVII Ecclesia in mundo huius temporis, s. d., 1 p. (un plan du schéma XVII : A. Constitutio conciliaris. B. Annexa : non disceptabuntur in aula).

1953 Schema XVII, Emendationes propositae, I. Illich, s. d., 3 p. (des remarques sur un projet de texte).

1954 + Carte de visite de Ivan D. Illich.

1955 Lettre [ronéotypée] de Mgr A. Ancel à Mgr E. Guano, 19.12.1963, 4 p. (il donne des explications sur la manière dont il a rédigé son texte; il envoie un projet de schéma; il en donne copie à B. Häring) + double.

1956 + Projet d'un Schéma sur l'Église en face des problèmes du monde d'aujourd'hui, Mgr A. Ancel, 19.12.1963, 13 p. (projet de texte).

1957 Relatio, B. Häring, s. d. [1964], 8 p. (B. Häring donne le compte rendu de la réunion à Rome du 30.12.1963 avec Mgr E. Guano, Mgr J. Blomjous, R. Sigmond, R. Tucci et le plan de travail qui en est résulté).

1958 Suggestiones pro elaboratione Instructionis Pastoralis Ecclesiae in mundo, s. d., 4 p. (les conclusions de la réunion de la Sous-commission centrale du 1er au 3.2.1964 : I. Principia generalia II. Aliquae suggestiones quoad singula capita).

1959 Lettre du Card. Cicognani au Card. Suenens, 13.12.1963, 2 p. (il demande, au nom du pape, l'avis sur le rapport du groupe de H. de Riedmatten au sujet du 'problème démographique' et sur l'éventualité d'un prononcé du magistère).

1960 + Lettre du Card. Suenens au Card. Cicognani, 24.12.1963, 1 p. (il envoie la note demandée).

1961 + Note sur le rapport du groupe du P. de Riedmatten, s. d., 6 p. (la question est urgente mais la réponse doit être nuancée et mûrie; la question doit être élucidée dans le cadre du schéma XVII; il serait bon de demander un rapport à un groupe international de moralistes et de chercheurs).

1962 + "Très Saint Père, En cette veillée de Noël...", Card. Suenens, 2 p. (projet ms. de vœux de Noël 1963 au pape; il envoie directement au pape la Note, demandée par le Card. Cicognani). [cfr. FPrignon n° 1035 : carte de H. de Riedmatten au Card. Suenens : il annonce que la Secrétairerie d'État va demander l'avis du Cardinal].

1963 Lettre de A. Glorieux au Card. Suenens, 21.12.1963, 2 p. (il envoie une note préparée pour la Commission de coordination; il donne quelques informations et des précisions sur le calendrier de travail).

1964 + Circa i lavori della Commissione Mista incaricata dello Schema "De praesentia Ecclesiae...", A. Glorieux, 20.12.1963, 2 p. (un rapport sur la réunion du 29.11.1963 de la Commissio mixta : on a désigné 8 évêques qui devront organiser le travail : NN.SS. J. Schröffer, A. Ancel, M. McGrath, F. Hengsbach, J. Ménager, E. Guano, J. Wright, J. Blomjous; secrétaire: B. Häring; sous-secrétaire: R. Sigmond).

1965 Lettre de Mgr A. Ancel au Card. Suenens, 4.1.1964, 2 p. (il communique l'ébauche d'un texte qu'il a composé pour le travail de la sous-commission; il aimerait rencontrer le Cardinal).

1966 Lettre de Mgr Helder Camara au Card. Suenens, 15.1.1964, 1 p. (il envoie une note sur le Birth Control; et communique qu'il sera nommé administrateur apostolique de Salvador) + double.

1967 + "Une des lacunes les plus criantes...", Mgr Helder Camara, s. d., 2 p. (il donne quelques idées sur la question de la limitation des naissances et le rôle du Concile dans cette question) + double.

1968 Lettre du Card. Suenens à B. Häring, 5.2.1964, 1 p. (il remercie et félicite pour le document envoyé et fait quelques remarques; il demande d'autres nouvelles après la rencontre de Zürich).

1969 + projet ms. Suenens de cette lettre, 3.2.1964, 2 p.

1970 Lettre du Card. Suenens à R. Cirillo, 6.2.1964, 1 p. (il approuve l'idée d'une organisation internationale; mais cela dépendra en grande partie de l'issue du schéma XVII).

1971 Lettre de B. Häring au Card. Suenens, 8.2.1964, 1 p. (il donne des nouvelles sur la réunion à Zürich du 1 au 3 février; on a refait un texte et on va reprendre le travail des Sous-commissions pour l'"Instruction pastorale").

1972 Lettre de Mgr E. Guano au Card. Suenens, 10.2.1964, 1 p. (il donne des nouvelles – avec la liste des participants – sur la réunion de Zürich du 1er au 3.2.1964 et le travail accompli).

1973 Lettre d'Y. Congar au Card. Suenens, 24.2.1964, 1 p. (il envoie un texte rédigé par un groupe parisien engagé dans le dialogue entre la théologie et la science moderne).

1974 + Adumbratio Schematis XVII. De activa praesentia Ecclesiae ancillae Domini in hominibus bonae voluntatis, s. d., 12 p. (un texte en français sur les signes des temps, et sur l'Église, ancilla Domini).

1975 + Réponse du Card. Suenens à Y. Congar, 26.2.1964, 1 p. (il remercie pour le texte et la collaboration).

1976 Lettre d'A. Vanistendael au Card. Suenens, 26.2.1964, 1 p. (il envoie copie d'un texte envoyé à A. Glorieux).

1977 + Lettre d'A. Vanistendael à A. Glorieux, 18.2.1964, 2 p. (il envoie ses remarques sur un projet de schéma concernant "La Participation active des chrétiens à la construction du monde").

1978 + Observations au sujet du projet "La Participation active de l'Église à la construction du monde", s. d., 22 p. (remarques générales e.a. sur la question de la famille et du mariage et sur la question de la propriété; remarques particulières).

1979 + Réponse du Card. Suenens à A. Vanistendael, 2.3.1964, 1 p. (il remercie pour le texte).

1980 Lettre du Card. Suenens à H. de Riedmatten, 26.2.1964, 1 p. (il souhaite à de Riedmatten plein succès dans sa tâche délicate et indispensable [dans la Commission pontificale pour l'étude des problèmes de la population, de la famille et de la natalité]).

1981 Lettre du Card. Suenens à Paul VI, 2.3.1964, 1 p. (il fait parvenir une note sur le Birth Control; il a été heureux du questionnaire de la Secrétairerie d'État sur le même sujet : il prépare les réponses avec soin) [note non jointe].

1982 Lettre du Card. Suenens à R. Etchegaray, 25.4.1964, 1 p. (il remercie pour la lettre du 18.4.1964 et la note concernant le statut de la femme dans l'Église).

1983 Lettre de Fr. Houtart au Card. Suenens, 27.5.1964, 2 p. (il envoie un projet du schéma XVII rédigé par l'épiscopat polonais et surtout par Mgr K. Wojtyla, qui demande de le transmettre au Card. Suenens; il a eu deux entretiens avec Mgr Wojtyla, qui ne veut pas remplacer le texte actuel mais donner un témoignage de la pensée de l'épiscopat polonais; Fr. Houtart trouve ce texte assez apologétique dans certaines de ses parties).

1984 + De Ecclesia in mundo hodierno, Épiscopat polonais, s. d., 30 p.

1985 Lettre d'A. Vanistendael à B. Häring, 3.6.1964, 1 p. (il demande d'insérer un texte sur le "de spiritu dialogi" dans le chap. III, n° 19, lignes 19 à 25).

1986 + "Memores sint semper eminentis valoris positivi...", A. Vanistendael, s. d., 1 p.

1987 + Carte de visite d'A. Vanistendael pour le Card. Suenens, 6.6.1964.

1988 Lettre de H. de Riedmatten au Card. Suenens, 8.6.1964, 2 p. (on a mis la dernière main à un Schéma XVII; le chapitre sur le mariage, dû à B. Häring, lui paraît excellent. Sur les questions du Birth Control, il y a à Rome une atmosphère de grosse pression. Il doit convoquer sans tarder le groupe d'études à Rome).

1989 Lettre de B. Häring au Card. Suenens, 9.6.1964, 1 p. (il n'a pas pu faire les travaux sur la maternité spirituelle de la Vierge et sur l'expression "actio catholica"; l'annexe du Schéma XVII sur le mariage et la famille est faite; la dernière réunion de la Commission mixte était assez dramatique : incident avec le Card. Ottaviani qui a fait lire par S. Tromp le Décret du S. Office De Finibus matrimonii du 29.3.1944).

1990 Lettre du Card. Suenens à A. de Soras, 23.6.1964, 1 p. (il remercie pour la note qui rejoint des points de vue similaires exprimés par d'autres moralistes; le dernier mot n'est pas dit en cette matière délicate et cruciale [il s'agit probablement des méthodes de régulation des naissances]).

1991 Lettre du Card. Suenens au Card. R. Silva Henriquez, 1.8.1964, 1 p. (le Chan. de Locht se rendra chez lui du 10 au 31 août; on a l'air d'attendre une encyclique sur le sujet du Birth Control; il lui envoie une note qu'il avait fait parvenir au pape en disant pourquoi il souhaitait une refonte de Casti Connubii).

1992 Lettre du Card. Suenens à J. Noonan, 3.8.1964, 1 p. (le livre de Noonan sera très utile même s'il paraît après l'encyclique parce que le Concile va en discuter dans le schéma XVII; il lui demande d'envoyer quelques conclusions de son travail à B. Häring, qui est le secrétaire du schéma XVII et est en contact avec le pape).

1993 "Concernant l'initiative 'Adresse au Concile' émanant d'un groupe international de laïcs catholiques, au sujet des problèmes du mariage et de la régulation de la fécondité", H. Buelens, 31.8.1964, 6 p. (une lettre pour demander de signer le texte joint qui sera adressé au pape et aux Pères conciliaires).

1994 Secrét. conciliaire de l'Épiscopat, Études et Documents, n° 4, Le Monde attend l'Église, L.-J. Lebret, 13.3.1964, 11 p.

1995 Secrét. général de l'Épiscopat, Note 6/64, La Science, le Concile et l'Église, M. Marois, 6.5.1964, 5 p.

1996 + Carte de visite de M. Marois.

1997 Secrét. conciliaire de l'Épiscopat, Études et Documents, n° 18, Schéma "De Ecclesia in mundo hujus temporis", T. Thomas, 7.8.1964, 6 p.

De Matrimonii Sacramento

1998 Schema Voti De Matrimonii Sacramento, T P V, 27.4.1964, 23 p. + 2 doubles.

1999 Annotationes circa votum "De Matrimonii Sacramento" in Concilio suffragandum a Patribus Conciliaribus linguae Germanicae et Scandiae, 19-22.5.1964, 2 p.

2000 Secrét. conciliaire de l'Épiscopat, Études et Documents, n° 15, Le Votum "De Matrimonii Sacramento", H. Radenac, 6.7.1964, 5 p.

2001 Extrait de *La Vie Catholique*, n° 959, 25-31.12.1963, réponse du Père Avril au sujet de l'accueil aux divorcés, copie dactylographiée, 1 p.

Réforme de la curie

2002 Memorandum on Catholic Church Government, J. Buckley, 24.1.1964, 7 p. (des suggestions au niveau universel et au niveau diocésain).

2003 + Adnotationes super Ecclesiae regimine, J. Buckley, 31.1.1964, 7 p. (traduction latine du texte anglais).

2004 Note sur l'"Aggiornamento" de la Curie romaine, A. Prignon, s. d. [mais selon le FPrignon n° 814, du 20.6.1964], 10 p. (cette note a été demandée par G. Pinna, secrétaire de la Commission pour la Réforme de la curie; elle comporte des Réflexions critiques ainsi que des Propositions et Suggestions).

2005 Alcune idee sulla riforma della Curia, G. Benelli [selon une note ms. Suenens à l'envers de la dernière page : "Réforme Curie Eliot" = G. Benelli], s. d., 4 p.

Varia

2006 Lettre du Card. Suenens à M. Schooyans, 14.2.1964, 1 p. (il remercie de la lettre du 4.2.1964 et du rapport consacré au manque de prêtres au Brésil).

2007 Lettre du Card. Suenens à R. Laurentin, 29.2.1964, 1 p. (il remercie pour l'envoi du nouveau "Bilan" [du Concile]).

2008 Lettre du Card. Suenens à J. Duplacy, 1.8.1964, 1 p. (il remercie pour un document envoyé qui pose un problème bien douloureux; on verra au Concile comment rencontrer ce grave problème [celui des prêtres qui ont quitté?]).

2009 Lettre de J. Bourdarias au Card. Suenens, 6.8.1964, 2 p. (Radio Télé Luxembourg demande le concours du Cardinal pour une émission de TV le 13.9.1964).

2010 + Réponse de Th. Cogels à J. Bourdarias, 18.8.1964, 1 p. (le Cardinal accepte en principe).

2011 + Lettre de J. Bourdarias à Th. Cogels, 20.8.1964, 1 p. (il remercie et communique que Mgr Helder Camara, L.-J. Lebret, J. Daniélou et P. Haubtmann participeront également à l'émission).

2012 Lettre [ronéotypée] de H. M. Kellner au Card. Suenens, 26.8.1964, 1 p. (il envoie un article).

2013 + Die Rolle des "Fortschritts" im katastrophalen Niedergang des Katholizismus, H. M. Kellner, 12 p. et 3 p. (une critique de tendance très conservatrice e.a. contre le Card. Suenens).

2014 R. Dulac, "Variations sur le thème du juridisme", dans *La Pensée catholique*, n° 90, 1964, p. 45-52.

Troisième Session conciliaire

Generalia

2015 Nota de praesente statu laboris Commissionis Doctrinalis, s. d., 3 p. (donne l'état des travaux pour le De Ecclesia, le De Revelatione et le Schéma XIII) [selon le FPrignon n° 943, l'auteur de ce texte est G. Philips, il est daté du 7.10.1964 et adressé au Card. Suenens et à la réunion des Modérateurs].

2016 De Labore conciliari post expletam III Sessionem Concilii, s. d., 13 p. (note sur le travail à faire durant la 3ème Intersession et la 4ème Session et des suggestions pour accélérer le travail).

2017 An Ecumenical Concern for World Poverty, s. d., 5 p. (note sur la pauvreté dans le monde, la responsabilité des chrétiens et des initiatives œcuméniques à prendre).

2018 "Très Saint Père, Le groupe d'évêques...", s. d.[selon le FPrignon n° 1043, rédigé par Mgr Ch. Himmer et daté du 17.10.1964], 1 p. (projet d'un texte du groupe d'évêques "L'Église et les Pauvres" adressé au pape avec deux suggestions).

2019 + Ut in nostro ministerio primus locus pauperum evangelizationi tribuatur, s. d., 1 p.

2020 + Simplicitas et paupertas evangelica, s. d., 1 p. (des engagements pour un style de vie plus simple des évêques).

2021 Lettre du Card. Suenens à Paul VI, 24.11.1964, 1 p. (il remercie pour l'exemplaire de la Bible de Borso d'Este; il dit sa joie pour l'adaptation du jeûne eucharistique).

2022 Lettre de A.-G. Martimort et de E. Bonet au Card. Suenens [ms. Martimort?], s. d., 2 p. (l'annonce de Mgr Felici sur le vote concernant les petits schémas comporte une clause contraire au règlement).

2023 Interview du C. S. [= Card. Suenens] à la radio américaine durant la 3ème Session du Concile Vatican II, s. d., 2 p. (sur les charismes et le Saint Esprit; sur le rôle des femmes dans l'Église).

De Ecclesia

Textes officiels imprimés par la T P V, 1964

2024 Relatio super Caput II Textus emendati, Mgr G. Garrone, 8 p.

2025 Relatio super Caput IV Textus emendati, Mgr J. Wright, 7 p. + double.

2026 Relatio super Caput V et VI (vel V, a et b) Textus emendati, B. Gut, 17.9.1964, 6 p. + double.

2027 Relatio super Caput VII Schematis Constit. De Ecclesia, Card. M. Browne, 7 p.

2028 Relatio super Caput VIII Schematis De Ecclesia, Mgr M. Roy, 7 p.

2029 Quaesitum circa Modum suffragandi Schema Constit. De Ecclesia, 23 p. (propose le mode de vote et donne le texte du chapitre III) [notes mss Suenens avec le résultat des votes du chapitre III].

2030 + Kalendarium suffragationum Capitis Tertii [feuille insérée], 1 p.

2031 Modi, Caput I, De Ecclesiae mysterio, 7 p.

2032 Modi, Caput II, De Populo Dei, 15 p.

2033 Modi, Capita IV, V, De Laicis – De universali vocatione ad sanctitatem in Ecclesia, 26 p.

2034 Modi, Caput VI, De Religiosis, 14 p.

2035 Modi, Caput VII, De Indole eschatologica Ecclesiae peregrinantis eiusque unione cum Ecclesia cœlesti, 16 p.

2036 Modi, Caput VIII, De Beata Maria Virgine Deipara in mysterio Christi et Ecclesiae, 24 p.

2037 Textus emendatus Capitis VII et Relatio, 15 p.

2038 Textus emendatus Capitis VIII et Relationes, 31 p.

2039 Relatio super emendationes Capitis VII, Card. R. Santos, 4 p.

2040 Schema Constit. dogmaticae De Ecclesia, de qua agetur in sessione publica diei 21 novembris 1964, 66 p.

2041 Constit. dogmatica De Ecclesia, 75 p.

2042 The following is an unofficial English Translation of the text of the Second Vatican Council's Constitution on the Church, s. d., 45 p.

Intervention du Card. Suenens sur les canonisations, 16.9.1964

2043 De Ecclesia cœlesti, 15.9.1964, 4 p. (projet de texte de l'intervention) [corrections mss de Suenens sur un texte dactylographié].

2044 + De Ecclesia cœlesti, 15.9.1964, 3 p. [le texte ci-dessus a été dactylographié à nouveau].

2045 Concilium Vaticanum II utpote Concilium pastorale..., 16.9.1964, 3 p. + 2 doubles (texte latin de l'intervention).

2046 Le Concile du Vatican II comme concile pastoral...., 16.9.1964, 3 p. (traduction française de l'intervention) [note ms. Suenens].

2047 Canonisations de 1800 à 1961, H. Midar s.j.(?), s. d., 1 p. (données statistiques sur les canonisations) [le Card. Suenens utilise ces données pour son intervention, mais, par erreur, 1800 devient dans son texte : début du 18e siècle].

2048 Lettre de Francis Harnach au Card. Suenens, 16 [=17].9.1964, 2 p. (une réaction à l'intervention du Card. Suenens; Harnach prend la défense de la Congrégation des Rites).

2049 + feuille ms. Suenens, 1989 [?], 1 p. (note pour situer cette lettre).

2050 Lettre de Käthe Rasinger au Card. Suenens, 29.9.1964, 2 p. (demande la canonisation de Charles I d'Autriche).

2051 C. Lazoli, "Il novanta per cento di tutti i Santi sono italiani, francesi e spagnoli", dans *Il Messaggero*, 17.9.1964, p. 11.

Intervention du Card. Suenens sur le De Beata, 17.9.1964

2052 "Caput "De Beata" placet sed cum duplici emendatione", 17.9.1964, 2 p. (texte latin de l'intervention).

2053 "Le chapitre "De Beata" placet mais seulement 'juxta modum'", s. d., 2 p. (traduction française de l'intervention) [il est à noter que cette traduction omet certaines parties de l'intervention latine, e.a. la phrase "quia adest periculum christocentrismi anti-marialis", expression qui fut fort critiquée par des évêques et des théologiens de la majorité] + double.

2054 Votum Rev.mi P. Aniceti Fernandez... super Caput VIII Schematis De Ecclesia : De Beata Virgine Maria, 17.9.1964, 2 p.

2055 Modus de constit. De Ecclesia, Caput 8, num 62, pag. 9, s. d., 1 p. (deux modi pour souligner le rôle de la Vierge Marie).

2056 Observations sur le nouveau Schéma De Ecclesia, Maximos IV, automne 1964, 16 p.

2057 Amendements et Remarques de S. Exc. Mgr Isaac Ghattas, s. d., 4 p.

2058 Lettre du Card. F. König aux Modérateurs, 20.9.1964, 1 p. (demande au nom de la Commission doctrinale que la relatio de Mgr Franič sur le chapitre III puisse venir avant les autres relationes).

2059 Lettre de Mgr C. De Vito aux Modérateurs, 27.10.1964, 1 p. (suggère des améliorations pour le déroulement des débats in aula).

2060 "Plusieurs auteurs croient depuis quelque temps...", s. d., 7 p. et 2 p. (une réfutation des arguments contre la doctrine de la collégialité) [selon le FPrignon n° 843, ce texte a été rédigé par J. Lécuyer, Ch. Moeller, B.-D. Dupuy le 18.9.1964 et remis par le Card. Suenens au pape].

2061 Witness of Sacred Scripture to the Collegiality of the Apostles and Bishops, Barnabas M. Ahern, s. d., 7 p.

Dossier au sujet de la Nota Explicativa Praevia et les Modi pontificaux sur le chapitre III du De Ecclesia

2062 Lettre du Card. Cicognani au Card. Ottaviani, 10.11.1964, 2 p. (communique que le pape désire une Nota praevia; envoie au nom du pape des Addenda et un "parere" de W. Bertrams).

2063 + Circa gli emendamenti introdotti nello Schema De Ecclesia, s. d., 1 p. [en marge, note ms. de Paul VI : "tutto questo è essenziale"].

2064 + Addenda ad Relationem generalem (pag. 2), s. d., 2 p.

2065 + Notae quoad Capitulum Tertium Schematis De Ecclesia, W. Bertrams, s. d., 3 p.

2066 Lettre du Card. Ottaviani aux membres de la Commission doctrinale, 17.11.1964, 1 p. (envoi d'une copie de l'approbation du chapitre III du De Ecclesia par Paul VI).

2067 + Lettre de Paul VI au Card. Ottaviani, 13.11.1964, 1 p. (le pape approuve le texte du chapitre III et de la Nota praevia).

2068 G. Geenen, "Maria et Ecclesia in doctrina Pauli VI", dans *Marianum*, 1964, Fasc I-II, p. 43-52.

De Ecclesiis orientalibus

2069 Relatio super Schema Decreti De Ecclesiis orientalibus, T P V, Card. Cicognani et Mgr G. Bukatko, 1964, 16 p.

2070 Modi a Patribus conciliaribus propositi, a Commissione De Ecclesiis Orientalibus examinati et Textus emendatus, T P V, 1964, 67 p.

2071 Decretum De Ecclesiis Orientalibus, T P V, 21.11.1964, 13 p.

2072 Circa Schema Decreti "De Ecclesiis Orientalibus", Animadversiones Dni Neophyti Edelby, 16.10.1964, 2 p.

2073 Interventus Joannis M. Hoeck super Decretum De Ecclesiis orientalibus, 19.10.1964, 2 p.

2074 Animadversiones circa Schema Decreti De Ecclesiis Orientalibus, Mgr I. Ghattas, s. d. [16.10.1964?], 2 p.

2075 Modus in Art. 4, pag. 6, lin. 6-10, Mgr A. Gori, s. d., 4 p.

2076 Modus ad votum I, II, IV, V, VII, s. d. [1964], 5 p. + double.

2077 Observations sur le nouveau Schéma "De Ecclesiis Orientalibus", Maximos IV et le Saint-Synode de l'Église grecque-melkite catholique, automne 1964, 26 p.

2078 Lettre de O. Rousseau au Card. Suenens, 23.10.1964, 1 p. (après l'épisode un peu tragique des votes concernant le Schéma, O. Rousseau envoie au Card. Suenens une copie de sa lettre à Maximos IV).

2079 + Lettre de O. Rousseau à Maximos IV, 23.10.1964, 2 p. (rapporte l'épisode pénible des votes; et fait des suggestions que Maximos IV pourrait soumettre au pape, lors d'une prochaine audience, afin de remplacer le Schéma par quelques points importants).

2080 + "Praeter ea quae in aliis schematibus inveniuntur, haec declarat Sancta Synodus...", O. Rousseau, s. d., 1 p. (suggestions au sujet des rites, des mariages, de la "communicatio in sacris" et des patriarcats).

2081 Lettre de Mgr A. Fernandez au Card. Suenens, 19.11.1964, 2 p. (demande de faire voter le Schéma De Ecclesiis Orientalibus seulement après le De Ecclesia et le De Episcopis, et donc à la Session suivante).

De Œcumenismo

2082 Schema Decreti De Œcumenismo, T P V, 1964, 20 p.

2083 Relatio super schema emendatum Decreti De Œcumenismo, T P V, 1964, 14 p.

Modi a Patribus conciliaribus propositi, a Secretariatu ad Christianorum Unitatem fovendam examinati, T P V, 1964

2084 Procemium et Caput I, De catholicis Œcumenismi Principiis, 46 p.

2085 Caput II, De Œcumenismo [sic] Exercitio, 14 p.

2086 Caput III, De Ecclesiis et de Communitatibus ecclesialibus a Sede Apostolica Romana seiunctis, 39 p.

2087 Decretum De Œcumenismo, T P V, 21.11.1964, 23 p.

2088 Unofficial English Translation of the Second Vatican Council's Decree on Œcumenism, s. d., 16 p. et 1 p. de corrections + double.

2089 "Praeter emendationes iam introductas iuxta modos....", 19.11.1964, 1 p. (liste de 19 amendements introduits par le pape au dernier moment avant le vote défintif) [6 amendements sont soulignés par le Card. Suenens].

De Episcopis

2090 Congregatio Generalis... "De pastorali episcoporum munere in Ecclesia", die 18 septembris 1964, Patres qui verbo uti petierunt circa Schema "De pastorali episcoporum munere in Ecclesia", 1 p. (liste des orateurs inscrits à l'intention du Modérateur du jour).

2091 "Infrascripti Patres Conciliares ...", lettre signée par dix évêques, dont le Card. J. Frings et Mgr J. Daem, 2.11.1964, 1 p. (lettre demandant d'introduire des modi).

2092 + 4 Modi, s. d., 4 p.

2093 Modus, Textus n° 35, p. 18, lin 1-31, 6.11.1964, 3 p. (modus au sujet de la collaboration entre évêques et supérieurs religieux dans les œuvres d'apostolat).

2094 Projet de Sénat auprès du Pape, Mgr Helder Camara [note ms.], s. d., 2 p. (donne un projet pour un sénat plein[sic] – qui pourrait aussi élire le pape – et un sénat exécutif auprès du pape).

De Religiosis

2095 Relatio super Schema emendatum Propositionum De Religiosis..., Textus prior et emendatus, T P V, Mgr J. Mc Shea, 12.10.1964, 23 p.

2096 "Propositiones 'de Religiosis' etiam brevi forma redactae...", Card. Fr. Spellman, 10.11.1964, 3 p. (intervention in aula).

Intervention in aula du Card. Suenens, 11.11.1964

2097 Projet d'intervention sur les Religieux, s. d. [mais de 1964], 2 p. + double.

2098 Éléments pour un nouveau Schéma, s. d., 2 p. + double.

2099 Intervention : De Religiosis, s. d., 3 p. (projet en anglais pour une intervention sur le De Religiosis).

2100 "Hoc schema non placet...", s. d., 3 p. (éléments pour une intervention).

2101 "Animadvertere debeo me locuturum esse....", s. d., 3 p. (projet d'une intervention).

2102 "Schema non placet quia non videtur satisfacere....", Card. Suenens, 10.10 [=11].1964, 4 p. (son intervention latine in aula).

2103 + "Le Schéma «non placet» parce qu'il ...", Card. Suenens, 11.10 [=11].1964, 4 p. (traduction française de son intervention) + double.

2104 "Schema non placet quia non videtur satisfacere...", Card. Suenens, 10.10.1964 [= 11.11.1964], 4 p. + une page 2bis (l'intervention, corrigée et annotée à la main par le Card. Suenens pour le discours oral).

Interventions in aula, 11.11.1964

[Cette farde contient les documents dont le Card. Suenens disposait comme Modérateur de la Congrégation générale du 11.11.1964].

2105 Congregatio generalis CXX, die 11 novembris 1964, Patres qui verbo uti petierunt circa supradictum Schema, 1 p.

2106 + Brevissima Summa Votorum, die 11 novembris 1964, 4 p.

2107 "In nomine 103 Episcoporum Brasiliae loquor...", Card. J. de Barros Camara, 8 p.

2108 "Necessitas non habet legem...", Card. E. Ruffini, 8 p.

2109 Observationes propositae, Card. P. Richaud, 3 p.

2110 "Schema examinandum est in luce ...", Card. J. Doepfner, 10.11.1964, 8 p. [prononcé le 11.11.1964] [p. 1 : note ms. Suenens].

2111 Interventus Card. A. Bea ad schema "De Religiosis", 4 p.

2112 + Proponitur ut schemati "De Religiosis" summo initio praemittatur sequens textus, 2 p.

2113 "Placet quod per methodum propositionum procedatur...", Mgr A.-M. Charue, 3 p. + double.

2114 Observationes in Schema "De accomodata renovatione vitae religiosae", A. Fernandez, 3 p.

2115 + Carte de visite adressée au Card. Suenens, 13.11.1964, 1 p.

2116 "Nomine Conferentiae Episcoporum Neerlandicae...", Mgr P. Moors, 2 p.

2117 "Loquor nomine 185 Patrum...", Anastasius a SS. Rosario, 4 p.

2118 "Nomine Conferentiae episcoporum Indonesiae...", Mgr A. Sol, 2 p.

2119 + Animadversiones in Schema Propositionum De Religiosis, Conferentia Episcoporum Indonesiae, 3 p.

2120 "Loquor nomine 370 Patrum Concilii...", Mgr P. Perantoni, 3 p.

2121 + Carte de visite adressée au Card. Suenens, 1 p.

2122 "Loquor nomine proprio sed etiam nomine 265 aliorum Patrum...", Mgr V. Sartre, 2 p. + feuille à signer par les autres évêques.

2123 Interventus oralis Exc.mi Domini Richardi L. Guilly, 3 p. + double [sans la 3ème page].

2124 Interventus de Schemate De accomodata Renovatione..., J. Buckley, 3 p. [p. 1 : note ms. Suenens].

2125 "Patres Fratresque carissimi atque Matres Superiores admirandae...", Mgr D. Athaide, 1 p.

Interventions in aula, 12.11.1964

[Cette farde contient les documents dont le Card. Suenens disposait comme Modérateur à la Congrégation générale du 12.11.1964].

2126 Congregatio generalis CXXI, die 12 Novembris 1964, Patres qui verbo uti petierunt..., 2 p. [notes mss Suenens].

2127 + Brevissima Summa Votorum, 12.11.1964, 4 p.

2128 Interventio Exc. Dni Gerardi Huyghe, 4 p. + double.

2129 Interventio ad n° 5 et 6 Schematis De Religiosis, P. Hoffer, 3 p.

2130 + traduction française, 3 p.

2131 Emendationes propositae circa schema propositionum "De accomodata renovatione vitae religiosae", G. Lalande, 4 p. + 2 doubles.

2132 + traduction française, 4 p.

2133 + traduction anglaise, 4 p.

2134 + autre texte latin plus bref de l'intervention, 3 p. [celle qui a été prononcée in aula?].

2135 "Nomine omnium episcoporum Poloniae...", Mgr A. Baraniak, 4 p.

2136 Emendatio proposita ad Numerum Sextum, J. Van Kerckhoven, 3 p.

2137 Animadversiones ad Schema Propositionum De Religiosis, O. Degrijse, s. d., 4 p.

2138 "I. Le Schéma actuel...", Mgr E. de Araujo Sales, s. d., 4 p. (donne des suggestions au sujet de la vie religieuse féminine).

2139 Observations on the schema "Accomodation of the religious life in the renewal in the Church", s. d., 2 p.

2140 Animadversiones ad Schema "De Religiosis": "Opportunum videtur...", s. d., 3 p.

2141 Lettre de Mgr P. Perantoni au Card. E. Tisserant, 11.11.1964, 1 p. (proteste contre une lettre de 15 supérieurs généraux, qui reprochent à Mgr Perantoni qu'il a donné l'impression de parler au nom de tous les supérieurs généraux).

2142 + "Superiores generales Patres conciliares hic subsignati non sunt ex his de quibus dicitur quod faveant schemati", signé par 16 Supérieurs généraux, s. d., 1 p.

2143 Lettre de Mgr P. Perantoni et de Mgr R. Guilly aux Pères conciliaires, 13.11.1964, 1 p. (pour présenter leurs modi).

2144 + 7 pages de modi, s. d., 7 p.

2145 Lettre des Pères J. Van Kerckhoven, O. Degrijse, C. Heiligers aux Pères conciliaires, s. d., 1 p. (ils n'approuvent pas le schéma et proposent des modi).

2146 + 4 pages de modi, s. d.

2147 Lettre aux Pères conciliaires, signée par 11 Pères [dont les Card. Doepfner, R. Silva Henriquez, Suenens], s. d., 1 p.

2148 + 7 pages de modi, s. d., + double.

2149 Propositio 9 (nova) De vita religiosa laicali, s. d., 1 p. (nouveau projet d'un texte, à insérer après la proposition 8 – introduit après le vote et l'introduction des modi).

2150 "Sicut Summus Pontifex Paulus VI nuperrime...", s. d., 1 p. (feuille volante avec un plaidoyer pour les instituts séculiers).

De Institutione sacerdotali

Intervention in aula du Card. Suenens, 14.11.1964

2151 "Seminarium est centrum vitae spiritualis...", Card. Suenens [ms.], s. d., 2 p. (premier projet de son intervention).

2151bis "Vellem ut nova quaedam propositio addatur...", s. d., 3 p. (autre projet de son intervention) + double.

2151ter "Aux propositions concernant les séminaires...", s. d., 3 p. (traduction française du n° 2151bis) + double.

2152 "Vellem ut elencho propositionum...", Card. Suenens, 14.11.1964, 4 p. (texte latin de son intervention) [avec des corrections mss pour le discours oral in aula] + double.

2153 "Je voudrais ajouter quelque chose de nouveau...", Card. Suenens, 14.11.1964, 3 p. (traduction française de son intervention) + double.

2154 Intervention au Concile, Card. P.-É. Léger, 14.11.1964, 4 p.

2155 "Modus ad Prooemium...", s. d., 4 p. [ces modi proviennent en grande partie du Card. Suenens et ont été polycopiés au Collège belge].

2156 "Venerabilis Pater, Tuam veniam implorans...", Card. P.-É. Léger, s. d., 1 p. (propose des modi).

2157 + 2 pages de modi.

2158 Schema "De seminariis", Quaedam animadversiones, s. d., 1 p. (quelques suggestions).

2158bis Lettre de P. Dulau au Card. Suenens, 30.10.1964, 4 p. (critiques assez sévères du secrétaire général des Prêtres de la Mission au sujet d'une conférence sur les séminaires, donnée par le Card. Suenens à Rome le 28.10.1964).

De Educatione christiana

2159 Relatio super Schema Declarationis De Educatione christiana, T P V, 1964, 14 p.

2160 De scholis catholicis. Quaedam vota Patribus proponenda, s. d., 2 p. (des remarques sur le texte).

2161 Animadversiones ad Schema Propositionum De Scholis catholicis, O. Degrijse, s. d., 4 p. (critique assez sévère du schéma et plaidoyer pour une formation apostolique plus intense).

2162 Votum circa Schema De Scholis catholicis, s. d., 1 p. (schema non placet).

De Religionibus non-christianis

2163 Relatio super Declarationem de Iudaeis et de Non-christianis (Declaratio altera Schematis de Œcumenismo), T P V, Card. A. Bea, 25.11.1964, 8 p.

2164 Declaratio De Ecclesiae habitudine ad Religiones non-christianas, T P V, 1964, 19 p. (nouveau texte et relatio du Card. A. Bea) [texte distribué aux Pères, le 18.11.1964].

De Revelatione

2165 Schema Constit. dogmaticae De Divina Revelatione, Capita I, II, III, IV, V, VI, T P V, 1964, 47 p.

2166 Relationes super Schema Constit. De Divina Revelatione, T P V, Mgr H. Florit, Mgr J. van Dodewaard, 1964, 22 p.

2167 Ad Caput III, De Sacrae Scripturae divina inspiratione et interpretatione, Mgr N. Edelby, 5.10.1964, 2 p. (intervention in aula).

De Apostolatu laicorum

2168 Relatio super Schema Decreti De Apostolatu laicorum, T P V, 1964, Mgr F. Hengsbach, 15 p. [prononcé in aula le 7.10.1964].

Intervention in aula du Card. Suenens, 9.10.1964

2169 "Le schéma qui a trait à l'apostolat des laïcs...", 5 p. [avec des corrections mss] + double.

2170 "Le schéma qui a trait à l'apostolat des laïcs...", 4 p. (version avec les corrections intégrées du texte précédent) [p. 1 : note ms. Suenens] + double.

2171 + même texte dans une autre dactylographie, 5 p. + double.

2172 "Textus quod in genere placet, non semper...", s. d., 5 p. et 5a, (projet de texte donné in scriptis?) [p. 1 : note ms. L. Declerck].

2173 + 4. Elaboratio ulterior critica textus, s. d., 5 p. (version nouvelle du texte précédent).

2174 Projet d'une intervention d'un auditeur laïc en Congrégation générale, s. d., 4 p. [le 13.10.1964, P. Keegan a tenu son intervention in aula en s'inspirant largement de ce texte].

2175 Le laïc comme témoin, J. Guitton, s. d., 4 p. (projet[?] d'une intervention in aula) [notes mss de J. Guitton].

2176 Avis général, s. d., 15 p. (remarques de quelques laïcs sur le schéma).

2177 Cap. II, De variis formis apostolatus consociati ad Regnum Christi directe promovendum, s. d., 2 p. (nouveau projet de texte pour les Chap. II et III, p. 10-21) [selon l'adresse ajoutée, ce texte provient de Mgr Th. Morris, archevêque de Cashel, Irlande].

De Libertate religiosa

2178 Relatio super Declarationem De Libertate religiosa Schematis Decreti De Œcumenismo, T P V, 1964, Mgr E. De Smedt, 8 p. [prononcé le 23.9.1964].

2179 Schema Declarationis De Libertate religiosa, T P V, 1964, 40 p. (contient également la relatio de Mgr E. De Smedt) [cette relatio a été lue in aula le 19.11.1964].

2180 Animadversiones Rev.mi Patris Aniceti Fernandez, 23.9.1964, 3 p. [prononcé in aula le 25.9.1964] + double.

2181 Ad Declarationem De Libertate religiosa, Mgr Th. Cooray, 25.9.1964, 2 p.

2182 "Subsignatus Pater Conciliaris notum facit..", s. d., 1 p. (demande de signer et de présenter des modi au Secrétariat pour l'Unité, sans voter "placet iuxta modum" pour ne pas mettre en danger l'approbation du texte lui-même).

2183 + 3 pages de modi, s. d.

2184 "Beatissime Pater! Non sine magno dolore....", 11.10.1964, 1 p. (lettre de protestation, soumise pour signature à 13 cardinaux et adressée au pape, parce que le texte De Libertate religiosa sera confié à une commission mixte, dont trois des quatre membres déjà connus sont opposés au texte – e.a. Mgr M. Lefebvre).

De Missionibus

2185 Relatio super Schema Propositionum De Activitate missionali Ecclesiae, T P V, 1964, 22 p. [relatio lue le 6.11.1964].

Intervention in aula du Card. Suenens, 7.11.1964

2186 De activitate missionali Ecclesiae, 3 p. (texte latin de l'intervention avec notes mss Suenens pour le discours oral) + double.

2187 "L'apostolat des laïcs", Card. Suenens, dans *Rythmes du monde*, 1964, p. 257-258 (résumé de son intervention).

2188 Schema De Missionibus, De Activitate missionali Ecclesiae, Quelques remarques, Fr. Legrand, 4.10.1964, 2 p.

2189 Commentarius in Schema propositionum De Activitate missionali Ecclesiae, 3.8.1964, 25 p. (ce fascicule contient également une lettre datée du 17.10.1964 signée par 31 Pères conciliaires pour protester contre la décision de réduire le schéma De Missionibus à quelques "Propositiones").

2190 Lettre de O. Degrijse au Card. Suenens, 1.10.1964, 1 p. (demande l'attention du Cardinal pour les problèmes des supérieurs généraux des instituts missionnaires et envoie des remarques déjà transmises à Mgr Felici).

2191 + "Après avoir lu les passages...", O. Degrijse, s. d., 2 p. (un plaidoyer pour le rôle des instituts missionnaires).

2192 + Animadversiones circa Schema De Activitate missionali Ecclesiae, O. Degrijse, 1.10.1964, 5 p.

2193 Lettre de Mgr J.-M. Ogez et de Mgr M. Mihayo au Card. Suenens, 5.11.1964, 2 p. (critique virulente du Collegio de Propaganda Fide, ou Collegio Urbano, à Rome).

2194 Lettre de O. Degrijse au Card. Suenens, 6.10.1964, 1 p. (envoie des modi).

2195 + 2 pages de modi, s. d.

De Presbyteris

2196 Relatio super Schema emendatum Propositionum De Sacerdotibus..., T P V, 2.10.1964, 23 p. (contient également le nouveau texte).

2197 Schema Decreti De Ministerio et Vita Presbyterorum, Textus emendatus et Relationes, T P V, 12.11.1964, 42 p.

2198 Le Schéma sur les Prêtres, Card. Suenens, s. d., 4 p. (projet d'une intervention du Card. Suenens).

2199 P. Winninger, "Pouvoir d'ordre et Devoir d'ordre, Le recrutement sacerdotal", dans *Le Célibat ecclésiastique*, août 1964, 3 p.

2200 "7) Le nouveau texte est meilleur...", s. d., 1 p. [avec une note ms. : "voilà, semble-t-il, la pensée du Cardinal Colombo..."].

2201 E. Schillebeeckx, "Priesthood and Celibacy", dans *Herder Correspondence*, sept.-oct. 1964, p. 266-270.

2202 Married Minister To Become Priest, s. d., 1 p. (coupure de journal).

De Ecclesia in mundo huius temporis (sauf le chapitre De Matrimonio et Familia)

2203 Schema De Ecclesia in mundo huius temporis, Adnexa, T P V, 1964, 63 p.

2204 Relatio super Schema De Ecclesia in mundo huius temporis, T P V, Mgr E. Guano, 1964, 5 p.

2205 Interventus Card. Radulphi Silva Henriquez ...circa Schema "De Ecclesia in mundo huius temporis", 20.10.1964, 2 p.

Intervention in aula du Card. Suenens, 21.10.1964

2206 "Etiam mihi placet...", s. d., 3 p. (texte latin de l'intervention) [quelques corrections mss Suenens].

2207 Intervention de Son Eminence le Card. Suenens à propos du Schéma XIII, 21.10.1964, 3 p. + double.

2208 Animadversiones in Schema..., A. Fernandez, 22.10.1964, 5 p.

2209 Interventus Em.mi Radulfi Silva Henriquez..., 27.10.1964, 2 p. + double.

2210 Animadversiones... in numerum 22, Cap. IV Schematis, A. Fernandez, 30.10.1964, 4 p.

2211 Interventio Em.mi Card. Iacobi Lercaro super Caput IV Schem. 13, 4.11.1964, 4 p.

2212 + texte provisoire de cette intervention, 4.11.1964, 3 p.

2213 "Les Auditeurs laïcs, dans leur réunion du 26 octobre...", 26.10.1964, 2 p. (demande des auditeurs laïcs adressée aux Modérateurs pour que Mlle Pilar Bellosillo puisse en leur nom intervenir au Concile).

2214 "Nous, Auditeurs, remercions de tout cœur....", J. Vasquez, 10.11.1964, 4 p. (intervention au nom des laïcs).

2215 "Ad ambiguitatem vitandam Moderatores...", s. d., 1 p. (note ms. Suenens pour demander in aula au nom des Modérateurs des précisions au sujet du statut des Adnexa).

2216 Lettre du Card. F. Cento aux Modérateurs, 12.11.1964, 1 p. (la Sous-Commission centrale demande, au terme des débats, que soient posées quelques questions pour connaître la pensée de la majorité des Pères).

2217 + "I. Ex disputationibus....", s. d., 1 p. (des propositions pour 3 questions à poser).

2218 Modus procedendi quoad schema num. 13, E. Bonet, s. d., 1 p. (plan de travail pour la 3ème Session, l'Intersession et la 4ème Session).

2219 + De modo procedendi quoad schemata propositionum ac voti, E. Bonet, s. d., 2 p. (plan de travail pour ces schémas).

2220 + Carte de visite de E. Bonet.

2221 La Participation de l'Église à la Construction du monde, s. d., 9 p. (projet de traduction ou de première rédaction des 15 premiers numéros du Schema XIII).

2222 Sous-Commission française du schéma XIII, Atelier du chapitre IV et des annexes IV et V, Diagnostic de la situation mondiale et Éléments pour la réponse que doit apporter le Schéma XIII, L.-J. Lebret, 12.10.1964, 12 p. + Annexe I, 4 p. + Annexe 2, 8 p. + double.

2223 Compte rendu de la Réunion plénière de la Sous-Commission centrale du mardi 17 nov. 1964 et des Réunions restreintes des 19 et 20 nov.1964, ex mandato Mgr E. Guano, décembre 1964 [note ms. Ch. Moeller], 7 p. (donne e.a. un schéma du travail à faire en vue de la 4ème Session).

2224 L'Église dans le monde actuel, Rapport du comité de consultation, composé de clercs et de laïcs, présidé par Mgr M. Roy, archevêque de Québec, B. Lambert, s. d., 17 p.

2225 De actione culturali christifidelium, s. d., 2 p. (propose un nouveau projet pour le chapitre sur la culture).

2226 Carte de visite de L.-J. Lebret au Card. Suenens, s. d. (transmet une note rédigée pour Mgr Helder Camara).

2227 + Note demandée par Son Exc. Mgr Helder Camara..., Quelques Réflexions autour du Schéma XIII, L.-J. Lebret, 15.11.1964, 3 p. (réflexions e.a. au sujet de la composition des commissions, du statut des Adnexa, de l'érection d'organes postconciliaires).

2228 "Discours de S.S. Pie XII le 7 septembre 1955...", s. d., 1 p. (extraits de ce discours au sujet de la culture) [notes mss de G. Thils?].

2229 Lettre de A. Vanistendael au Card. Suenens, 21.10.1964, 1 p. (envoie une note au sujet du schéma XIII).

2230 + Note concernant le chapitre III, par. 18, alinéa 13 du projet de Schéma "Ecclesia in mundo....", s. d., 2 p. (A.

Vanistendael prend la défense des institutions chrétiennes propres).

2231 World Poverty and the christian Conscience, Barbara Ward (Lady Jackson), s. d., 4 p.

2232 Moral Science in the Modern World, J. Hayden, oct. 1964, 11 p. (note qui prend la défense de la psychanalyse).

2233 Lettre de J. Larnaud au Card. Suenens, 30.10.1964, 1 p. (envoie le discours de Mgr Bertoli, prononcé à la conférence générale de l'UNESCO).

2234 Lettre de M.-D. Epagneul au Card. Suenens, 23.10.1964, 4 p. (exprime des craintes et des critiques au sujet du schéma XIII).

2235 Lettre de Mgr C. Van Melckebeke au Card. Suenens, 17.11.1964, 1 p. (demande que le communisme, le socialisme et le marxisme ne soient pas condamnés in globo, comme le demandent Mgr G. de Proença Sigaud et Mgr A. de Castro Mayer).

2236 Les tâches d'un Secrétariat Église-Monde, Fr. Houtart, 4.11.1964, 8 p. (texte d'une conférence au Centrum Coordinationis Communicationum de Concilio).

2237 Note concernant la crise européenne, 8.11.1964, 5 p. [note ms. Suenens : "à utiliser en vue conf. sur Concile en Déc. à Brux."] + double.

2238 Dr de Valk, La Pensée moderne sur l'armement, la guerre et la paix, dans *DOC*, n° 164, s. d., 9 p.

2239 "Lo Schema 13 – I Protagonisti Il cardinal Suenens", dans *Orizzonti*, 1.11.1964, p. 10 (article de revue).

DE ECCLESIA IN MUNDO HUIUS TEMPORIS : DE MATRIMONIO ET FAMILIA

2240 N° 21, Dignitas matrimonii et familiae, Projet de texte remanié, par L'Atelier français du schéma XIII, H.-M. Féret et J. de Baciocchi, 10.10.1964, 12 p.

2241 Principaux devoirs des chrétiens dans le monde, Mgr G.-M. Coderre, 28.10.1964, 1 p. et 3 p. (intervention au Concile au sujet du chap. IV, n° 20-21).

Interventions in aula du Card. Suenens, 29.10.1964 et 7.11.1964

2242 "Le problème de la régulation des naissances est un problème crucial....", Card. Suenens, s. d., 3 p. (première ébauche ms. de son intervention).

2243 "Ad numerum vigesimum primum quod attinet....", Card. Suenens [corrections mss Suenens], s. d., 3 p. (texte latin de l'intervention) + 2 doubles.

2244 "En ce qui concerne le n° 21...", Card. Suenens, 29.10.1964, 3 p. (traduction française de l'intervention) + double.

2245 "Hac occasione et hac via....", Card. Suenens [corrections mss Suenens], 7.11.1964, 1 p. (intervention faite pour dissiper des malentendus au sujet de son intervention du 29.10.1964) [cette intervention a été faite à la demande du pape – qui avait envoyé le Card. Agagianian auprès du Card. Suenens pour exiger une rétractation – et a été rédigée en grande partie par A. Prignon, cfr. FPrignon n° 1046] + 2 doubles[6].

2246 + traduction française de ce texte, 1 p. [sans les corrections mss Suenens].

2246bis Lettre de Mgr G.-M. Coderre au Card. Suenens, 29.10.1964, 2 p. (félicitations pour son intervention).

2247 Lettre de G. Zizola au Card. Suenens, 29.10.1964, 1 p. (il remercie pour son intervention).

2248 + carte de visite.

6. Dans un document, non encore publié, "Mémoire sur le problème du Birth Control tel que je l'ai vécu de 1958 à 1968", le Card. Suenens relate cet incident aux p. 5-9.

2249 Lettre de R. Etchegaray au Card. Suenens, 30.10.1964, 1 p. (il félicite pour l'intervention et demande une entrevue au sujet des réunions inter-conférences épiscopales).

2250 Lettre de Mlle G. Willame au Card. Suenens, 30.10.1964, 2 p. (elle réagit à l'intervention du Cardinal).

2251 Lettre de L. et A. Hervé au Card. Suenens, 30.10.1964, 8 p. (ils remercient et donnent leurs vues personnelles sur la problématique de la régulation des naissances).

2252 Télégramme de Mme G. Toneman au Card. Suenens, 1.11.1964, 3 p. (encouragements pour le Cardinal).

2253 Lettre de "a Boston Reader" au Card. Suenens, 1.11.1964, 1 p. (envoie une coupure de journal et des encouragements).

2254 + "Catholic Marriage : A Vatican Dilemma", 1.11.1964, dans *The Boston Sunday Globe*, p. 24.

2255 Lettre de Mme Ch. Thibault au Card. Suenens, 4.11.1964, 2 p. (donne son point de vue de biologiste et appuie le Card. Suenens).

2256 Lettre de Mgr L. Morrow au Card. Suenens, 8.11.1964, 2 p. (en réaction à la déclaration du Card. Suenens du 7.11.1964, il donne son appui total aux idées du Cardinal).

2257 Lettre de Rudolf Pleuss [?] au Card. Suenens, 9.11.1964, 1 p. (le curé de Kreuz félicite le Cardinal).

2258 Lettre de P. Balley au Card. Suenens, 22.11.1964, 2 p. (le président de la Fédération des Familles du Rhône exprime son désarroi face aux discussions au Concile; envoie un numéro de sa revue).

2259 + *Familles du Rhône*, nov. 1964, n° 116, 16 p.

2260 + Réponse de Th. Cogels à P. Balley, 4.12.1964, 1 p. (transmet la mise au point faite par le Card. Suenens le 7.11.1964).

2261 Normes doctrinales, morales, scientifiques proposées par le Cardinal Suenens pour la Commission pontificiale sur le mariage, par R. Wiltgen dans *Divine World News Service*,

29.10.1964, 1 p. (résumé de presse) + traductions anglaise, allemande, espagnole et italienne.

2262 "Intervention du Card. Suenens à l'Assemblée conciliaire du 28 [sic].10.1964", dans *Pastoralia*, 2.11.1964, 33-2, p. 20-23.

2263 "Cardinal calls for searching Study on Marriage, Family", article dans *The Green Bay Register*, 25.12.1964, p. 15.

2264 "Cardinal Suenens, Archbischop of Malines-Brussels", dans *Population Bulletin*, Vol. XXI, févr. 1965, 1, p. 7-9 (publie l'intervention du 29.10.1964 du Card. Suenens).

2265 Chapitre IV, Paragr. 21 : Mariage et Famille, Intervention de S. B. Maximos IV, 29.10.1964, 2 p. + double.

2266 Intervention de Mgr J. Reuss, 30.10.1964, 1 p.

2267 Intervention de Mgr F. Gomes, 30.10.1964, 1 p. + 2 doubles.

2268 Textes intéressants sur le Schéma XIII. De Matrimonio [ms. Ch. Moeller], s. d., 27 p. [ces pages sont des photocopies des interventions, faites par les Pères sur le mariage en oct.-nov. 1964 et proviennent des documents que le Secrétariat général du Concile distribuait aux membres des Commissions conciliaires].

2269 Utrum infecunditas valeat ad bonum prolis, Ch. De Koninck et Mgr M. Dionne, 16.11.1964, 6 p. (étude – thomiste – de la position de Pie XI et Pie XII, et qui préconise une plus grande ouverture).

2270 The Morality of Contraception, Ch. Davis, automne 1964, 14 p. (conférence donnée à des théologiens américains à Rome).

2271 Address to the second Vatican Council on the subject of the Problems of the Family, an international group of lay catholics, octobre 1964, 15 p. + Liste des soussignés, 6 p. [initiative due e.a. à M. et Mme H. Buelens-Gijsen et J. Grootaers].

2272 "The signataries respectfully submit....", s. d., 1 p. et 1 p. de signataires (demande aux Pères conciliaires de constituer une commision de théologiens et d'hommes de science pour étudier les problèmes de la régulation des naissances).

2273 Pour une pastorale renouvelée du mariage chrétien, Mgr G.-M. Coderre, nov. 1964, 1 p. et 3 p.

2274 Lettre de M. Lambert au Card. Suenens, 23.9.1964, 2 p. (présente son livre *Mystère du couple*).

2275 Lettre des Docteurs Annik et Bernard Vincent, 29.9.1964, 1 p. (présentent un document).

2276 + "Le Centre de Documentation et d'Information conjugale...", signé par 8 couples, sept.1964, 3 p. (plaidoyer pour les méthodes thermiques).

2277 Lettre du Dr F. Manouvrier au Card. Suenens, 29.10.1964, 1 p. (communique une lettre – ouverte – envoyée au Secrétaire du Concile).

2278 + "Très Vénérables Pères conciliaires....", F. Manouvrier, s. d., 2 p. (lettre qui plaide pour un élargissement de la position de l'Église dans la morale sexuelle).

2279 G. Baum, "Birth Control and the Council", dans *The Commonweal*, 20.11.1964, p. 280-287.

2280 R. Laurentin, "Régulation des naissances : bilan des débats de Vatican II", dans *Le Figaro*, 1.11.1964, 1 p.

De Matrimonii Sacramento

2281 Relatio super Schema Voti De matrimonii Sacramento cum Textu emendato, T P V, 1964, 19 p.

2282 + feuille volante, ms. Suenens (des notes sur la congrégation générale du 20.11.1964).

2283 Petitio verbi in nomine Helvetiae Episcoporum a S. E. von Streng faciendi, s. d., 1 p.

Secretariatus pro non-christianis

2284 Secrétariat pour les non-chrétiens, Information pour les Révérendissimes Pères du Concile, T P V, 1964, Card. P. Marella, 26.9.1964, 9 p. + double.

2285 Lettre de E. Lamotte au Card. Suenens, 24.9.1964, 2 p. (remercie pour la prélature et envoie son rapport).

2286 + Suggestions à la suite de la séance du 18 septembre 1964 tenue sous la présidence de S. E. le Cardinal Marella, E. Lamotte, 23.9.1964, 7 p. (suggestions pour le travail de ce Secrétariat, surtout en Asie).

Varia

2287 Rescriptum Pontificium, T P V, 1964, 7 p. (des facultés déléguées aux supérieurs majeurs).

2288 Avviso per i Padri conciliari, 10.9.1964, 3 p. (au sujet d'une assurance contre les accidents).

2289 "1. Le spese di viaggio...", Secret. pro rebus œconomicis, s. d., 1 p. (directives pour le remboursement des frais de voyage).

2290 Missa Sanctorum Simonis et Iudae Apostolorum, 28.10.1964, 4 p. (concélébration avec douze curés).

2291 Significationes, Secret. pro rebus œconomicis, 18.11.1964, 3 p. (quelques directives pratiques).

2292 Lettre de L. G. M. Alting von Geusau au Card. Suenens, 4.10.1964, 1 p. (invitation à l'exposition de F. Franck "80 Dessins sur le Concile").

2293 Lettre de A. Bachiller au Card. Suenens, 23.10.1964, 3 p. (plaidoyer pour une réforme profonde de l'Église).

2294 + feuille : Dialogos filosoficos, 1 p.

2295 + Carte de visite.

2296 Lettre de R. Lopez Jordan sj au Card. Suenens, 1.11.1964, 1 p. (demande le texte des interventions in aula du Card. Suenens).

2297 Carte de visite de J. Van Kerckhoven au Card. Suenens, s. d., 1 p. (présente au Card. Suenens des vers, à la demande de Mgr J. O'Loughlin).

2298 + Vatican Council II, Cursory Rhymes, s. d., 7 p. (des vers humoristiques sur le Concile).

2299 The Council and the Church, F. Pelton, s. d., 4 p. [texte incomplet] (projet d'un article?).

2300 Mgr Helder Camara, Perspectives de nouvelles structures de l'Église, dans *DOC*, s. d., n° 172, 6 p.

2301 Image-photo de Mgr L. O. Nwaezeapu, évêque de Warri.

2302 Malraux, Je suis le seul à ne pas savoir ce qu'est la culture, s. d., 3 p.

Troisième Intersession

Generalia

2303 De labore conciliari post expletam III sessionem Concilii, E. Bonet [selon note ms. Suenens], s. d., 6 p.

Transcription de trois bandes magnétiques [adressées par le Card. Suenens à V. O' Brien]

2304 "Voici le programme de la journée du mercredi 24 février..", 24.2.1965, 4 p. (une entrevue avec Mgr Felici où le Cardinal affirme qu'il reste le relateur du schéma XIII; un entretien avec le Card. Lercaro qui dit qu'à la dernière réunion de la Comm. de coord. le Card. Cicognani voulait que les Modérateurs interviennent moins dans l'aula; la réaction indignée de la Congrégation des Rites au sujet de son intervention sur les canonisations) [l'ami de Bologne = Card. G. Lercaro].

2305 "Aujourd'hui jeudi c'est le grand jour du Consistoire public...", 25-26.2.1965, 6 p. (le Cardinal a vu A.-G. Martimort et a parlé du problème liturgique et de la réforme de la curie; Martimort va lui rédiger une nouvelle note – l'ancienne date de quelques années – sur cette réforme de telle manière qu'elle puisse se trouver sur le bureau du pape).

2306 "Ce matin, audience après le Consistoire...", Card. Suenens, s. d. [mais quelques jours avant le 24.2.1965], 6 p. (relate la conversation avec le pape au sujet de W. Onclin, de Louvain, du Birth Control, des incidents avec la revue *Paroisse et Liturgie*, du Congo, de la réforme de la curie etc.) + double.

2307 Lettre du Card. Suenens à Paul VI, 18.12.1964, 2 p. (il envoie des vœux de Noël; il espère que le schéma XIII ne décevra pas l'attente du monde; il lui sera une joie de vivre la collégialité, désormais fixée dans les textes, en profonde communion avec et sous l'égide du pape).

2307bis Lettre de F. Duff au Card. Suenens, 12.1.1965, 4 p. (il donne son opinion sur la mariologie au Concile; il exprime des vœux pour que le Décret sur l'Apostolat des Laïcs laisse intacte l'autorité du Concilium de la Légion de Marie).

2308 Lettre du Card. Suenens au Card. A. Liénart, 4.2.1965, 1 p. (il viendra à Lille le 4 avril pour donner une conférence).

2309 Lettre du Card. Suenens au Card. E. Tisserant, 3.3.1965, 2 p. (il répond à une lettre du 25.1.1965 et donne des suggestions pour des réunions au début de l'automne) [il s'agit peut-être de réunions pour occuper les périodes creuses de la 4ème Session?].

2310 Lettre du Card. Suenens au Card. L. J. Shehan, 15.7.1965, 1 p. (il le félicite pour sa nomination comme membre de la présidence du Concile).

2311 Lettre du Card. Suenens à Mgr A. Dell'Acqua, 2.9.1965, 2 p. (il demande des cartes d'accès pour l'ouverture de la 4ème Session; il prévoit que les discussions seront plus sereines).

2312 Lettre de R. Etchegaray au Card. Suenens, 8.9.1965, 1 p. (envoie des suggestions pour les journées creuses de la 4ème Session) [suggestions non annexées].

2313 Lettre de Mgr S. Oddi au Card. Suenens, 25.5.1965, 1 p. (le nonce communique que seules les publications et instructions du Secrétariat général du Concile ont valeur officielle).

2314 Lettre du Card. Cicognani au Card. P. Marella, 8.7.1965, 1 p. (le Saint Père exprime sa satisfaction pour les travaux du Secrétariat pour les non-chrétiens).

2315 Déclarations de Son Eminence le Cardinal Suenens, entre la 3ème et 4ème Session [selon note ms. Card. Suenens], 4 p. (une interview) + double.

2316 + Declaraciones de S. E. Cardenal Suenens, s. d., 4 p. [traduction espagnole du texte français].

2317 Interwiu para "Incunable", s. d., 1 p. (7 questions en espagnol pour une interview).

2318 G. Thils, "Le périlleux destin des Actes conciliaires", extrait des *Eph. Theol. Lovan.*, 1965, 1, p. 151-155 (sur les traductions et commentaires de Lumen Gentium et de la Nota praevia).

2319 J. Grootaers, "Leuven op het Concilie", dans *Onze Alma Mater*, 19, 1965, 2, p. 80-107.

2320 + Carte de visite de J. Grootaers (avec dédicace).

Commission de coordination

2321 "All'adunanza del 30 dicembre corr....", s. d., 2 p. (rapport du Secrétariat général du Concile sur la réunion de la Comm. de coordination et de la Présidence du 30.12.1964).

2322 Pro-Memoria sugli schemi che dovranno essere discussi e votati nel quarto periodo del Concilio, s. d., 2 p. (rapport ayant servi à la réunion de la Comm. de coordination du 30.12.1964).

2323 Dubium de materiis praetermissis, Card. Fr. Spellman, s. d., 2 p. (note concernant la fidélité au magistère e.a. pour les questions du Birth Control).

Réunion de la Commission de coordination, 11.5.1965

2324 Lettre de Th. Cogels à A. Prignon, 28.4.1965, 1 p. (le Cardinal sera à Rome le 11 mai; il demande de régler une audience auprès du pape).

2325 Lettre de Y. Congar au Card. Suenens, 30.4.1965, 1 p. (au sujet du nouveau texte sur les Missions).

2326 + Nouveau Schéma "De Activitate missionali", avril 1965, 2 p.

Farde : Relatio Schematis 13, 11 mai 1965 [farde en vue de la relation du Card. Suenens à la Comm. de coordination]

2327 Lettre ms. de G. Philips au Card. Suenens 24.4.1965, 1 p., (il envoie les textes qui sont déjà prêts, et enverra les autres pour la relation du Cardinal à la Commission de coordination; P. Haubtmann viendra voir le Cardinal jeudi prochain; il enverra une liste des nouveaux paragraphes) [textes non annexés].

2328 Relatio sur le schéma 13, [ms.] Card. Suenens, 1 p.

2329 + Lettre de G. Philips au Card. Suenens, 3.5.1965, 3 p. (des informations sur l'état du texte du Schéma XIII).

2330 + Schema XIII, P. Haubtmann [selon indications Suenens], 29.4.1965, 1 p.

2331 + 3 pages mss Card. Suenens (projet de relation).

2332 Relatio de schemate decimo tertio, [ms.] R. Ceuppens, 12 p. [projet de texte latin selon les indications du texte précédent].

2333 Relatio de schemate decimo tertio, Intuitu cœtus Commissionis coordinationis ab Em.mo D.no Cardinale Suenens redacta, 5 p. [texte ronéotypé du texte ms. R. Ceuppens, avec une note ms. Suenens] + 2 doubles.

2334 Lettre de J. Rousseau à Mgr Felici, 8.5.1965, 1 p. (envoi du schéma) + double.

2335 + Schema Decreti De accomodata Renovatione Vitae religiosae, s. d., 23 p.

2336 Quoad Schema "De Activitate Missionali Ecclesiae", s. d., 4 p. (note pour la Comm. de coord. du 11.5.1965).

2337 Pro-Memoria sugli schemi da esaminare nel quarto ed ultimo periodo, Secrétariat Général du Concile, 11.5.1965, 1 p.

2338 + Appunti per un ordine del giorno dei lavori dell'ultima sessione, s. d., 4 p. (avec un calendrier détaillé).

2339 Schema Declarationis De Libertate Religiosa, 11.5.1965, 13 p.

De Liturgia

2340 Lettre du Card. Suenens à Mgr E. De Smedt, 1.3.1965, 1 p. (il demande des remarques sur un texte qui devait être inséré dans *Paroisse et Liturgie*, pour protester contre un article "De l'obéissance en matière liturgique" paru dans le numéro de janvier 1965. Le pape fera également une intervention auprès du Père Abbé) [texte non-joint].

2341 Lettre du Card. Suenens à Paul VI, 17.3.1965, 2 p. (pour la question de *Paroisse et Liturgie*, il envoie la lettre collective de l'épiscopat belge et la réponse du prieur [sic]; il a fait un communiqué à la presse suite à des confusions provenant d'un discours du Card. Lercaro).

2342 Lettre du Card. Suenens au Card. Lercaro, 17.3.1965, 2 p. (il remercie pour son discours et la prise de position en ce qui concerne *Paroisse et Liturgie*; il envoie la lettre collective de l'épiscopat et un communiqué de presse).

2343 + Mise au point de l'Archevêché de Malines-Bruxelles concernant les commentaires parus dans la presse au sujet des déclarations du cardinal Lercaro, s. d., 1 p.

2344 Lettre du Card. Suenens à Mgr E. De Smedt, 24.3.1965, 1 p. (suite à un entretien avec le Père Abbé de Saint-André, il propose quelques modifications à la lettre de l'épiscopat) [une lettre identique a été envoyée à tous les évêques résidentiels de Belgique].

2345 Lettre du Card. Suenens à Mgr E. De Smedt, 1.4.1965, 1 p. (il envoie le texte définitif de la lettre de l'épiscopat).

2346 Lettre de Th. Cogels à A. Laurentin, 5.4.1965, 1 p. (le Card. Suenens a bien reçu sa lettre et en a apprécié la franchise; mais l'épiscopat devait réagir publiquement).

De Diaconatu

2347 Lettre de M.-D. Epagneul au Card. Suenens, [ms.] 23.8.1965, 2 p. (au sujet du Congrès d'Assise : il craint que les normes romaines soient publiées sans consultation).

2348 + Réflexions au sujet du n° 29 de "De Ecclesia" sur le diaconat, M.-D. Epagneul, août 1965, 1 p.

2349 Conférence internationale d'Étude sur "Le diacre dans l'Église et le monde d'aujourd'hui", H. Kramer et G. Hüssler, 3.8.1965, 2 p. (le Congrès d'Assise de septembre 1965 est remis à octobre 1965 à Rome).

2350 M.-D. Epagneul, "Le diaconat, demain", extrait de la *Nouv. Rev. Théol.*, n° 6, 1965, p. 588-601 + double.

2351 J. Hornef, "Aspects liturgiques du diaconat à vie", dans *Les Questions liturgiques et paroissiales*, 4, 1965, p. 309-319.

2352 J. Hornef, "Der neue Diakon", dans *Die lebendige Zelle*, 5, 1965, Sonderdruck, 10.8.1965, 10 p.

2353 J. Hornef, "Der Diakon kommt wieder", dans *Theologie und Glaube*, 2, 1965, p. 96-106.

2354 Argentijnse Bisschopen besluiten tot invoering van diakonaat, notice de l'Agence CIP, 12.8.1965, 1 p.

De Episcopis

2355 Lettre de G. Benelli à V. O'Brien, 6.12.1964, 2 p. (plaidoyer pour des mesures concrètes en faveur de la limite d'âge des évêques).

2356 + "I. Il Concilio Vaticano II deve stabilire la 'Retraite'..", s. d., 4, 1 et 2 p. (note au sujet de la démission et d'une limite d'âge pour les évêques).

2357 La limite d'âge pour les évêques, s. d., 9 p. (note à ce sujet).

2358 Secrét. pastoral de l'Épiscopat, n° 18/65, L'Évêque et le Presbytérium, J. Lécuyer, août 1965, 8 p.

De Religiosis

2359 Schéma du Décret sur l'Adaptation et la Rénovation de la Vie religieuse, Secrét. conciliaire de l'Épiscopat français, mai 1965, 18 p. (traduction du texte latin).

2360 Lettre de Mgr B. Echeverria Ruiz au Card. I. Antoniutti, 25.12.1964, 1 p. (suggestions pour l'amélioration du texte).

2361 + Observationes circa Schema De accomodata Renovatione Vitae religiosae, Mgr B. Echeverria Ruiz, s. d., 2 p.

2362 + Adumbratio Novi Schematis De accomodata Renovatione Vitae religiosae, Mgr B. Echeverria Ruiz, s. d., 2 p.

2363 Lettre de J. Op de Beeck au Card. Suenens, 7.4.1965, 1 p. (envoi de remarques, destinées également à Mgr G. Huyghe).

2364 + Textus Schematis "De accomodata Renovatione Vitae religiosae" ex Interventionibus et Modis Patrum Concilii a Subcommissione apparatus, 18.3.1965, 22 p.

2365 + Animadversiones in textu Schematis "De accomodata...", s. d., 2 p. + double.

2366 + Note confidentielle à l'intention de Son Excellence Mgr G. Huyghe, s. d., 2 p.

2367 + Animadversiones in textu Schematis "De accomodata....", s. d., 3 p.

2368 Lettre du Card. Suenens à Mgr G. Huyghe, 7.4.1965, 2 p. (il transmet des remarques sur le schéma; demande au nom des Frères des Écoles chrétiennes de ne pas introduire le sacerdoce pour les frères, mais bien le diaconat).

2369 Lettre de Mgr Helder Camara au Card. Suenens, 25.3.1965, 1 p. (dans son "Message de salut", il y a une allusion à la promotion apostolique des Religieuses [à la p. 8-9]).

2370 + Message de Mgr Helder Camara lors de son intronisation comme archevêque d'Olinda et Recife, 12.4.1964, 10 p.

2371 Ad omnes Superiores Maiores... Relatio super Decretum De Scholasticorum Institutione praesertim in Studiis, P. Arrupe, 13.7.1965, 12 p. (sur les études dans les scolasticats des Pères Jésuites).

De Institutione sacerdotali

2372 Lettre de A. Mayer au Card. Suenens, 10.5.1965, 1 p. (sur l'état des travaux concernant le De Educatione christiana et le De Institutione sacerdotali; envoi du nouveau texte).

2373 + Propositiones De Institutione sacerdotali, s. d., 10 p.

2374 + De Institutione sacerdotali, Emendationes propositae a Sub-Commissione, 26.4.1965, 4 p. (amendements sur le texte précédent).

2375 Note sur les ordres mineurs, s. d., 3 p.

2376 Lettre du Card. Suenens à Mgr M. Baudoux, 23.3.1965, 1 p. (il remercie pour la publication de son texte oral; il demande de connaître les expériences de Mgr M. Baudoux dans le renouveau des séminaires; son nouveau président [H. Servotte] du séminaire Jean XXIII l'accompagnera à la 4ème Session).

2377 B. Botte, Le problème des ordres mineurs, Extrait de *Les Questions liturgiques et pastorales*, 1965, 1, p. 26-31.

2378 Secrét. conciliaire de l'Épiscopat, Études et Documents, n° 6, Les propositions "De Institutione sacerdotali", Th. Camelot, 22.6.1965, 3 p.

2379 Secrét. général de l'Épiscopat, Note 23/65, Exégèse scripturaire et théologie dogmatique, G. Philips, 16.8.1965, 14 p. (une réflexion sur la réforme des études théologiques).

De Educatione christiana

2380 Schema Declarationis De Educatione christiana iuxta modos a Patribus propositos recognitum a cœtu particulari sub ductu Exc.mi Daem, 26.4.1965, 9 p.

2381 Emendationes iuxta Sodalium Commissionis animadversiones faciendae in Declaratione "De Educatione Christiana" propositae a Sub-Commissione, 3.5.1965, 5 p.

2382 Lettre de J. Nicet aux Pères Conciliaires, 5.1.1965, 1 p. (il présente un nouveau texte au nom des Frères des Écoles chrétiennes).

2383 + Déclaration sur l'Éducation chrétienne, s. d., 15 p.

2384 Secrét. conciliaire de l'Épiscopat, Études et Documents, n° 7, La Déclaration sur l'Éducation chrétienne, Th. Camelot, 3.7.1965, 4 p.

2385 Charles L. Palms, "A new era for public and private schools", dans *The Catholic World*, juil. 1965, p. 227-232.

De Religionibus non-christianis

2386 Die Konzilserklärung zum Verhältnis der Katholiken zu den Nichtchristen besonders zu den Juden, Sonderdruck, dans *Freiburger Rundbrief*, XVI/XVII Folge 1964/65, juil. 1965, n° 61/64, p. 5-43.

2387 Secrét. conciliaire de l'Épiscopat, Études et Documents, n° 8, La Déclaration "De Ecclesiae habitudine ad non christianos", J. Daniélou, 3.7.1965, 4 p.

De Revelatione

2388 Secrét. conciliaire de l'Épiscopat, Études et Documents, n° 1, À propos du Schéma "De divina Revelatione", P. Benoit, 10.1.1965, 8 p.

De Apostolatu laicorum

2389 Schema Decreti De Apostolatu laicorum, 10.4.1965, 30 p. [texte ronéotypé].

2390 Schema Decreti De Apostolatu laicorum, T P V, 28.5.1965, 70 p. [même texte que le texte ci-dessus].

2391 Lettre de V. Veronese au Card. Suenens, 28.1.1965, 1 p. (envoie un article et demande son avis sur une nouvelle terminologie pour l'Action catholique).

2392 + enveloppe (avec note ms. Suenens).

2393 + "Auditori al Concilio", article de V. Veronese, dans *L'Osservatore Romano*, 21-22.12.1964.

2394 + Réponse du Card. Suenens à V. Veronese, 8.2.1965, 2 p. (il faut un terme qui ne laisse pas à l'évêque le soin de déterminer la 'nature' d'un mouvement).

2395 + projet ms. Suenens de cette réponse, 1 p.

2396 Lettre du Card. Suenens à R. Tucci, 22.3.1965, 1 p. (il envoie la lettre d'un prêtre argentin au sujet de l'action catholique et demande des informations ou un article sur la limite d'âge et les mandats limités).

2397 Création d'un organisme permanent du laïcat près le Saint-Siège, Réponse du MIAMSI à la consultation proposée par la Secrétairerie d'État, M.-L. Monnet et A. Galichon, 10.5.1965, 7 p.

2398 Le Problème de l'"Organisme romain", Réflexions après la réunion de la Pentecôte 1965 à Sion, F. Russo, s. d., 4 p. (émet des objections contre un organisme romain d'apostolat des laïcs).

2399 Éléments de réflexion sur l'Action apostolique, s. d., 3 p.

2400 Secrét. conciliaire de l'Épiscopat, Études et Documents, n° 9, La nouvelle rédaction du Schéma sur L'Apostolat des laïcs, M. de Surgy, 16.7.1965, 6 p.

2401 "Les difficultés des mouvements de jeunesse catholiques", A. Wenger, dans *La Croix*, 1.4.1965, p. 4.

De Libertate religiosa

2402 Schema Declarationis De Libertate religiosa, T P V, 28.5.1965, 53 p.

2403 Lettre de Mgr E. De Smedt au Card. Suenens, 20.1.1965, 1 p. (il envoie les emendationes proposées par L. Janssens, qui veut réagir contre une idée trop américaine de l'État; il demande qu'un évêque belge envoie ces remarques à Rome – pas lui-même, ce serait trop délicat; la question est urgente).

2404 + Emendationes propositae in Declaratione De Libertate religiosa, s. d., 2 p. + double.

2405 Lettre de Mgr E. De Smedt au Card. Suenens, 22.1.1965, 1 p. (NN. SS. A.-M. Charue, G. van Zuylen, L. Van Peteghem sont d'accord pour envoyer les emendationes).

2406 + projet de lettre du Card. Suenens à Mgr Felici, s. d., 1 p. [ms. Suenens, note ms. R. Ceuppens] (il envoie les emendationes sur le De Libertate religiosa).

2406bis Secrét. Conciliaire de l'Épiscopat, Études et Documents, n° 5, La Déclaration sur la Liberté religieuse, Y. Congar, 14.6.1965, 8 p.

De Missionibus

2407 Schema Decreti De Activitate missionali Ecclesiae, T P V, 28.5.1965, 39 p.

2408 Schema De Activitate missionali Ecclesiae, s. d., 27 p., 5 p. Notae et VI p. Relatio [texte préparatoire du texte ci-dessus].

2409 In Schema "De Activitate missionali Ecclesiae". Animadversiones, Mgr Fulton J. Sheen, 1965, 61 p.

2410 Findings of the special Study-conference on the schema "De Activitate missionali Ecclesiae", Mgr V. J. Mc Cauley au nom de 67 évêques d'Afrique de l'Est, s. d. [la conférence s'est tenue du 6 au 8.7.1965], 3 p.

2411 + Carte de visite de Amecea Office.

De Presbyteris

2412 Schema Decreti De Ministerio et Vita Presbyterorum, T P V, 28.5.1965, 63 p.

2413 Schema Decreti De Ministerio et Vita Presbyterorum, 8.4.1965, 32 p. [texte ronéotypé de la Commission].

2414 Schéma du Décret sur le ministère et la vie des prêtres, s. d., 25 p. [traduction française du texte ci-dessus n° 2412].

2415 Remarques de Jean Rabau concernant le schéma du décret sur le ministère et la vie du prêtre, s. d., 1 p. [remarques faites sur la traduction française].

2416 De Ministerio et Vita sacerdotali, "Le texte a fait des progrès....", s. d., 1 p. et 15 p. (observations et remarques, sur le texte latin du 28.5.1965).

2417 Le Prêtre selon Saint Paul. À propos du Schéma : De Presbyterorum ministerio et vita, S. Lyonnet, s. d., 6 p.

2418 + L'Église et le travail des Clercs selon L. Thomassin, S. Lyonnet, s. d., 3 p.

2419 Lettre de J. Duplacy au Card. Suenens, 16.7.1965, 4 p. (des suggestions sur l'identité du prêtre et les prêtres au travail et envoi de ses remarques).

2420 + Quelques remarques sur le schéma De Ministerio et Vita Presbyterorum, J. Duplacy, s. d., 6 p.

2421 + Réponse du Card. Suenens à J. Duplacy, 22.7.1965, 1 p. (il remercie pour les suggestions et annonce une intervention au Concile sur le rôle du prêtre comme animateur du laïcat).

2422 Lettre de Gregorio Carrondo Pérez au Card. Suenens, 12.9.1965, 3 p. (expose le problème du célibat des prêtres et demande des changements à cette législation).

2423 De la situation-conflit des prêtres dans le monde moderne, Étude présentée par l'équipe des prêtres du séminaire de Recife et la Région Nord-Est du Brésil, s. d. [1965], 37 p. (sur les problèmes des prêtres, le célibat, etc., surtout en Amérique latine).

2424 La Prêtrise et le Célibat dans le Monde Contemporain, s. d., 11 p. (décrit cette problématique surtout en Amérique latine).

2425 + Le Ministère et le Célibat dans le Monde contemporain, s. d., 15 p. (version légèrement modifiée du texte précédent).

2426 Rapport sur les documents soumis à l'Évêque de Cuernevaca, Mexique, ayant trait aux situations-conflit des prêtres dans le monde moderne [cfr. n° 2423], D. Rover, s. d., 29 p.

2427 + Report on materials submitted to the Bishop of Cuernevaca, Mexico, with respect to conflict-situations for priests in the modern world, D. Rover, s. d., 28 p. (version anglaise du texte précédent).

2428 Secrét. conciliaire de l'Épiscopat, Études et Documents, n° 2, Le Schéma De Ministerio et Vita sacerdotali, Y. Congar, 14.5.1965, 4 p.

2429 À nos Évêques et à nos Prêtres, M. de Saint-Pierre, s. d. [après la 3ème Session], 4 p. (des réactions reçues après la parution de son livre *Les nouveaux Prêtres*).

De Ecclesia in mundo huius temporis

2430 Constit. Pastoralis De Ecclesia in mundo huius temporis, T P V, 28.5.1965, 122 p.

2431 Schéma de la Constit. pastorale L'Église dans le monde de ce temps, T P V, 26.6.1965, 102 p.

2432 Nota Subcommissionis, De natura hujus schematis et de criteriis in eo adlaborando adhibitis, s. d., 1 p. (sur la méthode de travail dans la rédaction et ses difficultés).

2433 Relatio pro Schemate XIII: Pars I, Pars II, mars 1965 [selon indication ms.], 9 p. (résumé des remarques des Pères concernant ces deux parties).

2434 + Carte de visite de Pierre Haubtmann.

2435 Lettre de Fr. Houtart au Card. Suenens, 12.1.1965, 1 p. (envoi d'un texte).

2436 + Projet de texte, L'Église dans le monde actuel, s. d., 7 p. (texte rédigé par la sous-commission, devant servir comme base au travail de l'ensemble des commissions et à la rédaction de l'introduction du schéma).

2437 Lettre de M. Brunec aux Pères conciliaires, 2.2.1965, 1 p. (envoi de son texte) [note ms. Th. Cogels].

2438 + De valore argumentorum quibus sustineatur doctrina absolutae illiceitatis sterilizationis praeventivae temporariae, M. Brunec, s. d., 86 p. (note qui infirme les arguments pour une illicéité absolue).

2439 Lettre de Ph. Delhaye au Card. Suenens, 20.3.1965 (par erreur, l'auteur a écrit 1964), 1 p. (de Montréal, il envoie un texte déjà promis en septembre 1964).

2440 + Recherches et Réflexions concernant l'état actuel du problème moral de la régulation des naissances, 1 p. et 30 p. [la p. 31 manque].

2441 + Recherches et réflexions concernant l'évolution et l'état actuel du problème moral de la régulation des naissances, Ph. Delhaye [note ms. Prignon], s. d., 31 p. et 1 p. [le même texte].

2442 Église et Société, Fr. Houtart, 13.4.1965, 2 p. (rapport Réunion Conseil Œcuménique des Églises du 29 au

31.3.1965, où l'on a discuté des problèmes Église et Société et e.a. du Schéma XIII).

2443 Quelques Réflexions sur le Schéma XIII, Fr. Houtart, 13.4.1965, 3 p. (sur la méthode et le genre littéraire; les deux objectifs principaux du schéma).

2444 Lettre de Th. Cogels à Ch. Moeller, 29.1.1965, 1 p. (le Card. Suenens marque son accord pour que le groupe belge de scientifiques catholiques étudie les parties du schéma XIII intéressant la science et soumettent leurs réflexions aux instances responsables).

2445 Lettre de Th. Cogels à I. Claeys-Bouuaert, 1.2.1965, 1 p. (le Cardinal a bien reçu sa note au sujet de la morale conjugale et l'a transmise à la Commission compétente).

2446 Lettre de V. Heylen au Card. Suenens [ms.], 12.2.1965, 2 p. (donne des nouvelles sur la rédaction à Rome du texte sur le mariage et la famille; ajoute des considérations sur la morale sexuelle).

2447 Lettre de H. Buelens au Card. Suenens, 5.3.1965, 1 p. (il est inquiet sur une déclaration possible du pape au sujet des méthodes de régulation des naissances; il propose de faire avec quelques personnes un mémorandum à ce sujet et de demander éventuellement audience au pape).

2448 + Réponse de Th. Cogels à H. Buelens, 8.3.1965, 1 p. (le Card. Suenens ignore si une déclaration papale est imminente, mais demande de rédiger ce mémorandum qu'il fera parvenir à Rome).

2449 Lettre de H. Buelens au Card. Suenens, 8.3.1965, 1 p. (il envoie un projet de lettre au pape).

2450 + À Sa Sainteté Paul VI, s. d., 3 p. (projet de lettre).

2451 + Réponse de Th. Cogels à H. Buelens, 11.3.1965, 1 p. (le Cardinal a bien reçu le texte en question et le communiquera; il s'abstient de le discuter).

2452 Lettre de V. Heylen au Card. Suenens, 9.3.1965, 2 p. (il joint une suggestion concernant la modification de la loi d'abstinence; donne des considérations au sujet des "actes, moyens indifférents" et leur application aux méthodes de régulation des naissances) [suggestion non annexée].

2453 + Lettre du Card. Suenens à V. Heylen, 23.3.1965, 1 p. (il remercie et lui communique que de divers côtés on plaide pour que le pape retarde son intervention).

2454 Lettre de H. Buelens au Card. Suenens, 16.3.1965, 1 p. (il envoie la lettre au Saint Père dont il a été question dans la correspondance antérieure).

2455 + Lettre à Sa Sainteté Paul VI, 17.3.1965, 5 p. et 1 p. de signataires.

2456 Lettre du Card. Suenens à Paul VI, 26.3.1965, 2 p. (il envoie une note de A. Dondeyne; il suggère au pape une discussion avec A. Dondeyne et V. Heylen; il demande que la question puisse encore mûrir).

2457 + Réflexions sur la crise actuelle de la morale conjugale, A. Dondeyne, s. d., 17 p.

2457bis Réflexions sur la crise actuelle de la morale conjugale, A. Dondeyne, mai 1965, 21 p. [version retravaillée en mai 1965] + copie [autre dact., 22 p.].

2458 + Réponse du Card. Cicognani au Card. Suenens, 1.4.1965, 1 p. (le pape a pris connaissance de l'étude de A. Dondeyne et a demandé qu'elle soit envoyée à H. de Riedmatten).

2459 Lettre du Card. Suenens à Paul VI, 5.4.1965, 2 p. (il envoie deux articles [non joints] et suggère que le pape demande aux hommes de science catholiques de poursuivre leurs recherches sur les problèmes de la fécondité) + double.

2459bis Réponse du Card. Cicognani au Card. Suenens, 10.4.1965, 1 p. (il remercie; le pape n'envisage pas de faire une déclaration dans les prochains jours; la proposition du Card. Suenens que le pape fasse un appel aux hommes de science d'intensifier leurs recherches n'est pas opportune; mais cette proposition est transmise à la Commission).

2460 Lettre du Card. Suenens à H. de Riedmatten, 7.4.1965, 1 p. (le Cardinal dit son appréciation pour son travail dans la Commission pontificale pour l'étude des problèmes de la population, de la famille et de la natalité et le remercie pour sa présence au colloque de mai à Louvain).

2461 Lettre de V. Heylen au Card. Suenens, 8.4.1965, 1 p. (donne des nouvelles sur la session de la Commission mixte et le texte sur le mariage et la famille; G. Philips a défendu le texte avec beaucoup d'autorité; B. Häring dit que la Commission pontificale a fait de sérieux progrès).

2461bis Lettre de H. de Riedmatten au Card. Suenens, 12.4.1965, 1 p. (il remercie pour la lettre du 7.4.1965 – n° 2460 –; il trouve que la Commission a fait du bon travail; il dit combien P. de Locht et P. Van Rossum en particulier ont été utiles et bons; il a reçu communication de la note de A. Dondeyne).

2462 Lettre du Card. Suenens à V. Heylen, 29.4.1965, 1 p. (il le remercie pour la traduction d'un texte du latin).

2463 Lettre de Th. Cogels à H. Buelens, 4.5.1965, 1 p. (le Cardinal a bien reçu sa lettre du 20 avril et le texte joint).

2464 Lettre du Card. Suenens à Paul VI, 3.6.1965, 2 p. (il adresse ses félicitations pour le 45ème anniversaire de son ordination sacerdotale; il donne un bref rapport sur le 7ème colloque de Louvain auquel H. de Riedmatten a assisté).

2465 + Réponse de Mgr A. Dell'Acqua au Card. Suenens, 14.6.1965, 1 p. (il remercie au nom du pape).

2466 Lettre ms. de A. Dondeyne au Card. Suenens, 16.6.1965, 2 p. (il envoie un article sur l'athéisme contemporain [non joint] et parle de la note critique concernant ses "Réflexions" que le Cardinal lui a fait parvenir et qui était envoyé par Mgr A. Dell'Acqua le 8.6.1965; il prépare une réponse).

2467 + Rev. A. Dondeyne, Prof. dell'Università di Lovanio, Réflexions sur..., non signé, 29.5.1965, 13 p. (l'auteur a l'impression qu'il s'agit d'une doctrine progressiste non conforme à la théologie traditionnelle) [les remarques se réfèrent au texte n° 2457bis].

2468 Lettre de Th. Cogels à R. Etchegaray, 22.6.1965, 1 p. (le Cardinal remercie pour la traduction des schémas).

2469 Lettre du Card. Suenens à A. Dondeyne, 1.7.1965, 1 p. (il le remercie pour sa réponse, qu'il a envoyée à Rome).

2470 Lettre du Card. Suenens à Mgr A. Dell'Acqua, 1.7.1965, 1 p. (il envoie la réponse de A. Dondeyne à la note romaine, qui lui était envoyée le 8.6.1965 de la part du pape).

2471 Lettre du Card. Suenens à Barbara Ward Jackson, 19.7.1965, 1 p. (il remercie pour son mémorandum du 7 juillet).

2472 Lettre de A. Delmasure au Card. Suenens, 24.8.1965, 1 p. [note ms. Suenens] (envoie son texte).

2473 + Le chapitre IV du Schéma XIII est intitulé "La Vie de la Communauté politique", s. d., 4, 1, 2 et 5 p.

2474 + Réponse de Th. Cogels à A. Delmasure, 31.8.1965, 1 p. (le Cardinal remercie et demande d'envoyer sa brochure "Catholiques dans la cité").

2475 Lettre de Th. Cogels à J. Giralt Pujul, 30.8.1965, 1 p. (le Cardinal a bien reçu les notes concernant le schéma XIII).

2476 Lettre de G. Hoyois au Card. Suenens, 7.9.1965, 1 p. (il envoie des amendements au Schéma XIII provenant de la récente session de l'Union de Malines).

2477 + Schéma XIII, Chapitre V, La communauté des peuples et la construction de la paix, s. d., 3 p. + 2 doubles.

2478 Note ms. en anglais du Card. Suenens, s. d., 1 p. (sur l'origine du Schéma XIII) [des notes pour un discours?].

2479 Secrét. conciliaire de l'Épiscopat, Études et Documents, n° 10, Le Schéma de la Constitution pastorale "De Ecclesia in mundo huius temporis", P. Haubtmann, 25.8.1965, 11 p.

Réforme de la curie

2480 Lettre de A.-G. Martimort au Card. Suenens, 7.9.1965, 1 p. [note ms. Suenens] (envoie le texte demandé par le Card. Suenens; a donné un exemplaire à Mgr G. Garrone, au Card. A. Liénart et au Card. Silva) [cfr. n° 2305].

2481 + Nouvelles Réflexions sur la Réforme de la Curie, 21.8.1965, 10 p.

Varia

2482 Massimo IV Saigh, s. d., 2 p. (une interview avec Maximos IV après son élévation au cardinalat).

2483 "The Christian Adventure, risk and renewal", G. Baum, dans *The Critic*, avril-mai 1965, 21 p. [traduction française].

2484 Chinese Cardinal supports suggestion for Secretariat for non-christian religions, R. Wiltgen, avril 1965, 1 p.

2485 + traduction française, 1 p.

2486 Council Father suggests special Secretariat for world's major non christian religions, R. Wiltgen, 6.4.1965, 1 p. + traduction française, 1 p.

2487 B. Fischer, "Biblical Phrase-preaching", dans *The Furrow*, sept. 1965, p. 527-536.

Quatrième Session conciliaire

Generalia

2488 Decreta et Declarationes adprobata et promulgata in sessione publica diei XXVIII mensis octobris anno MCMLXV, T P V, 1965, 85 p.

2489 Allocutio Em.mi Eugenii Card. Tisserant, 15.9.1965, 2 p. (discours pour le début de la Session).

2490 "Venerabiles fratres, Antequam finis imponatur huic ultimae Congregationi generali...", Card. Suenens, 6.12.1965, 4 p. (discours final au nom des Modérateurs) + 2 doubles.

2491 + feuille ms. Suenens [de 1988?].

Coadunatio Delegatorum ex nonnullis Conferentiis Episcopalibus

2492 Secunda Coadunatio, Rapport de R. Etchegaray, 24.9.1965, 3 p.

2493 + Distributio Subcommissionum (pro Schemate XIII), s. d., 1 p. (liste incomplète des évêques des sous-commissions).

2494 Tertia Coadunatio, Rapport de R. Etchegaray, 1.10.1965, 3 p.

2495 + Note aux Présidents des Conférences épiscopales, s. d., 1 p.

2496 + Elenchus Conferentiarum episcopalium, quae ita coadunantur (Coadunatio delegatorum), 1965, 3 p.

2497 Quinta Coadunatio, Rapport de R. Etchegaray, 15.10.1965, 3 p.

2498 + Coadunatio Delegatorum Conferentiarum episcopalium, 1965, 3 p. (liste des noms et des adresses romaines de ces délégués).

2499 Première Rencontre de NN.SS. les Présidents des Conférences épiscopales d'Europe, Rapport de R. Etchegaray, 18.11.1965, 2 p.

2500 + Simple note pour éclairer la recherche d'une collaboration pastorale entre les Conférences épiscopales d'Europe, R. Etchegaray, 4.11.1965, 4 p.

2501 "Les évêques membres de diverses commissions éprouvent...", s. d., 3 p. (crainte d'une nouvelle 'settimana nera'; pénible impression que le Concile ne suit pas le libre jeu du règlement; interventions du pape) [cfr. FPrignon n° 1444].

2502 + Difficultés concernant l'approbation de trois schémas, s. d., 2 p. (au sujet du De Educatione christiana, De Institutione sacerdotali, De Religiosis).

[Selon le FPrignon n° 1445, ces deux derniers documents sont de A.-G. Martimort et ont été remis au Card. Suenens le 6.10.1965].

Audience du Card. Suenens chez le Saint Père, 18.10.1965

2503 Résumé de l'audience de ce jour, Card. Suenens, 18.10.1965, 5 p. (les sujets de la conversation étaient e.a. la curie romaine, la question du Birth Control, les commissions postconciliaires, les problèmes du pape avec le texte De Revelatione) [transcription dactylographiée d'une bande magnétique; note ms. Suenens; à noter que l'incident Card. Bea – G. Philips à la Commission théologique au sujet des mêmes problèmes du De Revelatione eut lieu le 19.10.1965] + 2 doubles.

2504 + 2 feuilles volantes mss Suenens, s. d. [probablement de 1988], 1 et 1 p.

2505 Projet de lettre "Très Saint Père, Au lendemain de l'annonce officielle..." s. d., 1 p. (demande d'instituer des commissions postconciliaires) [ce projet a été fait par le groupe des représentants de Conférences épiscopales avec son secrétaire R. Etchegaray].

Textes de Mgr Helder Camara

2506 Projet de pétition au Très Saint Père, à être signé par le Groupement de la Pauvreté et par les Membres de la Réunion amicale de vendredi à Domus Mariae, s. d., 1 p. (propose comme invités d'honneur à la cérémonie de clôture du Concile les ouvriers et les pauvres de Rome).

2507 Ce que le Concile n'a pu dire, s. d., 6 p.

2508 Un Après-Concile à la hauteur de Vatican II, s. d. [indication ms. : 24.11.1965], 7 p.

2509 2ème Conférence Européenne des Jeunes Dirigeants Chrétiens de l'Économie, Allocution de Clôture (Amsterdam), 28.11.1965, 8 p.

2510 Lettre de Mgr Helder Camara à Paul VI, 8.11.1965, 3 p. (des suggestions pour la clôture du Concile).

2511 "Il serait très utile de créer une commission de théologiens...", [selon note ms., probablement de G. Thils], s. d., 1 p. (demande une commission de théologiens pour travailler en union avec les canonistes pour le nouveau code).

2512 Prospectus eorum quae enucleantur in relatione adnexa, s. d., 3 p. (des suggestions pour le travail postconciliaire : commissions, synode des évêques, curie etc.).

2513 Lettre À Leurs Éminences Révérendissimes les Cardinaux Modérateurs, signée par les Délégués de Conférences épiscopales des cinq continents, 28.9.1965, 3 p. (des suggestions pour occuper les Pères pendant la seconde période de la 4ème Session).

2514 Lettre de Th. Cogels au Card. Suenens, 8.11.1965, 1 p. (S. Dotremont demande que le Concile fasse une déclaration sur la charité et il transmet un texte [non joint]).

2515 Lettre de W. Onclin au Card. Suenens, 14.11.1965, 2 p. (au sujet de sa nomination prochaine comme secrétaire-adjoint de la Commission de révision du Code : il accepte mais désire rester professeur à Louvain).

2516 Interview du Card. Suenens, 28.9.1965, 23 p. (au sujet du Schéma XIII, la Liberté religieuse, la Vierge Marie, le Synode des évêques).

De Religiosis

2517 Schema Decreti De accomodata Renovatione Vitae religiosae, Textus recognitus et Modi, T P V, 1965, 96 p. + 2 doubles.

2518 Decretum De accomodata Renovatione Vitae religiosae, T P V, 28.10.1965, 14 p.

2519 Relatio super Schema Decreti De accomodata Renovatione Vitae religiosae, T P V, Mgr H. Compagnone, 23.9.1965, 8 p. + double.

2520 Animadversiones quoad novum textum De accomodata Renovatione Vitae religiosae, speciatim quoad obœdientiam, J. Buckley, s. d., 2 p. et 2 p. + double.

De Institutione sacerdotali

2521 Schema Decreti De Institutione sacerdotali, Textus emendatus et Modi, T P V, 1965, 123 p.

2522 Quaesita De Expensione facta a commissione... circa modos Schema Decreti "De Institutione sacerdotali" respicientes, T P V, 1965, 4 p.

2523 Animadversiones circa expensionem modorum schematis Decreti "De Institutione sacerdotali", 3.10.1965, 3 p. (demande de changer les votations).

2524 Lettre de Mgr J. Darmojuwono au Conseil de la Présidence, 28.9.1965, 2 p. (critique des procédés irréguliers dans la rédaction du nouveau texte).

De Educatione christiana

2525 Schema Declarationis De Educatione christiana, Textus emendatus et Modi, T P V, 1965, 55 p.

2526 Relatio super Schema Declarationis De Educatione christiana, T P V, Mgr J. Daem, 1965, 8 p.

2527 Quaesita de expensione facta... circa Modos Schema Declarationis "De Educatione christiana" respicientes, T P V, 1965, 4 p.

2528 Declaratio De Educatione christiana, T P V, 28.10.1965, 15 p.

2529 Note sur le Schéma de Déclaration "De Educatione christiana", 7.10.1965, 3 p. (des remarques sur la forme et le fond).

2530 Pour une Présence de l'Église au monde... scolaire dans toute son ampleur, Pour une Éducation chrétienne de tous les élèves, M. Duclercq, s. d. [selon sa carte de visite, début novembre 1965], 16 p. (plaidoyer pour le rôle de l'école officielle).

2531 + Carte de visite.

2532 Lettre de A. Latreille au Card. Suenens, 29.9.1965, 3 p. (remarques sur le Schéma De Educatione christiana qui souligne trop exclusivement le droit des parents).

De Religionibus non-christianis

2533 Schema Declarationis De Ecclesiae habitudine ad Religiones non-christianas, T P V, 1965, 39 p.

2534 Relatio super Schema Declarationis De Ecclesiae habitudine ad Religiones non-christianas, T P V, Card. A. Bea, 1965, 7 p.

2535 Declaratio De Ecclesiae habitudine ad Religiones non-christianas, T P V, 28.10.1965, 6 p.

2536 Verklaring over de houding van de Kerk ten opzichte van de niet-christelijke godsdiensten, *Katholiek Archief*, traduction néerlandaise par K. Pessers et R. Staverman, s. d., 22 p.

2537 Declaratio De Ecclesiae habitudine ad religiones non-christianas, s. d., 3 p. (projet de texte très réduit afin d'éviter toute polémique).

2538 Le Vote n° 6 sur l'exclusion du déicide dans le Schéma sur les Religions non-chrétiennes, s. d., 12 p. + Note annexe, 1 p. (note sur l'histoire du texte de la Déclaration en rapport avec le problème du déicide).

2539 Sanctissime Pater, Cum gaudio..., s. d., 2 p. (projet de lettre au Saint Père demandant de promulguer le texte et d'y annexer la relatio du Card. A. Bea).

De Revelatione

2540 Schema Constit. dogmaticae De divina Revelatione, Modi, Relationes, T P V, 20-22.10.1965, 77 p.

2541 Constit. dogmatica De divina Revelatione, T P V, 18.11.1965, 19 p. [texte avant le vote définitif].

2542 Constit. dogmatica De divina Revelatione, T P V, 18.11.1965, 20 p.

2543 Notificatio, Mgr P. Felici, 15.11.1965, 1 p. (au sujet de la qualification théologique de la Constit. De Revelatione).

2544 Modi qui proponuntur pro schemate "De divina Revelatione", s. d., 13 p. (des modi ronéotypés sur les 6 chapitres du texte).

2545 "Vatican liberalizes Rules on Biblical Research", R. Doty, 30.10.1965, 1 p. (extrait de *The New York Times*).

De Apostolatu laicorum

2546 Schema Decreti De Apostolatu laicorum, Textus recognitus et Modi, T P V, 1965, 141 p.

2547 Declaratio in ordine ad praeparandas suffragationes, T P V, Mgr F. Hengsbach, 21.9.1965, 4 p.

2548 Variationes in textu Schematis Decreti a Commissione conciliari de fidelium apostolatu propositae, T P V, 1965, 3 p.

2549 Decretum De Apostolatu laicorum, T P V, 18.11.1965, 32 p. [texte avant le vote définitif].

2550 Decretum De Apostolatu laicorum, T P V, 18.11.1965, 32 p.

De Libertate religiosa

2551 Schema Declarationis De Libertate religiosa, T P V, 1965, 85 p.

2552 Modi a Patribus Conciliaribus propositi, a Secretariatu ad Christianorum unitatem fovendam examinati et Textus, T P V, 1965, 87 p.

2553 Relatio super Schema Declarationis De Libertate religiosa, T P V, Mgr E. De Smedt, 1965, 6 p.

2554 Declaratio De Libertate religiosa, T P V, 7.12.1965, 15 p.

2555 Animadversiones in novissimum textum Declarationis De Libertate religiosa, A. Fernandez, s. d., 5 p.

"Suffragatio provisoria", septembre 1965

2556 Lettre du Card. A. Bea au Card. Suenens, 15.9.1965, 1 p. (demande un vote après la discussion du schéma).

2557 Postulatio ad Em.mos ac Rev.mos Cardinales Moderatores Concilii, 18.9.1965, 2 p. (demande de renvoyer le schéma, le Secrétariat pour l'Unité étant incapable de faire un bon texte).

2558 Lettre de Mgr W. Schoemaker aux Modérateurs, 19.9.1965, 1 p. (demande une suffragatio provisoria).

2559 + Propositio circa Declarationem de iure personae et communitatum ad libertatem CIVICAM in re religiosa, Mgr W. Schoemaker, s. d., 1 p.

2560 + de Schemate Declarationis de Libertate religiosa considerationes, Mgr W. Schoemaker, s. d., 1 p. [texte incomplet].

2561 Lettre de Mgr E. De Smedt au Card. Suenens, s. d. [4e Session], 1 p. (demande un vote pour accepter le texte comme base de discussion; Mgr C. Morcillo ne combattra pas le schéma).

2562 + "Vobis omnibus compertum est...", s. d., 1 p. (Projet de texte pour un tel vote à lire par le relateur).

2563 La Liberté religieuse, s. d., 2 p. (donne un résumé de la Déclaration et la perspective dans laquelle elle est rédigée).

De Missionibus

2564 Schema Decreti De Activitate missionali Ecclesiae, Textus emendatus et Relationes, T P V, 1965, 91 p.

2565 Relatio super Schema Decreti De Activitate missionali Ecclesiae, T P V, J. Schütte, 1965, 11 p.

2566 Modi a Patribus Conciliaribus propositi a Commissione de Missionibus examinati, T P V, 1965 [novembre], 96 p.

2567 Decretum De Activitate missionali Ecclesiae, T P V, 7.12.1965, 47 p.

2568 Il Decreto del Concilio sull'attività missionaria della Chiesa, texte latin dans *L'Osservatore Romano*, 9-10.12.1965, p. 9-12.

Intervention in aula du Card. Suenens, 12.10.1965

2569 Schema De Missionibus, "Praesens Schema melius est...", Card. Suenens, s. d., 5 p. [texte latin avec corrections mss Suenens] + double.

2570 À propos du Schéma sur les Missions, Card. Suenens, s. d., 3 p. + 2 doubles [version française].

2571 The Schema on the Missions, Card. Suenens, s. d., 3 p. + 2 doubles [version anglaise].

2572 In verband met het Schema over de Missies, Card. Suenens, s. d., 3 p. + 2 doubles [version néerlandaise].

2573 Modus circa n° 20, Cap. III, s. d., 1 p.

2574 Modus circa n° 23, Cap. IV, s. d., 1 p.

2575 Modus circa n° 26, Cap. IV, s. d., 1 p.

2576 Lettre aux Pères conciliaires pour demander d'introduire des modi, signée par 10 évêques [dont les cardinaux J. Frings, L. Rugambwa, R. Silva Henriquez, A. Rossi], s. d., 1 p.

2577 + Modus circa n° 24, s. d., 1 p.

2578 + Modus circa n° 29, Cap. V, s. d., 2 p.

2579 De Activitate missionali, Puncta pro emendatione Capitis III Num. 22, 23, G. Mahon, 18.9.1965, 3 p.+ double.

2580 Lettre de G. Wilmet au Card. Suenens, 6.10.1965, 1 p. (demande au nom des A.F.I. que le laïcat soit mieux mis en lumière dans le schéma; présente 3 modi).

2581 + Texte De officio laicorum in genere, s. d., 1 p.

2582 Lettre de J. Buckley au Card. Suenens, 8.10.1965, 1 p. (envoie un mémorandum et demande que le Card. Suenens y fasse allusion dans son intervention).

2583 + Memorandum quoad Schema Decreti De Activitate missionali Ecclesiae, J. Buckley, 4.10.1965, 3 p.

2584 Card. Suenens, "Le Devoir missionnaire", Interview, dans *Pastoralia*, 18.10.1965, 37, 2 p.

De Presbyteris

2585 Schema Decreti De Ministerio et Vita Presbyterorum, Textus emendatus et Relationes, T P V, 1965, 71 p.

2586 Relatio super Schema Decreti de Ministerio et Vita Presbyterorum, T P V, Mgr F. Marty, 1965, 7 p.

2587 Schema Decreti De Presbyterorum Ministerio et Vita, Textus recognitus et Modi, T P V, 1965, 136 p.

2588 Decretum De Presbyterorum Ministerio et Vita, T P V, 7.12.1965, 37 p.

Intervention in aula du Card. Suenens, 15.10.1965

2589 "Textus recognitus schematis....", s. d., 7 p. [texte ronéotypé non définitif].

2590 "Textus recognitus textus anteriorem....", s. d., 7 p. [le texte précédent abrégé et annoté – ms. – par le Card. Suenens].

2591 Le Schéma sur les prêtres [version française], s. d., 4 p. + 2 doubles.

2592 The Schema on Priests [version anglaise], s. d., 4 p. + 2 doubles.

2593 Het Schema over de Priesters [version néerlandaise], s. d., 3 p.

2594 + 2 copies d'une version corrigée, s. d., 4 p.

2595 Lettre de J. Fagnoux au Card. Suenens, 19.10.1965, 2 p. (appuie l'intervention du Cardinal qui a souligné le lien entre la Vierge Marie et le sacerdoce).

2596 Lettre de Fr. Beens au Card. Suenens, 13.5.1969, 1 p. (remercie pour le texte latin de l'intervention qui sera utile pour son mémoire).

2597 Intervention of Bishop Stephen A. Leven, 23.10.1965, 2 p.

2598 "Patres Conciliares, Textus multo melior est...", Mgr S. Mendez Arceo, s. d., 4 p. (des remarques sur le schéma; propose aussi une canonisation rapide de Jean XXIII).

2599 De Presbyterorum Caelibatu Libellus, s. d., 20 p. et 4 p. avec les noms des signataires (demande de revoir la loi sur le célibat).

2600 Lettre de prêtres lombards de la Federazione Nazionale del Clero Italiano au Card. Suenens, 26.11.1965, 2 p. (demande d'une intervention pour le clergy-man).

De Ecclesia in mundo huius temporis (sauf le débat et les interventions sur le chapitre De Matrimonio et Familia)

2601 Schema Constit. pastoralis De Ecclesia in mundo huius temporis, Textus recognitus et Relationes, Pars I, T P V, 1965, 59 p.

2602 Schema Constit. pastoralis De Ecclesia in mundo huius temporis, Textus recognitus et Relationes, Pars II, T P V, 1965, 91 p.

2603 Relationes super Schema Constit. pastoralis De Ecclesia in mundo huius temporis, Partem II (specialem), T P V, Mgr F. Hengsbach, 24.9.1965, 6 p. + double.

2604 Relationes super Schema Constit. pastoralis De Ecclesia in mundo huius temporis, T P V, 12.11.1965, 15 p.

2605 Schema Constit. pastoralis De Ecclesia in mundo huius temporis, Textus et Correctiones admissae necnon Expensio Modorum, Partis Primae, T P V, 1965, 256 p.

2606 Constit. pastoralis De Ecclesia in mundo huius temporis, T P V, 7.12.1965, 88 p.

2607 "La Costituzione pastorale del Concilio sulla Chiesa nel mondo contemporaneo" [texte italien], dans *L'Osservatore Romano*, 19.12.1965, p. 3-9.

2608 Modus sur le Textus recognitus n° 44, p. 54, l. 23, s. d., 1 p. [note ms. "From Sister Luke to Card. Suenens"].

2609 Lettre aux Pères Conciliaires, Card. Fr. Spellman et 9 évêques, 2.12.1965, 1 p. (demande de voter non-placet sur le Chapitre De Bello vitando parce qu'on y condamne la possession d'armes atomiques et chimiques).

2610 + Lettre aux Pères Conciliaires, Mgr J. Schroeffer et Mgr G. Garrone, 5.12.1965, 2 p. (réponse au nom de la sous-commission et de la commission à la lettre du Card. Fr. Spellman et des 9 évêques).

2611 Quaesita circa Expensionem Modorum Schematis Constit. pastoralis De Ecclesia in mundo huius temporis, 4.12.1965, 1 p. (les votes in aula de ce jour).

2612 "To the Moderatores. Fere nihil est in hoc Capite Secundo...", Card. V. Gracias [ms.], s. d., 2 p. (remarques sur le chapitre II – Pars II – de la Culture).

2613 + Texte anglais d'une revue, s. d., p. 14-20 (sur l'Église et la culture).

2614 Questionnaire (simple hypothèse de travail), s. d., 1 p. (projet de questions pour les Pères conciliaires au sujet de la rédaction du Schéma XIII).

2615 "Il y a une vision optimiste de l'efficacité de l'économie...", s. d., 2 p. (des remarques sur la Partie II, chap. III).

2616 + Chapitre III, De la Vie économique sociale, T P V, s. d., p. 69-76 (texte français du Schéma).

2617 De Statu laborum in Commissione Mixta pro Schemate XIII et de Kalendario praeviso, 14.10.1965, 1 p. (calendrier pour le travail des sous-commissions, de la commission plénière et les votes par l'assemblée conciliaire).

2618 Lettre de Mgr Felici au Card. Ottaviani, 28.11.1965, 1 p. (transmet deux notes parvenues au Saint Père, écrites par une personne compétente).

2619 + Lettre de Mgr A. Dell'Acqua à Mgr Felici, 28.11.1965, 1 p. (transmet les deux notes).

2620 + "Adicion que se propone al num 79,... pag. 56, linea 42", s. d., 1 p. (modus sur les partis politiques).

2621 + "Adicion que se propone al num. 72,... pag. 41, lin.41, s. d., 1 p. (sur le droit de former des associations libres).

2622 Pro Memoria per il Centro da costituirsi sui problemi dell'ateismo militante, s. d., 2 p. (note destinée au pape afin de créer une commission pour les problèmes de l'athéisme).

2623 + Idee per una concreta costituzione di questo centro, s. d., 2 p.

2624 De Deo hominibus proponendo atque praesentando, Ch. Moeller, s. d., 6 p. (note sur l'athéisme).

2625 "En dehors du droit de légitime défense...", s. d., 2 p. (ne pas limiter le droit de légitime défense et prévoir la possibilité d'une guerre juste).

2626 À l'origine de la Constitution "Gaudium et Spes", Card. Suenens, nov. 1965, 5 p. (histoire du texte conciliaire et les thèmes principaux) + 2 doubles.

2627 + Introduction (à signer par le Père A. Mc Cormack), nov. 1965, 1 p. + 2 doubles (introduction à ce texte) [N.B. : deux erreurs dans ce texte : Pacem in Terris est de 1963 – non de 1962 – et le discours de Jean XXIII est de septembre 1962 – non de 1961].

2628 M.-D. Chenu, Une Constitution pastorale de l'Église, dans *DOC*, n° 205, 1965, 13 p.

2629 Summary of Schema on the Church in the modern World, Ufficio Stampa, Concilio Ecumenico Vaticano II, s. d., p. 5-9 [incomplet].

DE MATRIMONIO ET FAMILIA

2630 Intervention de S. Exc. Mgr Elias Zoghby, 29.9.1965, [et non 29.10 comme indiqué sur le texte] 3 p. (intervention in aula sur les divorcés-remariés).

Intervention in aula du Card. Suenens, 29.9.1965

2631 Schema 13, Caput "De Matrimonio", "Notre Concile n'étant pas seulement doctrinal...", Card. Suenens [ms.], s. d., 3 p. (projet de l'intervention).

2632 Deux Vœux sur le mariage, s. d., 3 p. [corrections mss Suenens] (projet dactylographié).

2633 Schema XIII. Duo Vota de Matrimonio, s. d., 5 p. (texte latin ronéotypé) + double.

2634 Schema XIII. Duo Vota de Matrimonio, s. d., 5 p. (texte précédent avec corrections mss Suenens pour le discours oral).

2635 Deux vœux sur le mariage, s. d., 4 p. (version française) + 2 doubles.

2636 Two wishes on the Subject of Marriage, s. d., 5 p. (version anglaise) + double.

2637 Twee wensen in verband met het Huwelijk, s. d., 3 p. (version néerlandaise).

2638 "La discussion devra permettre...", s. d., p. 4-7 [extrait de la revue de presse du Concile] (à la p. 5, un résumé de l'intervention du Card. Suenens).

2639 Feuille adressée aux Pères Conciliaires, P. Peyton, 29.9.1965, 1 p. (demande d'appuyer un modus du Card. Suenens sur la prière en famille).

2640 + feuille volante avec le texte du Modus, s. d., 1 p.

2641 Ad partem IIam, caput Ium, s. d., 1 p. (suggestions de corrections du texte au sujet des divorcés et de la validité ou non des mariages de baptisés non-catholiques qui se convertissent à l'Église catholique).

2642 Suggeritur ut declaratio sequens addatur in fine lineae 12, pag. 48, s. d., 1 p. (sur la vie de prière des conjoints) + 2 doubles.

2643 + version anglaise, légèrement modifée, s. d., 1 p.

2644 Suggested emendation of the text of Schema 13, N° 96, 97, s. d., 1 p. (l'Église doit voir en face les problèmes de l'explosion démographique).

2645 Suggested addition to n° 8 page 5; Possible Addition to n° 4 at the end, s. d., 1 p. (sur les problèmes pastoraux et moraux de couples qui ne peuvent plus avoir d'enfants et seraient contraints à la continence) [note ms. de V. O'Brien?].

2646 Modi qui proponuntur quoad Matrimonium et Familiam pro Schemate "De Ecclesia in mundo huius temporis", J. et L. Alvarez, 15.11.1965, 6 p.

2647 + double dactylographié, 15.11.1965, 6 p.

2648 Pars II, 59 (Procemium), s. d., 7 p. [note ms. : "de la part du Chan. Heylen"] (projet de texte – n° 59-64 – qui a passé l'examen de la sous-commission et va maintenant à la Commission).

Les Modi Pontificaux sur le chapitre du mariage, nov. 1965

2649 Lettre du Card. Ottaviani au Saint Père, 4.11.1965, 1 p. (envoie deux notes de M. R. Gagnebet et de E. Lio; communiquer ces notes aux membres de la Commission n'aurait aucun sens vu la mentalité de la majorité; la question mériterait un examen plus approfondi).

2650 + Osservazioni, E. Lio, s. d., 2 p. (sur le chapitre du mariage).

2651 + Lettre de R. Gagnebet au Card. Ottaviani, 3.11.1965, 1 p. (envoie le rapport demandé).

2652 + À Propos du Schéma XIII, R. Gagnebet, s. d., 7 p. (critique du Schéma qui est fait en hâte; proposition de solution).

2653 Lettre du Card. Cicognani au Card. Ottaviani, 23.11.1965, 2 p. (envoie les modi pontificaux) + double.

2654 + liste des 4 modi pontificaux, s. d., 1 p.

2655 Lettre de plusieurs auditeurs laïcs au Saint Père, 25.11.1965, 1 p. + 1 p. annexe (expriment leur inquiétude au sujet des modi pontificaux).

2656 Lettre du Card. Ottaviani au Saint Père, 27.11.1965, 1 p. (envoie la réponse de la Commission aux modi pontificaux) [note ms. de Paul VI: "Si accettano gli emendamenti nella forma proposta dalla Commissione mista, 28.11.1965"].

2657 + Relatio de la Commissio mixta, V. Heylen, s. d., 4 p. [écrit sur la machine à écrire de Mgr J. Heuschen] + double non signé.

2658 + Note de J. Ford, s. d., 1 p. (note critique sur le texte accepté par la Commission).

2659 Projet de lettre de Maximos IV à Paul VI, 29.11.1965, 2 p. [double de la lettre rédigée par R. Laurentin, envoyée le jour même. Maximos IV a seulement changé le premier et le dernier alinéa; notes mss de R. Laurentin] (Maximos IV demande que le pape retire ou change ses modi et le supplie de faire en sorte que la question reste ouverte).

Dossier sur la note de A. Dondeyne, adressée à Paul VI (nov.-déc. 1965)

2660 Lettre ms. de A. Dondeyne au Card. Suenens, 30.11.1965, 1 p. (envoie copie de la note qui sera portée au pape et à Mgr C. Colombo par P. de Locht).

2661 + Réflexions sur la séance du vendredi 27 nov. de la Commission mixte, consacrée à la discussion des Modi proposés par le Souverain Pontife en vue du texte définitif du chapitre sur le Mariage, A. Dondeyne, s. d., 5 p. (dénonce certaines équivoques de la discussion).

2662 Lettre de Mgr A. Dell'Acqua au Card. Suenens, 3.12.1965, 1 p. (envoie des observations à propos de la Note de A. Dondeyne).

2663 + Osservazioni sulle "Réflexions" del Prof. Dondeyne circa il problema del Matrimonio, non signé mais de Mgr C. Colombo, 2.12.1965 [la date ms. indiquée est de la main de Paul VI; autres corrections mss de Colombo], 8 p. (donne l'histoire et l'interprétation du texte conciliaire).

2664 Lettre du Card. Suenens à A. Dondeyne, 15.12.1965, 2 p. (envoie la note que Mgr A. Dell'Acqua lui a fait parvenir; demande de préparer une réponse avec V. Heylen et A. Prignon; suppose que Mgr C. Colombo est l'auteur de la note).

2665 + Copie de la lettre de Mgr A. Dell'Acqua au Card. Suenens, 3.12.1965, 1 p.

2666 Observations sur les "Réflexions" du Prof. Dondeyne sur le problème du mariage, 2.12.1965, 7 p. (traduction française des "Osservazioni" de Mgr C. Colombo).

2667 Réponse aux Observations de Son Excellence Carlo Colombo (2 Décembre 1965) à mes Réflexions sur certains problèmes de morale conjugale (fin novembre 1965), A. Dondeyne, s. d., 12 p. + double.

2668 Lettre du Card. Suenens au Card. P.-É. Léger, 16.12.1965, 1 p. (il envoie le texte de A. Dondeyne et la réponse de Mgr C. Colombo).

2669 Morale coniugale, N. Venturini, 23.11.1965, 3 p. (demande que les évêques soient consultés; défend une position ouverte).

2670 Matrimoni misti, N. Venturini, 23.11.1965, 2 p. (quelques considérations sur ce problème et sur celui de la déclaration de nullité des mariages).

2671 Quaestiones adhuc disputatae quarum tamen solutio necessaria est ante declarationem Summi Pontificis de regulatione nativitatum, s. d., 1 p. + double [selon le FPrignon n° 1458a, ce document dont le texte de base est de Mgr Reuss, avec la collaboration de V. Heylen et de A. Prignon a été remis par le Card. Suenens à Paul VI le 26.10.1965].

2672 Declaratio "Doctrina Ecclesiae catholicae...", B. Häring [selon note ms. A. Prignon], s. d., 3 p. (projet de texte pour une déclaration sur la contraception par la Commission conciliaire ou par la Commission pontificale pour l'étude des problèmes de la population, de la famille et de la natalité?) [selon le FPrignon n° 1452, ce document est daté du 21.10.1965].

2673 Birth Control "On ne peut pas revenir en arrière....", s. d., 2 p. (propose la création d'un Centre de recherches) [corrections mss de V. Heylen ou de L. Anné?].

2674 Reflections on the first Votum, Sebastian Moore, s. d., 5 p. (appel pour des recherches sur la fertilité humaine).

2675 + Réflexions sur le premier Votum, s. d., 5 p. (résumé français de l'article précédent) + double.

2676 Lettre de Mgr J. Reuss au Saint Père, 19.10.1965, 4 p. (remercie le pape parce qu'il n'a pas édité une brochure "De quaestione regulationis nativitatum"; présente des réflexions de théologie morale et des suggestions aussi pour le travail de la Commission pontificale).

2676bis Lettre de Arthur [Mc Cormack] au Card. Suenens, 1.12.1965, 1 p. (il suggère au Cardinal de rencontrer Mr et Mme D. Cape, de l'ambassade de Grande-Bretagne auprès du Saint-Siège, qui sont en mesure d'influencer le correspondant romain du *Times*; il envoie un article de ce correspondant au sujet de l'intervention du pape sur le texte du mariage).

+ Vatican Council's Doubts on Birth Control, 1 p. dans *The London Times*, 29.11.1965.

2677 Lettre de P. de Locht au Card. Suenens, 2.12.1965, 2 p. (envoie deux textes : un pour Mgr C. Colombo, un autre pour les évêques belges).

2678 + "La Constitution sur l'Église dans le monde actuel...", P. de Locht, s. d., 4 p. (note envoyée à sa demande à Mgr C. Colombo; ce que le pape pourrait dire actuellement en attendant les conclusions de la recherche).

2679 + La Possessio Juris ou la relance des condamnations de Casti Connubii, P. de Locht, 2.12.1965, 6 p. (demande de ne pas relancer les positions de Casti Connubii).

2680 Lettre de P. de Locht au Card. Suenens, 25.1.1966, 1 p. (envoie copie de la correspondance avec Mgr C. Colombo et la Secrétairerie d'État).

2681 + Lettre de P. de Locht à Mgr C. Colombo, 24.11.1965, 1 p. (envoie un essai d'un message du pape dans la période d'attente).

2682 + "La Constitution sur l'Église dans le monde actuel...", P. de Locht, s. d., 4 p. (même texte que le n° 2678).

2683 + Lettre de Mgr A. Dell'Acqua à P. de Locht, 18.12.1965, 1 p. (le pape a bien reçu votre texte et apprécie le projet d'exhortation).

2684 Memorandum on a Project, s. d. [après avril 1965], 2 p. (sur un projet de recherche afin de perfectionner la méthode des rythmes).

2685 A. Mc Cormack, The Population Explosion in Perspective, dans *DOC*, n° 228, 11 p.

2686 Extraits de la Constitution pastorale sur l'Église dans le monde, Deuxième partie, chapitre I, Dignité du mariage et de la famille, s. d., 2 p. + double.

2687 La Constitution "Gaudium et Spes", IIe Partie, Chapitre 1, Dignité du mariage et de la Famille, s. d., 26 p. (commentaire de ce chapitre) + double.

2688 J. Grootaers, "Drie lezingen van Schema XIII en in het bijzonder van het Huwelijkshoofdstuk", dans *De Maand*, IX, janv.-févr. 1966 [tiré à part], 43 p.

2689 L. Janssens, "Chasteté conjugale selon l'encyclique Casti Connubii et suivant la constitution pastorale Gaudium et spes", dans *Eph. Theol. Lovan.*, t. XLII, fasc. III, 1966, p. 513-554.

2690 V. Heylen, "La Note 14 dans la constitution pastorale "Gaudium et spes", P. II, C.I, n° 51", dans *Eph. Theol. Lovan.*, t. XLII, fasc. III, 1966, p. 555-566 [avec dédicace ms. de V. Heylen au Card. Suenens].

De Indulgentiis et De Disciplina paenitentiali in Ecclesia

2691 De Disciplina Paenitentiali in Ecclesia, S. Congregatio Concilii, T P V, 1965, Folium ex officio, 7 p.

2692 + Schema Constit. Apostolicae, examini et approbationi Summi Pontificis proponendum, 4 p.

2693 Positio De sacrarum Indulgentiarum Recognitione, S. Paenitentiaria Apostolica, T P V, 1965, 91 p. + double.

2694 Relatio super Schema De Indulgentiis recognoscendis, T P V, I. Sessolo, 1965, 18 p.

Intervention du Card. Suenens sur les Indulgences

[Cette intervention n'a pas été prononcée; probablement a-t-elle été remise in scriptis].

2695 Nota circa documentum "Positio de sacrarum indulgentiarum recognitione", V. Heylen, 26.10.1965, 4 p. [les pages 2 et 3 manquent].

2696 "Loquor nomine conferentiae episcoporum Belgii..." 4 p. (la note de V. Heylen avec des notes mss Suenens pour une intervention in aula).

2697 "Loquor nomine conferentiae episcoporum Belgii...", s. d., 2 p. (nouvelle version plus brève de son intervention sur base du texte de V. Heylen) + double.

2698 De Indulgentiis "Loquor nomine Conferentiae episcoporum Belgii....", s. d., 2 p. (version définitive de l'intervention).

2699 Avis du Synode de l'Épiscopat Grec-Melkite catholique sur les Indulgences, 10.11.1965, 2 p. + double.

2700 Observationes – non lectae in Aula Conciliari..., Card. P. Meouchi, 7.11.1965, 3 p.

2701 Animadversiones circa "Positionem de sacrarum indulgentiarum recognitione" ab Episcopis Austriae et Germaniae propositae, 10.11.1965, 10 p. + 2 doubles.

2702 Note sur la Positio de sacrarum Indulgentiarum Recognitione, A.-G. Martimort, s. d., 5 p.

2703 Lettre de Mgr Felici aux Présidents des Conférences épiscopales, 11.10.1965, 1 p. (lettre de convocation pour la réunion du 11.11.1965 sur les Indulgences).

2704 Lettre de C. Berti au Saint Père, 8.12.1964, 3 p. (donne des suggestions sur la réforme des indulgences).

Secretariatus pro non-christianis

2705 Raccolta di Testi di S.S. Paolo VI concernenti i Rapporti con le Religioni non cristiane, T P V, 1965, 50 p.

FARDE

2706 Lettre du Card. P. Marella aux Présidents des Conférences épiscopales, 15.9.1965, 2 p. (envoie les documents annexes et demande de créer une Commission pour les non-Chrétiens au sein de la Conférence épiscopale) [note ms. Suenens : l'év(êque) de B(ruges)].

2707 Réunion des Ordinaires intéressés au Secrétariat pour les non-Chrétiens, s. d., 24 p. (rapport de cette réunion).

2708 Textes des Religions non-chrétiennes sur l'impuissance humaine devant Dieu, s. d., 2 p.

2709 Textes patristiques, s. d., 8 p.

2710 Contribution à une bibliographie sur "Le Salut des non-Chrétiens", s. d., 15 p.

2711 Synthèse des travaux du Secrétariat et des Consulteurs sur le thème du salut des non-Chrétiens, s. d., 16 p.

2712 Lettre de J. Masson au Card. Suenens, 3.12.1965, 1 p. (envoie et situe une note au sujet du Secrétariat pour les non-Chrétiens).

2713 + De Secretariatu pro non-christianis eiusque problematibus, s. d., 4 p. (critique assez sévère du président et du secrétaire de ce Secrétariat) + double.

Varia

2714 Private Record of Discussions on conciliar Themes held at the Villa Miani, Rome, during the last Session of the Second Vatican Council, sept.-nov. 1965, 1, 1, 1, 2, 1, 6, 11, 6, 5, 1, 2, 8, 6 et 9 p. [Durant la 4e Session, des amis du Card. Suenens avaient loué à Rome la Villa Miani, située à la Via Trionfale, 151. On y réunissait des amis et des collaborateurs du Cardinal. Des conférences et des discussions sur des thèmes conciliaires s'y tenaient. Les textes ci-joints en donnent les rapports].

2715 Cardinal Suenens, "Comment suivre le Concile?", dans *Radio-Télévision catholique belge*, n° 94, octobre 1995, p. 2.

2716 Lettre (carte) de Mgr J. Cody au Card. Suenens, 28.9.1965, 2 p. (remercie pour l'invitation et s'excuse de ne pouvoir se rendre à la réception pour F. Duff).

2717 Lettre de Mgr H. Van Waeyenbergh au Card. Suenens, 30.9.1965, 2 p. (envoie la liste d'évêques demandée; se plaint de ne pas recevoir de réponse au sujet des problèmes à l'Université de Louvain).

2718 + Liste d'évêques, s. d., 2 p. (une liste d'évêques, anciens étudiants de l'Université de Louvain).

2719 Lettre de W. Leahy au Card. Suenens, s. d., 6 p. (plusieurs demandes pour pouvoir publier les interventions in aula du Card. Suenens).

2720 Dialogue on Post-Council Themes : How to implement the Vatican Council, 30.10-1.11.1965, 6 p. (rapport d'une réunion de 69 nord-américains – évêques, théologiens, laïcs – pour discuter des thèmes postconciliaires).

2721 *Caritas*, Monatschrift des Schweizerischen Caritasverbandes, 43. Jahrgang, november 1965, Heft 11 (numéro contenant plusieurs articles sur le diaconat).

2722 E. Schillebeeckx, Balans van het Concilie, dans *DOC*, nov. 1965, 11 p.

2723 Avviso per i Padri conciliari, 1.10.1965, 3 p. (au sujet des assurances contre les accidents).

2724 Divina Liturgia iuxta Ritum Ecclesiae Syro-Antiochenae, 1.10.1965, 8 p. + double.

2725 Divina Liturgia Sancti Patris nostri Ioannis Chrysostomi, 9.11.1965, 10 p.

2726 Ordo Divinae Liturgiae iuxta Ritum Byzantinum-Hungaricum, 19.11.1965, 10 p.

2727 Decreto n° 275, Por el cual se aprueben en forma definitiva los Estatutos del Equipo Misionera Diocesano "Mater Dei", Mgr G. Villa Gavirai, 18.10.1965, 1 p.

2728 + Decreto n° 183, 8.5.1962 et le texte des Constitutions, 8 p.

2728bis Photograph taken at the Hotel-Pensione Castel Sant'Angelo, Rome, where most of the delegate observers of Vatican II lived, on Saturday 4 december 1965, 1 p. + photo (le Cardinal Suenens et des observateurs américains) [note ms. Suenens].

Période postconciliaire

Note préliminaire sur le classement de cette période

Devant la diversité des documents conservés et tenant compte du fait que le Card. Suenens a souvent rassemblé des documents pour écrire des articles et son livre *Souvenirs et Espérances* ou pour donner des interviews, on a opté pour le classement suivant :

1. Commissio Centralis Coordinandis post Concilium Laboribus et Concilii Decretis interpretandis.
2. Mémoires sur le Concile Vatican II (écrit par le Cardinal probablement en 1966).
3. Istituto Paolo VI, Colloquio Internazionale di Studio, sept. 1983 (l'article du Cardinal, la correspondance à ce sujet, etc.).
4. Card. L.-J. Suenens, "Aux Origines du Concile Vatican II", dans *Nouv. Rev. Théol.*, 1985, 1 (son article et le manuscrit).
5. Différents interviews et articles du Cardinal sur le Concile.
6. Autres documents.

6.1. Generalia.

6.2. De Ecclesia (+ De Diaconatu, + De Beata).

6.3. De Revelatione, De Religiosis, De Seminariis, De Educatione christiana, De Libertate religiosa.

6.4. De Ecclesia in mundo huius temporis.

6.5. Ordo Concilii.

6.6. Plan du Concile.

6.7. Varia.

1. Commissio centralis Coordinandis post Concilium laboribus et Concilii Decretis interpretandis

2729 Lettre de nomination du Card. Suenens comme membre de la Commission centrale postconciliaire, Card. Cicognani, 4.1.1966, 1 p.

Réunion du 31.1.1966

[Le classement des documents suit l'ordre du jour de la réunion].

2730 Lettre de Mgr Felici au Card. Suenens, 20.1.1966, 1 p. (la convocation à la réunion).

2731 + Motu Proprio "Finis Concilio", T P V, 3.1.1966, 6 p.

2732 Commissione Centrale, Abozzo di progetto dei lavori, 25.1.1966, 1 p.

2733 Ordine del Giorno della Ia Riunione della Commissione Centrale, 31.1.1966, 1 p. [notes mss Suenens : d'autres points de l'ordre du jour].

2734 Relatio Secretarii Generalis dẹ labore peragendo a Commissionibus postconciliaribus, Mgr Felici, 31.1.1966, 2 p.

2735 Commissio Postconciliaris de Episcopis et de Diœcesium regimine, Lettre du Card. P. Marella à Mgr Felici, 24.1.1966, 3 p. (il pose quelques questions à la Commission centrale et envoie deux documents [le 1er document manque]).

2736 + Partes Decreti "De Pastorali episcoporum munere in Ecclesia" de quibus peculiares normae edendae esse videntur ut ad effectum veniant principia, Card. P. Marella, s. d., 3 p.

2737 Commissio post-conciliaris De Religiosis, Lettre de A. Le Bourgeois à Mgr Felici, 25.1.1966, 3 p. (il envoie des suggestions pour le travail à faire).

2738 Commissio postconciliaris De Apostolatu laicorum, Programma laborum Commissionis, 25.1.1966, 2 p.

2739 + Adumbratio Documenti pro mense maio, 25.1.1966, 2 p.

2740 Carte de A. Mayer au Card. Suenens, 27.1.1966, 1 p. (il transmet un "Pro Memoria" avec une question à poser à la Commission centrale).

2741 + Pro Memoria per Sua Eccellenza Monsignore Pericle Felice, A. Mayer, 22.1.1966, 1 p. (il demande si la Commission postconciliaire "De Educatione Christiana" doit aussi traiter de la Ratio Institutionis sacerdotalis).

2742 Alcuni temi accennati nella Dichiarazione "De Educatione christiana" da sviluppare dalla Commissione Postconciliare, s. d., 2 p.

Dossier de la S. Congregatio pro Ecclesia orientali

2743 Lettre du Card. G. Testa à Mgr Felici, 24.1.1966, 6 p. (comment interpréter le Décret conciliaire De Ecclesiis catholicis orientalibus au sujet de la nomination des évêques orientaux?).

2744 + 1° Allegato, Nota, s. d., 1 p. (la S. Congregatio pro Ecclesia Orientali demande aux patriarches leur avis sur l'art. 9 du Décret conciliaire concernant la nomination des évêques "salvo inalienabili Romani Pontificis jure in singulis casibus interveniendi").

2745 + 2° Allegato, Lettre du Card. St. Sidarous au Card. G. Testa, 20.10.1965, 1 p.

2746 + 3° Allegato, Note du Patriarchat syrien catholique [I. Tappouni], s. d., 1 p.

2747 + 4° Allegato, Lettre de Maximos IV au Card. G. Testa, 28.10.1965, 2 p. et 2 p. (Extrait de la Note Explicative, envoyée le 2.9.1965 à Paul VI).

2748 + 5° Allegato, Réponse du Card. P. Meouchi et des évêques maronites, 28.10.1965, 3 p.

2749 + 6° Allegato, Lettre du Patriarche Paolo II Cheikho au Card. G. Testa, 22.11.1965, 1 p.

2750 + 7° Allegato, Lettre du Patriarche I. Batanian au Card. G. Testa, 20.10.1965, 1 p. et 3 p. Note.

2751 Lettre du Card. G. Testa à Mgr Felici, 25.1.1966, 1 p. (il envoie la lettre jointe).

2752 + Lettre de Maximos IV au Card. G. Testa, 18.1.1966, 3 p. (il donne l'avis de son Synode).

2753 Commissio "De Missionibus", s. d., 4 p.

2754 Lettre de Mgr Felici au Card. Suenens, 24.2.1966, 1 p. (il transmet des documents).

2755 + Dal Verbale della prima seduta dalla Commissione Centrale postconciliare di coordinamento e di interpretazione (13 [= 31] gennaio 1966), 6 p.

2756 + Dubium, Card. Cicognani, 4.2.1966, 1 p. (la réponse de la Commission centrale sur le dubium dans le Décret Orientalium Ecclesiarum, n° 9).

Réunions des 23-24.5.1966

[Le classement suit l'ordre du jour de la réunion].

2757 Lettre de Mgr Felici au Card. Suenens, 23.4.1966, 1 p. (il envoie un document pour la prochaine réunion).

2758 + Commissio postconciliaris De Missionibus, s. d., 6 p.

2759 Lettre de Mgr Felici au Card. Suenens, 2.5.1966, 1 p. (il envoie plusieurs documents pour la réunion du 23 mai et demande au Cardinal d'être le rapporteur pour le projet de la Commission pour l'Apostolat des laïcs).

2760 Commissio postconciliaris "De Episcopis ac de Diœcesium Regimine", Normae practicae ad exsequenda praescripta Decreti "Christus Dominus" et Decreti "Presbyterorum Ordinis", 30.4.1966, 24 p.

2761 Relatio generalis super normas practicas ad exsequenda Decreta "Christus Dominus" et "Presbyterorum Ordinis", L. Governatori, 4.5.1966, 14 p.

2762 Normae practicae ad exsequenda praescripta Decreti "Christus Dominus" et Decreti "Presbyterorum ordinis", P. Theeuws, 10.5.1966, 3 p. + feuille volante (des notes du vicaire général de Malines-Bruxelles sur les 2 documents précédents).

2763 Commissio postconciliaris De Apostolatu Laicorum, Praenotanda ad Documentum, 30.4.1966, 1 p.

2764 + Normae ad executionem Decreti "De Apostolatu Laicorum", 26.4.1966, 6 p.

2765 Commissio postconciliaris De Educatione christiana, 30.4.1966, III p. + 7 p. [le document C manque].

2766 Lettre du Card. I. Antoniutti aux card. Cicognani et E. Tisserant, 30.4.1966, 2 p. (il donne un rapport du travail accompli).

2767 + Commissio postconciliaris De Religiosis, Textus Instructionis exsecutoriae Decreti conciliaris "Perfectae Caritatis" ...in sessione plenaria dd. 19-23.4.1966 exaratus, 10 p.

2768 + Note ms. R. Ceuppens, 12.5.1966, 1 p. (il trouve ces textes valables).

2769 Lettre de Mgr Felici au Card. Suenens, 10.5.1966, 1 p. (il envoie une note dictée par S. Luoni, de la Secrétairerie d'État, et "provenant de la source la plus autorisée" et transmise par lui à A. Glorieux).

2770 + "Sarà bene che nel...", s. d., 1 p. (une demande de faire une mention explicite de l'Action catholique dans le document postconciliaire).

2771 Lettre de Mgr Felici au Card. Suenens, 14.5.1966, 1 p. (il envoie quelques documents).

2772 + Lettre du Card. G. Pizzardo, de Mgr G. Garrone et de A. Mayer aux card. Cicognani et E. Tisserant, 11.5.1966, 2 p. (ils envoient un schéma au sujet de l'Institutio sacerdotalis).

2773 + Schema documenti quo Decretum "Optatam totius" de Institutione Sacerdotali exsecutioni mandari possit, 11.5.1966, 2 p.

2774 + Dubium, le Supérieur Général des Frères des Écoles chrétiennes, 11.5.1966, 1 p. (au sujet de l'ordination sacerdotale de quelques frères; cfr. Perfectae Caritatis, art. 10, par. 2).

2775 Carte de visite de Mgr Felici, 18.5.1966, 1 p.

2776 + Dubium circa articulum 10 par. 2 Decreti "Perfectae Caritatis", P. Abellan, 15.6.1966, 4 p.

2777 + Circa num. 10 Decreti Conciliaris "Perfectae Caritatis", Votum Consultoris, J. Rousseau, 16.5.1966, 2 p.

2778 "Aggiungere alla posizione da esaminare nelle sedute 23/245 maggio 1966 della Commissione Centrale postconciliare", 19.6.1966, 1 p.

2779 + Prot. n° CI/231 Dubia proposita, Ch. Berutti, 19.6.1966, 4 p.

2780 + Dubium, le Supérieur Général des Frères des Écoles chrétiennes, 11.5.1966, 1 p. (même document que *supra* n° 2774).

2781 Ordine del giorno per la seduta del 23 maggio 1966, ore 17., s. d., 1 p. (l'ordre du jour et les relateurs).

2782 Posizione per le adunanze della Commissione Centrale postconciliare [feuille de couverture].

2783 + Osservazioni circa il "Votum" presentato dalla Commissione postconciliare "De religiosis", il quale riguarda la competenza della Sacra Congregazione "de Propaganda Fide" su alcuni Istituti religiosi, s. d., 9 p.

2. Mémoires sur le Concile Vatican II

Mémoires sur le Concile Vatican II, Card. Suenens, s. d. [mais selon des critères internes – le Cardinal se demande comment va fonctionner la Commission centrale postconciliaire – à dater de fin 1965 ou du début 1966] 69 p. (ce sont des mémoires – enregistrés d'abord au micro et écrit à la machine par une secrétaire – très intéressants où le Cardinal décrit surtout son propre rôle dans le déroulement du Concile; la chronologie et certains détails demandent parfois à être vérifiés).

Deux copies se trouvent dans les archives :

2784 1ère copie : sur la farde de la 1ère copie est ajouté par le Card. Suenens au crayon : "texte corrigé rapidement" : et le texte contient des corrections et quelques ajoutes au crayon, qui sont d'une date postérieure.

2785 2ème copie : sur la farde est ajouté par le Card. Suenens : "dictées au micro par moi-m. Confidentiel". [Cet exemplaire montre d'autres corrections, à la plume, probablement d'une date ultérieure à celles ajoutées au crayon au premier exemplaire].

2786 Une photocopie des p. 46-63 du premier exemplaire.

3. Istituto Paolo VI, Colloquio internazionale di studio, Milano, 23-24-25 settembre 1983

2787 Card. L. J. Suenens, "Testimonianze", dans *Giovanni Battista Montini, Arcivescovo di Milano e il Concilio Ecumenico Vaticano II, Preparazione e Primo periodo, Colloquio Internazionale di Studio, Milano, 23-24-25 settembre 1983*, Brescia, 1985, p. 178-187 (tiré-à-part de l'intervention du Card. Suenens à ce colloque) + 2 doubles.

2788 Istituto Paolo VI, s. d., 31 p. (brochure de présentation de l'Istituto Paolo VI).

2789 Programma dei lavori, s. d., 4 p.

2790 Programma dei lavori, s. d., 4 p. (autre version du programme de ce Colloque).

2791 Partecipanti ai lavori, s. d., 4 p.

2792 Programma di massima, s. d., 1 p.

2793 "Réunion Milan. sept. 83", s. d., 2 p. et 1 p. (des notes mss Card. Suenens pour préparer son témoignage à ce Colloque).

2794 "Ella sarà gradito ospite dell'Istituto...", G. Camadini, 10.2.1983, 1 p. (dernière page d'une lettre du Président de l'Istituto pour inviter le Card. Suenens).

2795 Lettre de J. Grootaers au Card. Suenens, 11.4.1983, 1 p. (en vue de son intervention au Colloque, il demande des renseignements au sujet du Secrétariat pour les Affaires extraordinaires).

2796 + Projet ms. de réponse du Card. Suenens, s. d., 1 p. (comme il doit lui-même parler à ce Colloque, il lui est difficile de communiquer des informations personnelles).

2797 Lettre du Card. Suenens à la Direction de l'Istituto Paolo VI, 6.4.1983, 2 p. (il envoie des textes du Card. Montini sur l'apostolat des religieuses, qui lui avaient été donnés par une religieuse milanaise en 1964).

2798 Lettre de G. Camadini au Card. Suenens, 20.5.1983, 1 p. (il remercie pour sa participation).

2799 Lettre de G. Camadini au Card. Suenens, 9.6.1983, 1 p. (des dispositions pratiques pour le voyage).

2800 Orazio Petrosilo, "Inediti sul Concilio Vaticano II «salvato» dalla linea di Paolo VI", dans *Il Tempo*, 26.9.1983, p. 2.

2801 Feuille volante ms., s. d., 1 p. (les noms et adresses de Mgr M. Magrassi et de R. Cantalamessa).

4. Card. L.-J. Suenens, Aux origines du Concile Vatican II

2802 Card. L.-J. Suenens, "Aux origines du Concile Vatican II", tiré-à-part de la *Nouv. Rev. Théol.*, 1985, 1, p. 3-21 + double.

2803 Aux origines du Concile Vatican II, Card. Suenens, s. d., 5 p. (le brouillon ms. Suenens de son article).

5. Articles et interviews du Card. Suenens au sujet du Concile

2804 Le Fond d'un Problème, Émission du 18.12.1965, 20.1.1966, 9 p. (une interview du Card. Suenens à la Radio Télévision Belge) + 2 doubles.

2805 Le Cardinal Suenens nous dit, déc. 1965, 1 p. (une photocopie d'une page de la revue de la Radio Télévision catholique belge) + double.

2806 S. E. le Cardinal Suenens, "Lendemain du Concile", dans *Servir, Revue bimestrielle pour prêtres, religieuses et cadres aînés*, 1966, p. 7-18.

2807 Cardinal Leo Suenens, "Where are we five years after Vatican II", dans *NC News Service*, nov. 1970, 4 p. + double.

2807bis L.-J. Suenens, "Cinq ans après Vatican II", dans *La Documentation catholique*, n° 1577, 3.1.1971, p. 35-36 (traduction française de ce texte) + feuille volante ms. Suenens, s. d. [de 1988?].

Vatican II, vingt ans après

2808 L.-J. Card. Suenens, "Vatican II, 20 ans après", dans *L'Osservatore Romano*, Édition – française – hebdomadaire, 16.11.1982, p. 16-17 + copie.

2808bis Vatican II, 20 ans après, Card. Suenens, s. d., 15 p. (le texte dactylographié de cet article) [corrections mss Suenens] + double des p. 1-12.

2809 Card. Jozef L. Suenens, "Il Vaticano è stata un'esperienza pentecostale da tradurre in esperienza personale", dans *L'Osservatore Romano*, 20.11.1982, p. 3 + 2 copies.

2810 Kardinal Leo Jozef Suenens, "Das Zweite Vatikanische Konzil 20 Jahre später", dans *L'Osservatore Romano*, Wochenausgabe in deutscher Sprache, 14.1.1983, p. 8-9 et 21.1.1983, p. 8.

2811 "Vatican II, vingt ans après, Le témoignage du Cardinal Suenens", dans *CIP*, 24.11.1982, p. 3-5 (un résumé du texte paru dans *L'Osservatore Romano*).

2811bis "Twintig jaar na Vaticanum II, Kard. Suenens", dans *Pastoralia*, 1983, p. 59-64 (traduction néerlandaise de ce texte).

2811ter "A new Pentecost, Cardinal Leo Josef Suenens", dans *The Tablet*, 5.2.1983, p. 100-103 (version anglaise incomplète de ce texte) + double.

2812 G.F.S., "Quando il Vaticano II trovò finalmente la sua strada", dans *Il Tempo*, 1.10.1985, p. 20 (une interview avec le Card. Suenens) + copie.

2813 "Vous me demandez quelle est la signification profonde...", une interview du Card. Suenens, s. d., 7 p.

2814 Des notes mss Card. Suenens, s. d., 2 p. (des notes pour un discours ou un article sur le Concile).

2815 Deux fiches avec des notes mss du Card. Suenens sur le Concile et le Card. J. Cardijn., s. d., 2 p.

6. Autres documents

6.1. GENERALIA

2816 Lettre du Card. Suenens à Paul VI, 24.12.1965, 2 p. (il envoie ses vœux de Noël et rappelle encore quelques impressions des derniers jours du Concile : la prière commune à Saint-Paul-hors-les-murs, le geste de réconciliation avec Constantinople, l'apothéose finale; il remercie pour les gestes d'attention et de délicatesse à son égard au cours du Concile).

2817 Lettre du Card. P. Marella au Card. Suenens, 5.1.1966, 2 p. (il envoie ses vœux de Nouvel An; il parle du travail du Secrétariat pour les non-Chrétiens) + enveloppe.

2818 Lettre de A. Prignon au Card. Suenens, 6.2.1966, 2 p. (il parle des indiscrétions au sujet de la nomination éventuelle de Ch. Moeller à Rome, qui hésite fort à accepter; R. Etchegaray lui a communiqué que les évêques français ont envoyé au pape un rapport sur le Birth Control pour dire que l'incertitude ne peut plus durer longtemps; on travaille aux statuts de la Conférence épiscopale italienne et à la diminution du nombre des diocèses italiens).

2819 Lettre ms. de Y. Congar au Card. Suenens, 5.4.1980, 1 p. (à l'occcasion d'un article du Cardinal dans *Herder Korrespondenz*, avril 1980, Y. Congar écrit: "...j'ai souvent éprouvé que, presque seul, vous avez pensé le Concile").

2820 Lettre ms. du Card. Suenens aux professeurs J. Grootaers et Cl. Soetens, 14.4.1989, 1 p. (il nie qu'il ait légué ses archives du Concile au Centre de Würzburg; pour le moment, il travaille à la rédaction de quelques écrits sur le Concile; il léguera ses papiers personnels au Card. G. Danneels).

6.2. DE ECCLESIA, DE DIACONATU, DE BEATA

2821 Some observations on Authority, its nature, exercise and implications, H. Chadwick, ARCIC, 9-15.1.1970, 11 p.

2822 Authority in the Church, Mgr Chr. Butler, s. d., 10 p.

2823 "Dans 'La lumière de l'encyclique Humanae Vitae', le cardinal C. Journet...", G. Thils, s. d., 3 p. (G. Thils répond à un article du Card. Journet, paru dans *Nova et Vetera*, juillet-septembre 1968).

2824 + De Consecrationis episcopalis effectibus (De Ecclesia n° 14), G. Thils, mars 1964, 16 p. [cfr. 2ème Intersession, n° 1815].

2825 Coresponsabilité dans l'Église, Card. Suenens, s. d., 2 p.

2825bis Y. Congar, "D'une «Ecclésiologie en gestation» à Lumen gentium. Chap. I et II", tiré-à-part, dans *Freiburger Zeitschrift für Philosophie und Theologie*, bd. 18, 1971, Heft 1-2, p. 366-377 (avec dédicace ms. de Y. Congar).

2826 Claude Troisfontaines, "À propos de quelques interventions de Paul VI dans l'élaboration de «Lumen Gentium»", dans *Paolo VI e i problemi ecclesiologici al Concilio*, Brescia 1989, p. 97-143 [avec dédicace de l'auteur pour le Card. Suenens].

2827 + Extraits de cette étude de Claude Troisfontaines, p. 99-103 et 135-137 (sur les 5 Propositions du 30.10.1963).

2827bis Lettre du Card. Suenens à Cl. Troisfontaines, 10.11.1989, 2 p. (il remercie et félicite pour l'article dont il fera usage dans *Souvenirs et Espérances* [p. 118]) [Cette lettre, qui ne se trouvait pas dans les papiers du Cardinal, a été communiquée par Cl. Troisfontaines].

2828 J. Grootaers, *Primauté et Collégialité. Le dossier Gérard Philips*, Leuven, 1986 (une photocopie des p. 7-21).

2829 Un texte controversé de Vatican II. La "Nota praevia" de "Lumen Gentium", chapitre III, G. Philips, s. d., 21 p. (cet article a été publié dans *IDOC International*, n° 8, 1969, p. 51-73).

2830 Lettre de Mgr J. Jadot au Card. Suenens, 13.6.1987, 1 p. (il remercie pour l'article de G. Alberigo qu'il retourne).

2831 + G. Alberigo, "L'Episcopato al Vaticano II, A proposito della Nota explicativa praevia e di Mgr Philips", dans *Cristianesimo nella storia*, 1987, 9, p. 147-163 [dédicace ms. de G. Alberigo : "con devoto ricordo"; notes mss Suenens : "Réactions de Alberigo sur la 'Nota praevia' et l'ultra-diplomatie de Mgr Philips. Il faut lire attentivement la note finale de Dossetti"].

2832 Lettre de L. A. G. Tagle à W. Brieven, 16.5.1989, 1 p. (il envoie une lettre pour le Cardinal) [l'original se trouve au verso du n° 2049].

2833 + Lettre de L. A. G. Tagle au Card. Suenens, 16.5.1989, 2 p. (il pose différentes questions au sujet de la Nota praevia, les 5 Propositions du 30.10.1963, le Card. Montini, la coresponsabilité, etc.) [dans la marge, le Cardinal a inscrit des réponses mss au crayon].

2834 + Quelques questions précises sur le rôle imprécis des modérateurs, Card. Suenens, s. d., 2 p. (le Cardinal reprend les questions de L. A. G. Tagle et y donne des réponses – assez sommaires et vagues) [ces réponses n'ont pas été envoyées à Tagle].

2835 M. Bévenot, "Primacy and Development", dans *Heythrop Journal*, IX, 1968, p. 400-413.

2836 Ch. Moeller, "Origine et Développement du thème de la collégialité à Vatican II", dans *Euntes Docete*, XX, 1967, p. 445-458.

2837 Béda Rigaux, "Saint Pierre et l'exégèse contemporaine", dans *Concilium*, éd. Mame, Tours, n° 27, 1967, p. 129-152 [avec dédicace de l'auteur].

2838 G. Thils, "Papauté et Épiscopat", dans *Volk Gottes, Festgabe für Josef Höfer*, Freiburg-Basel-Wien, 1967, p. 41-63.

De Diaconatu

2839 Considérations sur une éventuelle congrégation religieuse des "Diacres de Saint Étienne", J. Cuyle, 25.12.1965, 9 p.

2840 + Beschouwingen over een mogelijke religieuze congregatie van "Diakens van St. Steven", J. Cuyle, 25.12.1965, 5 p. (version néerlandaise du même texte).

2841 Cours de formation au diaconat en Italie, CIP, 3.3.1966, 1 p.

2842 Communauté du diaconat en Belgique, mai 1967, 1 p. et 20 p.

De Beata

2843 "Au sujet du titre "Marie, Mère de l'Église", Laurentin me signale...", note ms. Suenens, s. d., 1 p.

2844 + Intervention du Card. Suenens 4.12.1962, R. Laurentin, s. d., 1 p. (R. Laurentin donne des extraits des interventions du Card.

Suenens, 4.12.1962, et du Card. Montini, 5.12.1962, qui ont tous les deux employé le terme "Mater Ecclesiae").

2845 Lettre de Mgr G. B. Re au Card. Suenens, 26.5.1986, 1 p. (il demande si le Card. Suenens a parlé du titre Mater Ecclesiae avec le Card. Montini avant son intervention du 4.12.1962)

2846 + Projet ms. de réponse du Card. Suenens à Mgr G. B. Re, s. d., 1 p. (il n'a pas de souvenir d'une conversation avec le Card. Montini sur le "Mater Ecclesiae"; il se rappelle que le Card. Montini lui a demandé de ne pas défendre le titre de Médiatrice pour des raisons œcuméniques).

2847 Marie T. Farrell, "The Suenens Amendment of Lumen Gentium 8", dans *ACR* (*Australasian Catholic Record*), déc. 1995, p. 316-326.

6.3 DE REVELATIONE, DE RELIGIOSIS, DE INSTITUTIONE SACERDOTALI, DE SEMINARIIS, DE EDUCATIONE CATHOLICA, DE LIBERTATE RELIGIOSA

De Revelatione

2848 Verità o inerranza della S. Scrittura e storia della salvezza alla luce della Costituzione dogmatica "Dei Verbum", I. de la Potterie, s. d., 20 p.

2849 La Constitution conciliaire sur la Révélation divine, Schémas pour conférences sur le Concile, Supplément à *Pastoralia*, 14.3.1966, n° 10, 16 p.

De Religiosis

2850 Geest en Inhoud van het Decreet "Perfectae Caritatis", werkjaar 1966-1967, 19, 20, 15 et 14 p.

De Seminariis, De Educatione catholica

2851 P. Dezza s.j., "Decreto conciliare sulla formazione sacerdotale", dans *La Civiltà cattolica*, 1966, I, p. 13-28.

2852 P. Dezza s.j., "L'educazione cristiana nella Dichiarazione conciliare", dans *La Civiltà cattolica*, 1966, I, p. 110-125.

De Libertate religiosa

2852bis John Courtney Murray s.j., Osservazioni sulla dichiarazione della libertà religiosa, tiré-à-part de *La Civiltà cattolica*, 1965, IV, p. 536-554 – Quaderno 2722, 21 p.

2852ter J. Hamer, "La Liberté religieuse et la Parole de Dieu", dans *La Revue Nouvelle*, 15.4.1966, p. 357-368.

6.4. DE ECCLESIA IN MUNDO HUIUS TEMPORIS

2853 Report to the Holy See of the working group calling for the creation of an organisme of the universal Church to stimulate the catholic community to promote development and social justice, 9-12.5.1966, 3 p. + la liste des participants, 1 p. (dont J. Rodhain, G. Benelli, A. Glorieux, R. Tucci, etc.).

2854 Allocution of the Holy Father to the Working Group, mai 1966, 2 p.

2855 + Carte de visite de A. Mc Cormack.

2856 1966. The Easter Symposium on Church and Peace, s. d., 5, 5, 4, et 1 p. (un projet d'interview du Card. Suenens) [note ms. Suenens : "Texte non admis. Texte de N."].

2857 "La course aux armements, l'écart croissant des niveaux de vie..", s. d., 4 p. (une note française sur les problèmes économiques et l'armement, surtout atomique).

2858 Annexe, L'histoire du schéma Gaudium et Spes, s. d., 1 p. (dans cette page – un projet d'un extrait pour *Souvenirs et Espérances*? – le Card. Suenens dit avoir reçu de l'abbé Levet un aperçu de l'histoire de la Constitution Gaudium et Spes).

2859 + L'élaboration de la Constitution pastorale "L'Église dans le monde de ce temps", s. d., 2 p. + 2 doubles.

2860 Lettre de Th. Cogels à H. Buelens, 20.12.1965, 1 p. (le Card. Suenens a bien reçu son télégramme; la question [celle du Birth control] n'a pas été tranchée et reste ouverte pour une élaboration ultérieure).

2861 V. Heylen, Chapitre VI. La Promotion de la dignité du mariage et de la famille, tiré-à-part d'un livre, s. d., p. 444-467 [avec dédicace].

2862 J. Grootaers, "Rupture et Présence dans «Gaudium et Spes»", dans *L'Église dans le monde de ce temps*, t. III, Réflexions et perspectives, Paris, 1967, p. 45-67.

6.5. ORDO CONCILII

2863 Lettre de G. Alberigo au Card. Suenens, 17.3.1990, 1 p. (il remercie pour la rencontre à Louvain et envoie son article dactylographié et quelques autres documents).

2864 + Dinamiche e Procedure del Vaticano II, G. Alberigo, 1990, 57 p. et 1 p.

2865 + A Proposito dei Quattro Cardinali Delegati, s. d., 8 p. (cfr. 1ère Intersession, n° 0799),

2866 + Riepilogo delle Proposte di Emendamenti minori (tecnici), s. d., 9 p. (cfr. 1ère Intersession, n° 0942).

6.6. PLAN DU CONCILE

2867 Lettre du Card. Suenens à G. Alberigo, 19.3.1985, 1 p. (il n'a pas eu connaissance à l'avance du texte de Jean XXIII du 11.10.1962; il envoie sa lettre pastorale "Qu'attendez-vous du Concile" qui fut appréciée par Jean XXIII; l'idée du Concile chez Jean XXIII est peut-être venue par Dom Lambert Beauduin qui a eu des conversations à ce sujet avec Roncalli à Istanbul).

2868 Note ms. Card. Suenens, s. d., 2 p. (le plan du Concile a été étudié par E. Klinger dans un article "Das Zweite Vatikanische Konzil als ein Gesamtentwurf. Der Plan van Kardinal Suenens") [dans E. Klinger et K. Wittstadt

(Hrsg.), *Glaube im Prozess. Christsein nach dem Zweiten Vatikanum. Für Karl Rahner*, Freiburg-Basel-Wien, 1984].

2869 Appunti per una teologia di Roncalli, G. Ruggieri, s. d., 21 p. [note ms. Suenens, p. 1 : "La lettre signée par nous à Jean 23 n'a pas influencé le discours du Pape à la même date p.c.q. il ne l'avait pas encore reçue. Montini, invité par Léger à la signature, ne l'a pas fait.]

6.7. VARIA

2870 Gezamenlijke brief van de Bisschoppen van België bij hun terugkeer na het Concilie, 21.12.1965, 8 p.

2871 I Padri presenti al Concilio Ecumenico Vaticano II, a Cura della Segreteria Generale del Concilio, 1966, 355 p.

2872 E. Klinger, Kardinal Suenens und die Kirche des Zweiten Vatikanischen Konzils, 20.6.1983, 8 p. + 3 p. (une laudatio à l'université de Würzburg).

2873 Anträge des melkitischen Episkopats an das Vaticanum II, s. d., 5 p. (une étude sur base des ADA, Ser. I, Vol II, pars IV, p. 453-462).

2874 *IDOC*, Documents publiés en 1966, 3 p.

2875 + *IDOC*, Documents publiés en 1967, 2 p.

2876 + *IDOC*, Le Synode des Évêques 1967, 2 p.

2877 + *IDOC*, Offre spéciale aux non-abonnés *IDOC* pour le Synode des Évêques, Rome, octobre/novembre 1967, 1 p.

2878 S. Gomez de Arteche, Formation de groupes au Concile Vatican II, I. dans *IDOC* n° 68-5, 4.2.1968, 13 p.

2879 S. Gomez de Arteche, La formation de groupes dans l'expérience du Concile Vatican II, II. dans *IDOC* n° 68-6, 11.2.1968, 15 p.

2880 L. Capovilla, "Come nacque il concilio di Papa Giovanni", dans *Il Regno*, Documentazione, 15.2.1969, p. 84-86.

+ Card. Suenens, "Le tensioni di oggi un segno di vitalità", dans *Il Regno*, Documentazione, 15.2.1969, p. 82-83.

2881 Cl. Soetens, "Les 'vota' des évêques belges en vue du concile", dans M. Lamberigts et Cl. Soetens, *À la veille du Concile Vatican II*, Leuven, 1992, p. 38-52.

2882 B. Chenu, "L'Église peuple de Dieu", dans *La Croix-L'Évènement*, 18.11.1995, 2 p.

2883 *30 Giorni*, L'ultimo Concilio e il mondo ormai pagano, Anno X, n° 10, 10.10.1992.

2884 *Jesus*, Numero speciale, Trent'anni. È ancora Concilio, XV, febbraio 1993 (avec un article du Card. Suenens, Come una nave in mare aperto, p. 122-123).

Index onomastique

Rem. préliminaires : Les noms repris dans l'index ne renvoient qu'aux numéros des pièces et ne concernent donc pas l'avant-propos et les notes introductives. Le nom "Suenens" ne se retrouve évidemment pas dans l'index.

A

B

C

D

E

F

G

H

I

J

K

L

M

N

O

P

Q

R

S

T

U

V

W

Y

Z

Table des matières

PRINTED ON PERMANENT PAPER • IMPRIME SUR PAPIER PERMANENT • GEDRUKT OP DUURZAAM PAPIER - ISO 9706
ORIENTALISTE, KLEIN DALENSTRAAT 42, B-3020 HERENT